홈패션 소잉 작가들의 리얼 작품

착한 홈패션

착한 홈패션
홈패션 소잉 작가들의 리얼 작품

2022. 9. 1. 초 판 1쇄 인쇄
2022. 9. 14. 초 판 1쇄 발행

지은이 | 전희숙, 권희자, 서옥주
펴낸이 | 이종춘
펴낸곳 | BM (주)도서출판 성안당

주소 | 04032 서울시 마포구 양화로 127 첨단빌딩 3층(출판기획 R&D 센터)
      10881 경기도 파주시 문발로 112 파주 출판 문화도시(제작 및 물류)
전화 | 02) 3142-0036
      031) 950-6300
팩스 | 031) 955-0510
등록 | 1973. 2. 1. 제406-2005-000046호
출판사 홈페이지 | www.cyber.co.kr
ISBN | 978-89-315-5890-6 (13630)
정가 | 28,000원

이 책을 만든 사람들
책임 | 최옥현
편집 · 진행 | 디엔터콘텐츠랩
교정 · 교열 | 디엔터콘텐츠랩
본문 · 표지 디자인 | 디엔터콘텐츠랩, 박원석
홍보 | 김계향, 이보람, 유미나, 이준영
국제부 | 이선민, 조혜란, 권수경
마케팅 | 구본철, 차정욱, 오영일, 나진호, 강호묵
마케팅 지원 | 장상범, 박지연
제작 | 김유석

이 책의 어느 부분도 저작권자나 BM (주)도서출판 성안당 발행인의 승인 문서 없이 일부 또는 전부를 사진 복사나 디스크 복사 및 기타 정보 재생 시스템을 비롯하여 현재 알려지거나 향후 발명될 어떤 전기적, 기계적 또는 다른 수단을 통해 복사하거나 재생하거나 이용할 수 없음.

■ 도서 A/S 안내

성안당에서 발행하는 모든 도서는 저자와 출판사, 그리고 독자가 함께 만들어 나갑니다.
좋은 책을 펴내기 위해 많은 노력을 기울이고 있습니다. 혹시라도 내용상의 오류나 오탈자 등이 발견되면 **"좋은 책은 나라의 보배"**로서 우리 모두가 함께 만들어 간다는 마음으로 연락주시기 바랍니다. 수정 보완하여 더 나은 책이 되도록 최선을 다하겠습니다.
성안당은 늘 독자 여러분들의 소중한 의견을 기다리고 있습니다. 좋은 의견을 보내주시는 분께는 성안당 쇼핑몰의 포인트(3,000포인트)를 적립해 드립니다.
잘못 만들어진 책이나 부록 등이 파손된 경우에는 교환해 드립니다.

홈패션 소잉 작가들의 리얼 작품

착한 홈패션

전희숙·권희자·서옥주 지음

들어가는 글

예쁘고 쉽고 남다르게!

취미에서 강사로, 강사에서 1인 창업가로!
1인 공방 운영은 기본, 공방에서 비대면 강의도 하면서
인터넷 납품 일은 보너스가 되었습니다.
1인 창업을 해서 동대문 시장, 남대문 시장의 1인 납품 업체로 변신했고,
1인 납품 업체에서 유튜버로, 유튜버에서 작가로 거듭났습니다.
패브릭과 재봉틀은 곧 우리 작가들의 인생이자 삶이었습니다.

전례 없는 팬데믹과 포스트 코로나도
홈패션을 사랑하고 좋아하는 삶은 빼앗아 가지 못했습니다.

전문적인 책만 출간하던 성안당 출판사에서 홈패션 소잉 분야에도 관심을 갖고
큰 투자를 해주셔서 두 작가의 기대감과 부담감은 적지 않습니다.
집필 작업은 생업과 동시에 진행되는 어렵고 힘든 일이었지만,
홈패션 소잉 마니아들, 동료분들, 홈패션으로 삶을 영위하시는 모든 자영업자께
바느질로도 유튜브도 하고, 자영업도 하고, 강사도 하고, 디자이너도 하고, 하청업도 하고,
그래서 우리의 작품이 세계로도 뻗어 나갈 수 있다는 것을 꼭 보여 주고 싶었습니다.

"홈패션 소잉으로도 이렇게 멋진 삶을 살 수 있구나!" 하는 것을 보여 주며
핸드메이드 수공예의 또 다른 세상을 밝히는 테일램프 역할을 하고 싶습니다.

희망을 주는 삶의 이야기책, 밤새워 전화를 주고받으며 만들었던
티슈 커버, 러블리 패브릭 실내화, 패브릭 소품,
소소하고 예쁜 수공예 홈패션 작품들의 이야기가 들어 있는,
마음을 담은 책을 선보이고 싶습니다.

동대문 시장과 남대문 시장 1인 납품을 10년 넘게 해온 노하우와
문화센터 강사, 자영업으로 쌓은 30년 경력으로
홈패션도 생활필수품으로 이렇게 예쁠 수 있고, 선물도 할 수 있고,
사고 싶은 마음이 들게 한다는 것을 독자님들과 공유하고 싶습니다.

중년을 넘어선 홈패션 분야 두 작가가
어쩌면 인생의 마지막이 될지 모르는 홈패션 소잉 책을 발간하기 위해 힘을 모았습니다.
예쁘고 쉽고 남다른 47개 작품을 소개할 수 있어 저자로서도 큰 기쁨입니다.

독자님께
선물이 되는 책이길 간절히 바라 봅니다.

독자님들의 건강과 행복과 성공을 기원합니다.

홈패션 소잉 작가
전희숙·권희자·서옥주

축사

《착한 홈패션》 출간을 앞두고 그리운 인연들과 다시 만났습니다.

우리의 일상이 위기의 시간 속이지만, 머물 수 없음을 인정해야만 했습니다.

앞서 출간한 《재봉틀로 꾸미는 행복한 우리집 홈패션 D.I.Y》도
많은 호응이 있었던 작가들이므로 감회가 남다릅니다.

그런 전통을 가진 전문 아카데미와 작가가 만나
현대 트렌드에 맞는 작품과 생활에 필요한 패브릭을 쉽게 만들 수 있고,
자기의 욕구와 전문가의 길로 향하는 마음을 채울 수 있는 작품으로 높이 평가합니다.

감사합니다.

청강아카데미 회장
전희숙

저자의 말

작품 사진 촬영하던 날 아침. 하늘이 어두어지고 비가 마구 쏟아졌고 바람이 불었다.

날씨가 좋지 않아 걱정인 도영찬 작가님과 장위동 작가님을 향해 곧 날씨가 좋아질 거라고 희망을 주었고, 먼저 촬영을 예약한 룸에서 계획대로 촬영을 시작했다.

두어 시간쯤 지나니,
"그래! 내가 졌다. 사진 찍으렴!"
햇살이 '쨍' 하고 모습을 드러냈다.

그리고 다른 룸으로 옮겨 커튼 사진을 촬영하려는데
아뿔사! 커튼 시공할 곳이 없다고.
그럼에도 굴하지 않고 방법을 찾아냈고, 무사히 커튼 작품까지 촬영했다.
우리는 두번째 홧팅을 했다.

그리고 날씨가 화창하게 개인 점심시간이 지나 오늘의 주인공 모델이 도착했다.
유명하지 않은 작가들 사진 촬영을 위해 발걸음을 한 모델은 너무도 아름답고 착한 맘씨를 갖고 계셨다.
작가들이 원하는 대로 밝게 웃으면서 사진 촬영에 센스와 아름다움으로 임해주셨다.

천.지.인.
하늘이 돕고, 스튜디오가 돕고, 사람이 도와줘 멋진 착한 홈패션 사진 촬영을 할 수 있었다.

contents

- 들어가는 글 • 02
- 축사 • 04
- 저자의 말 • 05

바느질 기초
- 가정용 재봉틀 사용법 • 10
- 기본 박음질하기 • 16
- 1인 창업 노하우 • 27

Part 1 패션을 더하다
- 수선화 실내화 • 34
- 수선화 주방 장갑 • 40
- 수선화 원피스 앞치마 • 46
- 수선화 사각 티슈 커버 • 52
- 수선화 소파 패드 • 58

Part 2 사랑스러움을 더하다
- 러블리 캉캉 실내화 • 64
- 하이디 허리 앞치마 • 72
- 스트링 긴 허리 앞치마 • 78
- 패브릭 다용도 바구니 • 84
- 웨딩 망사 밸런스 • 90

Part 3 생각을 더하다

손목 가방	• 96
저고리 주방 타월	• 104
임산부 도넛 방석	• 110
파우치 시장 가방	• 116
포 포켓 패치 가방	• 124

 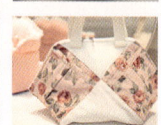

Part 4 고급스러움을 더하다

광목 자수 러너	• 136
광목 자수 식탁보	• 140
주머니 사각 티슈 커버	• 146
벤치형 식탁 방석	• 152
벽걸이 에어컨 커버	• 160

Part 5 소소한 행복을 더하다

진주 튤립 꽃방울 코르사주	• 170
진주 요요 패브릭 코르사주	• 176
포 패치 진주 별 쿠션	• 180
패브릭 호박 단추	• 186
코르사주 발 매트	• 192

Part 6 쉽고 편안한 생활 실내복을 더하다

이지웨어 베스트 끈 원피스	• 200
이지웨어 보들야들 7부 팬츠	• 206
이지웨어 보들야들 캉캉 상의	• 216
꽃잎 끈 원피스	• 234
3단 캉캉 실내복	• 242

Part 7 디자인을 더하다

패브릭 모자	• 252
샤워 가운(라운딩 가운)	• 258
해바라기 호박 쿠션	• 264
소파 모양 티슈 커버	• 274
패브릭 로즈 장지갑	• 282

Part 8 가치를 더하다

한 손 가방	• 292
체크무늬 셔츠 쿠션	• 298
린넨 해바라기 밸런스	• 306
김치냉장고 덮개	• 312
롱 쿠션	• 318

Part 9 경제를 더하다

복고풍 구름 밸런스	• 326
커튼 끈	• 334
패치 파우치(홈패션 버전)	• 340
망사 이중 반창 커튼	• 348

Part 10 핸드메이드 커튼은 예술이고 작품이다

패치 커튼	• 358
호박 단추 커튼	• 364

나오는 글 • 372

[부록] 실물 패턴
① 수선화 실내화
② 수선화 주방 장갑
③ 수선화 원피스 앞치마
④ 러블리 캉캉 실내화
⑤ 저고리 주방 타월
⑥ 이지웨어 보들야들 7부 팬츠
⑦ 이지웨어 보들야들 캉캉 상의

바느질 기초

전 세계적인 팬데믹으로 경제가 어려워진 시대에 맞추어
착한 재료와 착한 도구, 순수 홈패션을 지향했습니다.

가정용 재봉틀 사용법

1) 필요한 도구

① 지퍼 노루발, 말아박기 노루발, 평 노루발, 주름 노루발

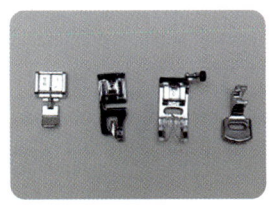

② 4B 연필, 컬러별 열펜, 초자고

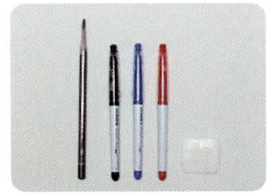

③ 220 재단 가위, 쪽가위, 종이가위

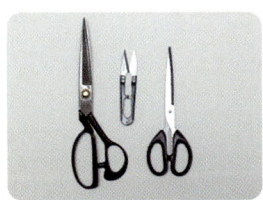

④ 뒤집을 때 사용하는 긴 젓가락, 드라이버(드라이버는 재봉틀에서도 뒤집을 때도 다양하게 사용)

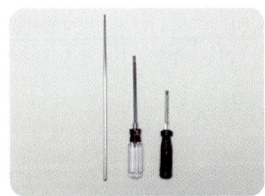

⑤ 실뜯개(실을 뜯을 때 사용. 박음질했던 부분을 뜯을 때는 도루코 칼이 더 잘 뜯어진다)

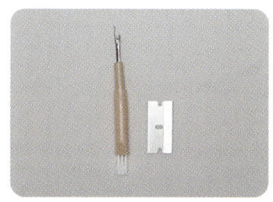

⑥ 시침핀이나 바늘꽂이

2) 지그재그 패턴으로 오버록 박음질하기
– 미싱 모델: 싱거 7640

① 원단과 원단을 박음질합니다.

② 박음질 후 사진처럼 버튼을 눌러 지그재그 패턴이 나오게 합니다.

③ 노루발 중앙에 틈이 있는 부분에 원단 끝을 맞춰줍니다.

④ 박음질합니다.

3) 말아박음질하기

인터록이 없을 경우 가정용으로 대신할 수 있는 방법입니다.

① 말아박음질 노루발로 교체합니다.

② 말아박음질할 원단을 노루발에 맞게 놓고 바늘을 꽂습니다.

③ 노루발을 들고 원단을 노루발 트임이 있는 곳에 넣습니다.

④ 왼손으로 원단이 밀리지 않도록 반듯하게 펴줍니다.

⑤ 왼손과 오른손가락으로 잘 잡아주면서 말아박음질을 합니다.

4) 공업용 바이어스 랍바 사용법

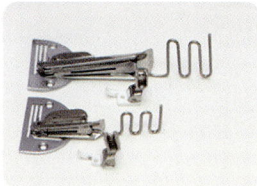

바이어스는 앞치마나 옷 등의 원단을 마무리하는 하나의 방법으로 보통 원단 끝을 앞뒤로 1㎝ 정도로 감싸주어 고급스럽게 보이게 하는 방법입니다.

바이어스를 보다 쉽고 빠르게 대량으로 바느질해 주는 공업용 바이어스 기계를 '랍바'라고 합니다. 공업용 랍바는 바이어스 4㎝ 중 1㎝를 양쪽으로 접어 박음질되며 바이어스 박음질이 예쁘게 마무리됩니다.

이 책에서는 원피스 앞치마, 주방 장갑의 손목 부분에 사용했습니다. 큰 시장에 대량으로 납품하는 상황이어서 공업용 재봉틀에 아예 랍바 장치를 해놓고 랍바 전용으로 사용하고 있습니다. 그렇게 하니 바이어스를 박음질할 때마다 랍바를 교체할 일이 없어서 불편하지 않습니다. 그러나 취미 생활하시는 분들이나 공업용 재봉틀 한 대로 사용하는 분들은 바이어스를 사용할 때마다 장치를 설치하고 풀기를 매번 해야 해서 번거로울 것입니다.

랍바로 바이어스를 박을 때는 손으로 재단하기보다는 기계로 재단하여 롤로 감긴 바이어스를 사용하는 것이 좋습니다. 대량으로 할 때나 공방 같은 곳에서 사용하면 좋습니다. 랍바 바이어스 사용법을 알아두면 1인 창업, 1인 하청, 인터넷 맞춤 주문, 이불, 커튼 등으로 사업을 구상하실 때 좋습니다.

[공업용 랍바 장치 다는 법]

① 평 노루발을 나사를 풀어 뺍니다.

② 노루발 밑에 있는 반달 침판에 있는 나사를 풀고 빼냅니다.

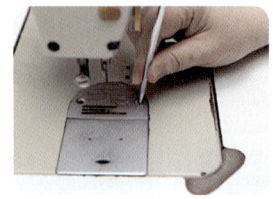 

③ 랍바가 부착된 침판을 끼우고 나사를 조입니다.

④ 바늘 위치를 랍바에 부착된 노루발 바늘 구멍 위치에 잘 맞추어 노루발 나사도 잘 조입니다.

⑤ 준비된 바이어스를 랍바 옆에 붙은 구불구불한 쇠 장치에 지그재그로 끼워갑니다.

⑥ 양쪽으로 1㎝씩 말아줘야 하기 때문에 바이어스를 10㎝ 빼내어 긴 대롱 속에 넣기 좋게 반으로 접어 사진처럼 V자로 잘라줍니다.

⑦ V자로 잘라낸 부분을 장치 속으로 넣고 장치 중간 틈으로 바이어스를 당겨 노루발 끝까지 쭉 빼줍니다.

  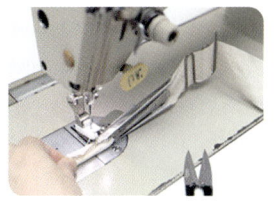

⑧ 바이어스가 노루발과 바늘에 잘 맞는지 확인한 후 뒤로 쭉 뺍니다.

⑨ 재봉틀 발판을 밟으면 랍바 입구에서부터 따라갈 수 있도록 사진처럼 박음질하고자 하는 원단을 바이어스가 나오는 곳에 딱 맞게 넣어줍니다.

기본 박음질하기

– 제시된 사이즈는 본문에 나와 있는 작품에서의 사이즈입니다. 방법만 참고하시기 바랍니다.

1) 바이어스로 프릴 만들기

바느질을 하다 보면 여러 개의 길고 짧은 바이어스가 재단될 수밖에 없습니다. 그럴 때 바이어스를 연결해 프릴을 만드는 방법입니다.

① 바이어스 겉이 보이게 하고 사선 부분을 서로 맞춥니다.

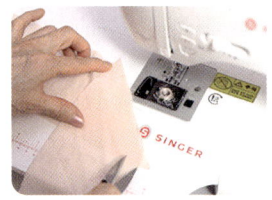

② 면과 면끼리 맞추어 끝이 잘 맞도록 합니다.

③ 박음질을 시작할 때 되박음질하고 반대편을 향해 박음질합니다.

④ 이음선 부분을 오버록으로 처리합니다.

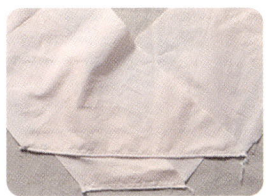

⑤ 한쪽 면은 인터록을 치든지 말아박음질을 합니다.

⑥ 반대편 면을 주름박음질합니다.

2) 바이어스 사선 직각 박음질

① 바이어스 초벌 박음질을 합니다. 바이어스를 처음 시작할 때 7㎝ 정도를 남겨 놓고 노루발 간격으로 박음질합니다.

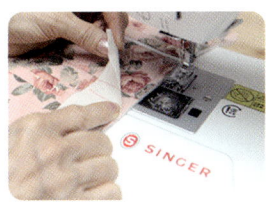 

② 코너 부분에 5㎝ 정도 가까이 왔을 때 박음질을 멈추고 열펜으로 코너 부분에 1㎝ 되는 점을 표시하고 표시해둔 곳까지 박음질합니다.

③ 바늘을 올리고 손으로 사진처럼 바이어스를 직각으로 잡고, 직각으로 잡힌 부분을 뒤로 젖힌 다음 코너에 점을 표시했던 부분부터 다시 박음질하기 시작합니다.

④ 나머지 세 코너도 같은 방법으로 박음질합니다.
처음 시작할 때처럼 끝날 때도 7㎝ 정도 박음질 공간을 남겨 놓습니다.

⑤ 남겨 놓은 바이어스를 딱 맞게 조절한 다음 남은 공간도 박음질하여 바이어스 초벌 박음질을 완성합니다.

⑥ 바이어스 마무리 박음질을 합니다. 겉이 보이게 한 다음 바이어스를 판판하게 잘 폅니다.

⑦ 바이어스를 접었을 때 속 시접이 꽉 차서 통통하고 예쁘게 자리 잡히면 1㎝ 시접을 꺾어 안으로 넣어 주고 끝박음질을 합니다. 아랫부분은 둥글게 굴려 주었기 때문에 자연스럽게 바이어스 결만 맞게 박음질합니다.

⑧ 모서리 부분을 박음질할 때는 초벌 박음질한 곳을 잘 만져 직각 모양이 되도록 만듭니다.

⑨ 모서리 부분이 직각이 되도록 사선 형태로 정리하여 마무리 박음질을 완성합니다.

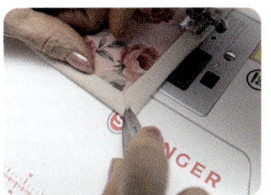 

3) 가방과 파우치의 바닥각 접기 및 박음질

① 가방 겉지는 대부분 만들고자 하는 가방 앞뒤를 합해 재단합니다.
완성 사이즈가 가로세로 40×35㎝라면 겉지를 재단할 때 42×72㎝를 재단합니다.

② 겉지를 반으로 접어 42×36㎝가 되게 합니다. 속지도 마찬가지로 반으로 접습니다.

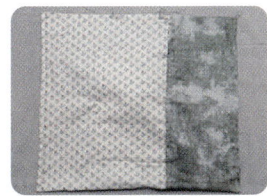 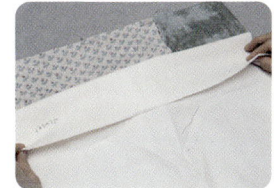

③ 겉지는 반으로 접어 양쪽 면을 박음질하고, 속지는 한쪽 옆면은 박음질하고 한쪽 면은 사진처럼 중간쯤 10㎝ 정도를 남겨 놓습니다.

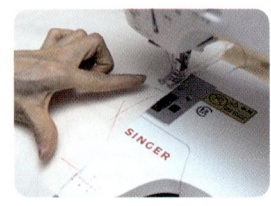

④ 가방 바닥은 만들고자 하는 취향대로 크기가 정해졌으면 두꺼운 종이로 바닥각을 만들기 위한 정사각형을 잘라 놓습니다. 이때 바닥각의 길이는 정사각형의 대각선 길이가 됩니다. 이 책에서는 바닥각을 만들기 위해 4㎝ 정사각형을 준비해서 가방 모서리 앞뒤로 두 개씩 사각형을 그려 주었습니다.

 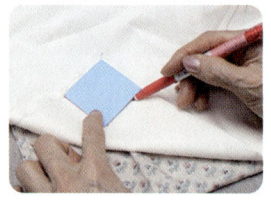 

⑤ 정사각형을 그려 놓은 곳의 앞뒤 꼭짓점을 잡고 반듯하게 펴주면서 사진처럼 박음질합니다.

  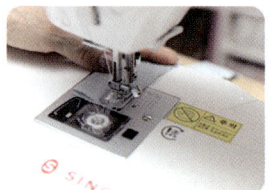

⑥ 박음질하고 시접을 1㎝만 남겨 놓고 잘라내서 뒤집습니다.

4) 어깨끈 만들기

어깨끈 재단은 늘어나지 않는 직선 바이어스를 사용합니다.

① 재단된 9×40㎝를 겉과 겉끼리 마주 대고 반으로 접어 옆선을 박음질하고, 한쪽 끝부분까지 박음질합니다.

② 박음질한 한쪽 끝에 가정집에서 흔히 볼 수 있는 긴 젓가락이나 드라이버 같은 것을 이용하여 뒤집습니다. 뒤집는 방법은 아래와 같습니다.

원단과 원단 사이를 양쪽으로 벌려 도구(젓가락이나 드라이버)를 시접 부분의 중심 부분에 살짝 넣습니다. 도구를 중간쯤 넣어 처음 넣은 부분이 보이면 잡아당겨 빼냅니다.

뒤집힌 어깨끈을 다리미로 다립니다.

5) 지퍼알 끼우는 방법

① 지퍼 박음질을 처음 시작할 때와 마무리할 때 반드시 3㎝ 정도 여유분을 줍니다.

② 지퍼 끝부분이 반듯하도록 가위로 다듬습니다.

③ 지퍼를 3㎝ 정도 갈라줍니다.

④ 지퍼알은 약간 사선으로 왼손으로 받쳐주면서 살짝 넣으면 잘 들어갑니다.

⑤ 오른쪽 지퍼를 왼쪽에 끼워져 있는 곳에 비스듬히 넣어 '똑' 소리가 나면 잡아당깁니다.
이때 끝까지 지퍼알을 잡아당겨 완전히 빼냅니다.

⑥ 다시 처음처럼 지퍼 끝을 잘 맞추어 지퍼알을 끼워줍니다.

6) 진주 목련꽃 코르사주 만들기
– 꽃 모양 코르사주(p.194 코르사주 발 매트 참조)를 만들 때 참고하시기 바랍니다.

① 반달 원(10×7㎝) 14장을 준비합니다.

② 밑면은 박음질하지 않고 꽃잎 두 장의 겉과 겉끼리 맞대고 시접 1㎝ 간격으로 반원을 박음질합니다. 꽃잎 7장을 같은 방법으로 박음질합니다.

③ 뒤집습니다.

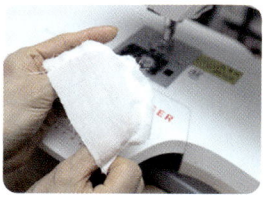  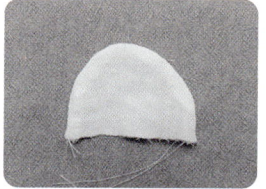

④ 밑면 부분을 재봉틀로 쪽가위나 끝이 날카롭지 않은 드라이버 같은 도구를 사용해 주름(p.267 해바라기 호박 쿠션 꽃잎 공정과 동일)을 잡아가며 박음질합니다.

⑤ 주름박음질한 곳을 오버록으로 처리합니다.

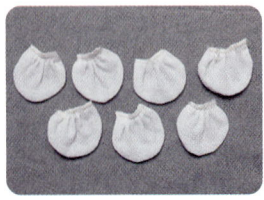

⑥ 꽃이 달릴 자리에 재봉하면서 꽃잎을 붙여갑니다. 저는 샤워 가운에 코디해 보았습니다.
　꽃을 달 위치에 꽃잎을 놓아봅니다.

⑦ 꽃이 들어갈 자리를 열펜으로 표시하고 그려 놓은 원을 따라 꽃잎을 한 장씩 주름을 잡아가며
　박음질합니다.

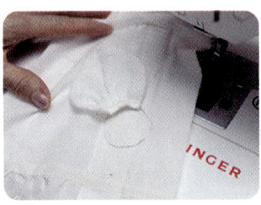 

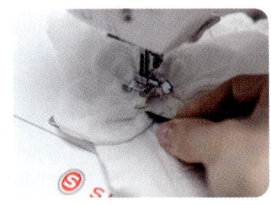 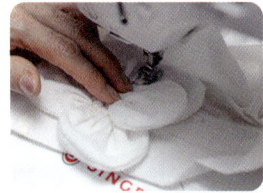

⑧ 마지막 꽃잎 한 장은 위로 박음질했다가 가운데 지저분한 시접들을 감싸주면서 꽃이 피어 있는
　모양을 표현해 보았습니다.

 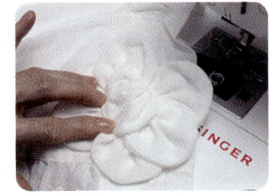

⑨ 꽃잎 모양을 사진처럼 공그르기합니다.

⑩ 진주를 달아 이슬이 맺혀 있는 꽃을 표현해 봅니다. 진주를 사진처럼 본인의 취향대로 달아주며 완성합니다.

7) 패턴 없이 진동선 재단하기

① 원피스 길이는 본인의 취향대로!

② 재단된 70×70㎝ 두 장을 겉과 겉끼리 맞대어 반으로 접어 놓고 옆선을 기준으로 가로로 9㎝를 표시합니다.

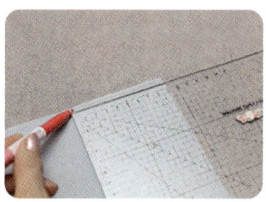

③ 세로로도 8㎝를 표시합니다.

④ 9cm와 8cm 점을 연결해 네모를 그립니다.

⑤ 사진처럼 자연스럽게 굴려서 진동선을 그립니다.

⑥ 그려준 곡선을 재단하면 진동선이 됩니다.

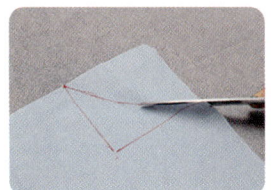

홈패션 1인 창업 노하우

재봉 기술은 활용 범위가 무척 넓습니다. 패브릭과 재봉틀만 있으면 생활 소품에서부터 중품, 대품을 만들어 집안을 꾸미기도 하고 옷도 만들 수 있습니다. 재봉 기술로 만들 수 있는 것들이 정말 많습니다. 그렇기에 1인 창업을 해도 얼마든지 승산이 있습니다.

1) 홈패션 창업자의 태도

홈패션 1인 창업을 위해서는 먼저 민간 자격증이라도 한 개쯤 취득하여 1인 창업 과정에라도 강의할 여건이 오면 당당하게 강의도 하고, 홈패션 마니아들과 접촉하며 유대 관계를 맺습니다. 많이 만들다 보면 어떻게 하면 더 예쁘게 만들 수 있는지 답을 찾기 쉬울 것입니다.

이 시대는 나이와 상관없이 내가 하고자 하면 언젠가는 이룰 수 있는 시대입니다. 이제 패브릭과 재봉틀로도 얼마든지 돈을 벌 수 있고, 책도 만들 수 있고, 유튜버도 할 수 있습니다. 세상의 온갖 기술 속에서 재봉 기술도 당당히 한자리를 차지하게 되었습니다. 패브릭과 재봉틀로 행복한 소잉 공방을 운영해보시기 바랍니다.

① 자신감을 갖습니다.
② 멘탈을 강하게 다잡습니다.
③ 신제품의 디자인 샘플은 계절보다 한 달 앞서 제작합니다.
④ 다양한 상품 제작 기술을 갖추되 자기가 제일 잘한다고 생각하는 제품을 응용해서 많은 상품을 출시합니다.
⑤ 한 번 다녀간 고객은 절대 잊지 않고 기억합니다.
⑥ 자투리 원단을 응용해 돈을 만듭니다.
⑦ 제작한 제품은 반드시 팔릴 것이라는 믿음을 갖습니다.
⑧ 항상 일정한 시간에 가게 문을 열고 닫습니다.
⑨ 인터넷, 밴드, 유튜브, 블로그를 이용하여 홍보합니다.
⑩ 무엇보다 패브릭과 바느질로 만드는 일을 즐겨야 하고 홈패션 소잉을 좋아해야 합니다. 홈패션 소잉으로 1인 창업까지 생각하는 홈패션 마니아들은 패키지 수업보다는 디자인을 구상하고 원단 계산법을 알려주는 곳에서 배우길 권장합니다.

2) 동대문 시장과 남대문 시장 납품 노하우

흔히들 많은 작품을 잘 만들어야만 납품까지 할 수 있을 것이라고 생각합니다. 물론 저도 남대문 시장에 납품하기 전 강사로 있을 때는 많은 작품을 만들어내지 못하면 납품할 수 없을 것이라고 생각했습니다.

우리는 핸드메이드입니다. 패브릭과 재봉틀로 무언가 만들어내는 수공예이므로 한꺼번에 많은 양을 생산해내는 것은 어렵습니다. 공장에서 종업원을 고용하지 않고 공방이나 숍, 그리고 집에서 혼자 납품하는 분들은 디자인 연구나 재단 작업, 미싱 작업, 포장, 택배에 이르기까지 모두 혼자 해야 하기 때문에 하루에 만들 수 있는 양이 생각보다 적습니다.

그러면 어떻게 해야 적은 양을 생산하면서 납품에 성공할 수 있을까요?

우선 제일 잘 만드는 작품 서너 개의 샘플을 만들어 남대문이나 동대문 소품 가게들을 찾아다니며 납품하고 싶다고 제안해 봅니다. 미팅을 통해 가격을 제안하고 주문이 들어오면 납품을 시작하게 되는 것이죠. 남대문과 동대문이 아니어도 가까운 시내의 소품 가게에 제안하셔도 거의 같은 맥락일 것입니다. 제일 잘하는 작품부터 시작해서 작품 수를 하나하나 늘려갑니다.

납품하게 되었다면 그다음은 어떻게 해야 할까요?
① 원단과 부자재는 단돈 100원이라도 싸게 구매해야 합니다.
② 최대한 경제적으로 재단하는 방법을 터득합니다. 그렇게 하면 10개를 만들 수 있는 원단에서 11개를 재단해 낼 수 있습니다.
③ 원단을 구매할 때는 원단 종합 시장에서 구매한 서너 군데 물건을 모아서 택배비를 절약합니다.
④ 항상 샘플은 계절보다 한 달 정도 앞서 만들어 놓습니다.
⑤ 재료 대비 짧은 공정으로 많은 양을 생산합니다.

패브릭 소품 가게에 납품해서 이제 수익을 창출하는 일만 남았습니다.

3) 동대문 종합 시장 가이드

　여기에 소개된 곳은 10년 넘게 많은 제품을 제작해 오면서, 1인 창업자로서 또는 취미 생활을 위해서 거래했던 곳들입니다. 강의할 때나 패키지 제품을 만들 때 정말 도움이 되었던 원단 취급처와 부자재 매장들을 소개합니다.

① 삼성직물 / 지하 C동 79호
　천연 염색, 황토 염색, 자연 염색, 카치온 원단, 무지 원단, 누비 원단이 좋음

② 모신상사 / 지하 D동 3층 247호
　잔꽃무늬 원단

③ 동현 / D동 2층 2593호
　각종 타올 원단, 아기 원단(유기농), 생리대를 만들 수 있는 유기농 원단 취급

④ 로망스 / 지하 B동 528호
　레이스 모티브

⑤ 신일단추 / B동 2층 2393호
　나무 단추, 방울이, 기타 단추 취급

⑥ 쎈스 / D동 2층 2749호
　각종 뜨개꽃 외 장식용, 코디용의 많은 종류의 꽃장식 취급
　*수선화 꽃 속 뜨개꽃을 이곳에서 구매함.

⑦ 금학 / 지하 B동 530호
　퀼트 원단, 각종 나염 원단

⑧ 통일사 / B동 1층 1371호(T: 02-2279-9745 / HP: 010-2279-9745)
　광목, 워싱 광목, 천염 염색 20수, C/R 원단
　광목 30수, 60수 아사 워싱 처리된 것, 씨알(C/R 면 65% 레이온 35%)
　*아마도 C/R 원단은 통일사에서만 본 듯합니다.

⑨ 만성퀼트 / D동 1층 1572호
　퀼트 원단 천국입니다.

⑩ 코디 / 지하 C동 22호(HP:010-5274-8380)
　세일 원단 취급, 광목 1인치 정방 누비 외 면 30수 취급

⑪ 우리레이스 / B동 2층 2445호
　각종 면 레이스

⑫ 앤하우스 / 지하 C동 18호
　망사 레이스와 레이스 원단

⑬ 예천상사 / 지하 C동 1층 1778호
　각종 부자재(실, 바늘, 쪽가위, 커텐 심지 등) 취급, 전화해서 주문하면 100% 구입 가능

⑭ 삼화비닐 / 통일상가 1층 C동 80호
　포장 비닐, 비닐 봉투, 포리백

⑮ 한국 커텐봉 / C동 지하 581호
　커튼봉, 롤스크린, 커튼 부속 외 다수

⑯ 제일사 / C동 지하 570호
　면 염색지, 면 워싱지, 공목 외 다수

⑰ 흥인상사 / 종로 258-21(종로 6가, 덕성빌딩)
　각종 쿠션솜, 베개솜 등

⑱ 영진 디스플레이 / 종로 5가 448-1
　옷걸이, 행거, 마네킹, 보디, 이불 옷걸이 등

⑲ 성우화학 / 종로 5가 408번지
　퀼트 속솜지, 솜안지, 접착솜 퀼트 속솜지, 퀼트 누빔솜 등

⑳ 나무사 / B동 지하 523호
　　가방 핸들, 퀼트에 필요한 부자재 등

㉑ 정 가위 / 3층 B동~D동 중간 공터
　　재단 가위 갈아주는 곳

㉒ 행운마크 / 동화상가 2층 1동 55호
　　각종 마크 다수, 부엉이 와펜 등

㉓ 동원 / C동 2층 2062호
　　선염 체크, 면 체크, 기타 체크 원단을 많이 취급

㉔ 형제사 / 종로 5가 409번지
　　끈, 고무줄, 벨크로, 스트링(마스크 끈)

㉕ 남영레이스 / 대구 서문시장(HP: 010-9197-9264)
　　각종 레이스

Part 1

패션을 더하다

동대문 시장에 납품하면서 매번 철이 바뀌기 전이면
한 달 앞서 만들어야 했던 신제품!
신상품들을 만들어내기 위해서는 늘 상품에 몰입해야 합니다.
그래서인지 신상품이 탄생하면 너무나 기뻐서 온 세상을 다 가진 듯합니다.
샘플을 만들어 보내자마자 주문이 들어오는
수선화 시리즈를 소개합니다.

수선화 실내화

예쁘게! 쉽게! 편하게! 포근하게!
인기 있는 패브릭 수선화 실내화!
퀼트 속솜지와 광목에서 나오는 포근함은 핸드메이드의 절정입니다.

완성 치수: 240mm 기준

재료 및 재단
※ 패턴은 부록에 첨부합니다

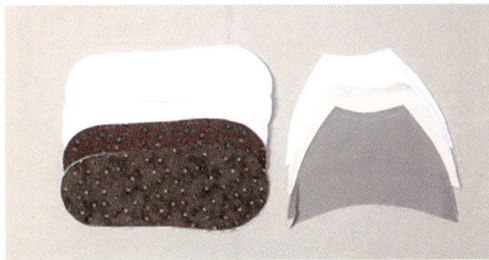

※ 실내화는 세트 기준이므로 실제 재단은 1장씩 추가합니다.

발등
20수 피그먼트 무지 원단 1장(발등 패턴에 맞게)
퀼트 속솜지 1장
광목 30수 1장

발바닥
겉지 1장(패턴에 맞게)
퀼트 속솜지 1장
나염 잔꽃무늬 발바닥 안쪽 1장
부직포 발바닥 1장
광목 20수 바이어스 4×70㎝ 1장
발등에 달 수선화 코르사주 세트(줄기, 잎사귀, 뜨개꽃)
별 레이스 30㎝

발길이 26㎝

발등 둘레 21.5㎝

🔘 만드는 과정

1. 별 레이스를 주름박음질합니다.

2. 밑등 퀼트 속솜지 위에 피그먼트 원단을 겹쳐서 놓고 시침핀으로 고정한 후 수선화 세트를 박음질할 밑그림을 그립니다.

3. 밑그림을 따라 줄기를 박음질하고 잎사귀, 수선화꽃과 뜨개꽃을 박음질합니다(p.50 수선화 앞치마 참조).

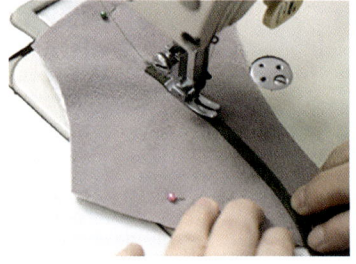 

4. 겉지의 속 박음질 선이 안 보이도록 광목 한 장을 합폭하여 앞뒤 깔끔하게 만듭니다.

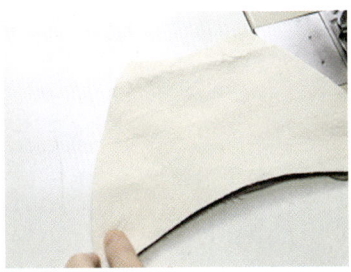  

5. 발등 쪽 양쪽에 2㎝를 띄어놓고 **1.**에서 주름 잡은 별 레이스를 박음질합니다.

6. 발가락 쪽과 레이스를 박음질한 발등 쪽을 랍바 기계로 바이어스 박음질합니다(p.13 기본 박음질법 랍바 기계 참조).

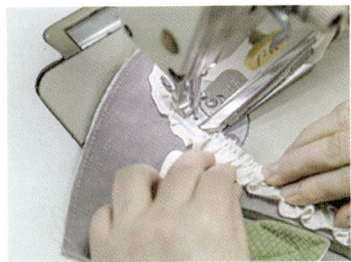 

7. 부직포와 발 밑바닥을 겹쳐서 놓고 나염 원단이 보이게 하여 둘레 0.7㎝ 간격으로 합폭합니다.

8. 발바닥 안쪽 나염 잔꽃무늬 원단과 퀼트 속솜지 원단을 겹쳐 놓고 그 위에 부직포와 합폭했던 발 밑바닥을 겹쳐 (합 4겹) 반듯하게 해놓고 합폭합니다. 아래 사진에서 왼쪽은 발이 닿는 바닥이고 오른쪽은 바닥에 닿는 면입니다.

9. 발가락 쪽에 트임 부분을 표시하고 발등 원단 발가락 쪽 끝부터 발바닥에 표시해 놓은 선에 맞게 **6.**을 대고 천천히 쪽가위로 살짝살짝 밀어주며 박음질하기를 반복합니다.

10. 다른 한 면은 반대로 발등 쪽부터 발가락 쪽으로 박음질합니다(p.67 러블리 캉캉 박음질 참조). 과정은 같습니다.

11. 발 밑바닥 둘레에 바이어스로 박음질합니다. 두꺼운 경우 랍바 기계를 사용할 수 없어 손으로 바이어스 박음질을 합니다. 광목 20수 바이어스를 시작할 때는 사진처럼 사선으로 접고 발 밑바닥 중앙에서부터 노루발 간격으로 박음질합니다.

12. 바이어스를 있는 그대로 펴주면서 천천히 박음질합니다. 처음 시작한 곳에서 사선으로 접어둔 곳까지 박음질하고 불필요한 부분은 잘라냅니다.

13. 바이어스를 겉으로 펴서 시접을 감싸도록 하고 1cm 안쪽으로 접어 넣어 박음질하여 완성합니다.

14. 다른 한쪽도 똑같이 박음질합니다.

수선화 주방 장갑

너도나도 사고 싶어 하는 주방에 꼭 필요한 주방 장갑
고급스럽고 사랑스러운 수선화 주방 장갑은 선물로도 안성맞춤이죠!

재료 및 재단
※ 패턴은 부록에 첨부합니다

손등
(겉지) 피그먼트 무지 원단 2장
(속지) 20수 광목 원단 2장
퀼트 속솜지 4온스 2장(겉지와 속지 사이에 넣는다)

손바닥
(겉지) 20수 나염 잔꽃무늬 원단 2장
(속지) 20수 광목 2장
퀼트 속솜지 4온스 2장

엄지손
(속지) 광목 20수 4장
퀼트 속솜지 2장
(손목 입구 사선 바이어스) 20수 광목 4×30㎝ 2장
(고리 끈 사선 바이어스) 20수 광목 4×10㎝ 2장
수선화 코르사주(줄기, 잎사귀, 뜨개꽃)

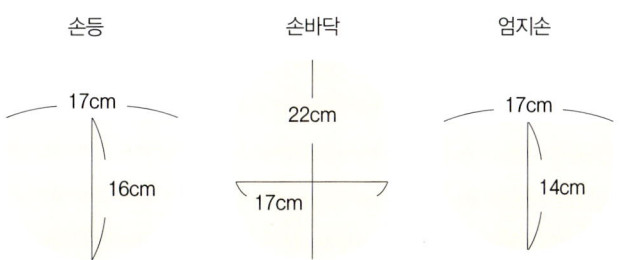

🔴 만드는 과정

1. 재단된 광목 20수 한 장 위에 퀼트 속솜지를 놓고 그 위에 겉지 피그먼트 무지 원단을 잘 맞춰 놓습니다.

2. 수선화 코르사주 달기: 합폭한 손등 위에 줄기, 잎, 꽃이 놓일 자리를 열펜으로 표시하고 표시한 대로 달아줍니다.

3. 수선화 코르사주를 완성한 후 겉지 둘레에 1㎝ 시접을 남기고 합폭합니다.

4. 손바닥 20수 광목 원단 위에 퀼트 속솜지 4온스, 그 위에 20수 잔꽃무늬 원단을 맞춰 놓고 둘레에 1㎝ 시접을 주며 합폭합니다.

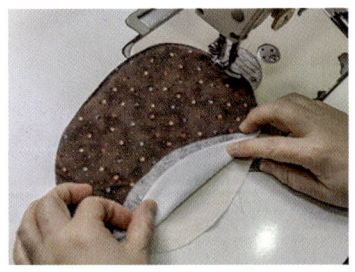 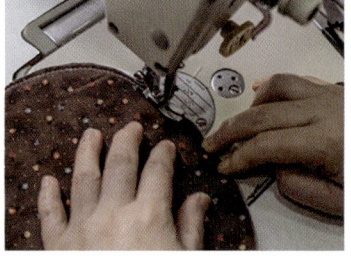

5. 엄지손은 20수 광목 위에 퀼트 속솜지 4온스, 그 위에 20수 광목을 잘 맞춰 놓고 둘레는 1㎝ 시접을 주고 합폭합니다.

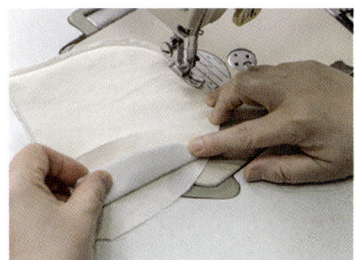 

6. 고리 끈 만들기: 사선 바이어스 4㎝를 양 위아래로 접고 또 반으로 접어 끝박음질합니다.

7. 각각 박음질한 손등, 손바닥, 엄지손입니다. 양손 조각들의 시접은 각각 오버록으로 처리합니다.

8. 손등과 엄지손에서 그림과 같은 위치에 4㎝ 지점을 양쪽에 표시합니다.

9. 손등 위에서 2.5㎝ 지점에 고리 끈을 박음질합니다.

10. 발 밑바닥 둘레에 바이어스로 박음질합니다. 두꺼운 경우 랍바 기계를 사용할 수 없어 손으로 바이어스 박음질을 합니다. 광목 20수 바이어스를 시작할 때는 사진처럼 사선으로 접고 발 밑바닥 중앙에서부터 노루발 간격으로 박음질합니다.

11. 손바닥 겉을 놓고, 손등과 엄지손을 손바닥에 잘 맞게 맞춘 다음 ⑩에서 표시해둔 4㎝ 지점에서 엄지손 먼저 손바닥과 합폭합니다.

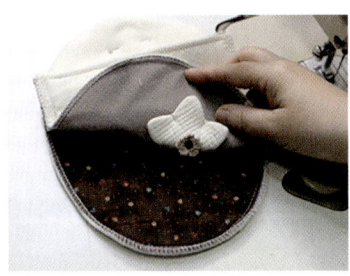  

12. 반대로 뒤집어서 손등과 손바닥을 4㎝ 지점부터 박음질합니다. 손등과 엄지손, 손바닥을 합폭한 모양입니다.

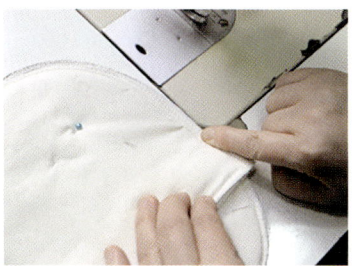  

13. 입구로 뒤집습니다. 손목을 랍바 기계로 바이어스 박음질하여 완성합니다(p.13 기본 박음질 랍바 바이어스 박음질 참조).

수선화 원피스 앞치마

주방이 더 고급스러워집니다.
패브릭 핸드메이드 수선화 앞치마!
아이디어 신상품이랍니다.

완성 치수: 90cm

재료 및 재단 ※ 패턴은 부록에 첨부합니다

몸판
20수 피그먼트 앞뒤 2장(패턴대로)

※ 패턴 실물본에는 패턴을 골선(접었을 때 가운데 선)으로 재단할 수 있게 되어 있습니다.

주머니
20수 피그먼트 30×25cm 1장
수선화 줄기 바이어스
뜨개꽃 2개
광목 바이어스 4×70cm
별 레이스 주머니에 30cm, 목선 주름에 120cm 수선화 코르사주(잎, 뜨개꽃)

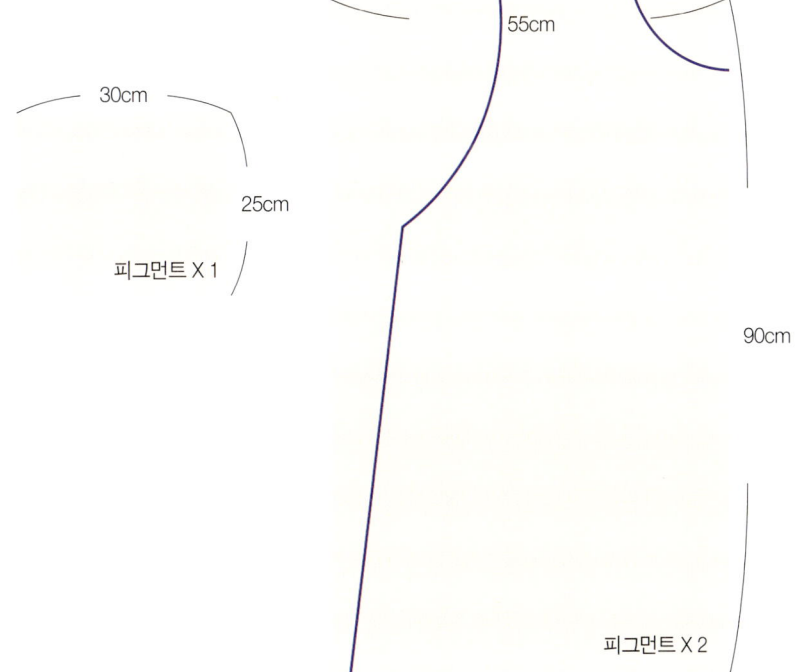

🎃 만드는 과정

1. 수선화 줄기가 될 바이어스를 박음질합니다. 바이어스 양쪽으로 1㎝를 접고 다시 반으로 접어 끝선을 박음질합니다.

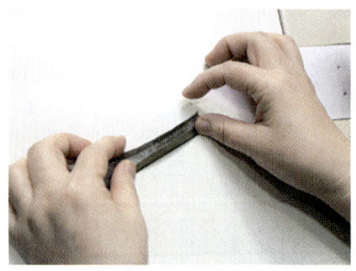  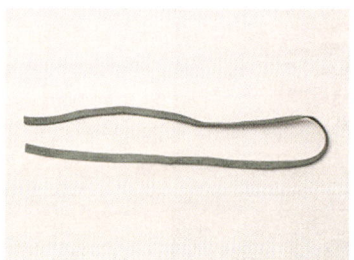

2. 겉지에 수선화 줄기 자리를 표시하고 선을 따라 바이어스를 대어 박음질합니다.

  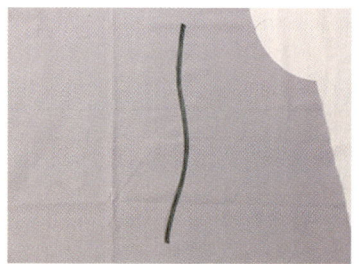

3. 주머니 윗부분은 레이스를 대어 박음질하고 주머니 원단이 살짝 보이게 접어 상침박음질합니다.

 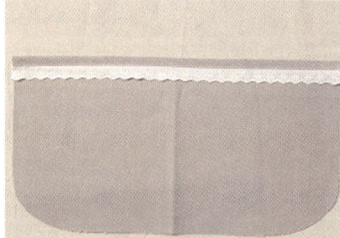 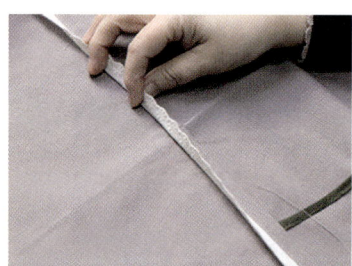

4. 주머니를 사진처럼 두꺼운 패턴에 대고 시접을 박음질하기 좋게 다리미로 다려줍니다.

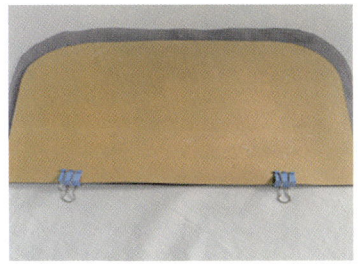  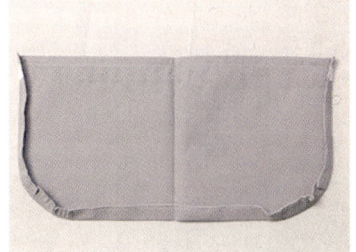

5. 주머니를 반으로 접어 중심을 표시합니다.

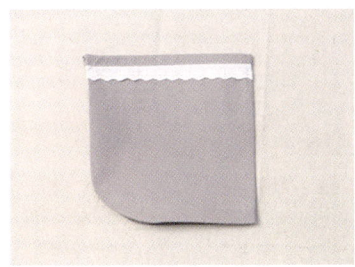

6. 겉지 중앙에서 약간 밑으로 주머니 중심과 앞치마 중심을 잘 맞추어 시침핀으로 움직이지 않게 고정하고 박음질합니다. 주머니 중앙으로 박음질하여 주머니를 두 칸으로 나누어 줍니다.

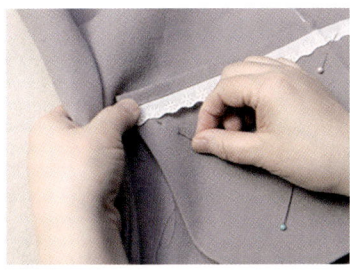 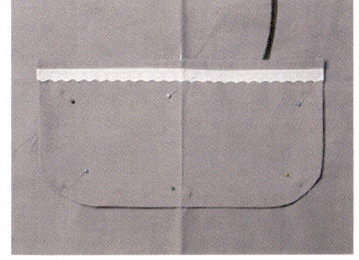

7. 주머니 안쪽에서 수선화 줄기가 나오도록 수선화 코르사주와 잎사귀를 사진처럼 박음질합니다.
수선화 코르사주에 뜨개꽃도 박음질하여 코르사주를 완성합니다.

8. 앞판 목선 중심 부분을 중앙에서 좌우로 주름 노루발로 박음질합니다.

9. 앞판 겉지와 뒷판 겉지를 마주 대고 양쪽 옆선을 합폭하여 오버록으로 처리합니다(p.11 기본 박음질 오버록 참조).

 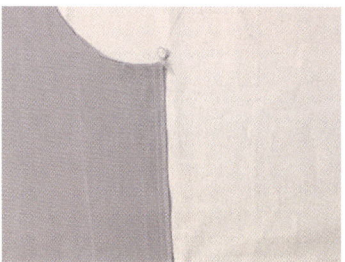

10. 오버록으로 처리하고 난 후 겉이 보이게 하고, 다시 한번 시접 방향을 한쪽으로 잘 넘겨 상침박음질을 해줍니다.

 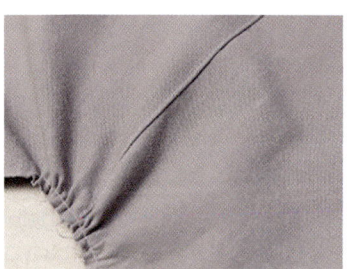

11. 앞 어깨선 겉과 뒤 어깨선 겉끼리 맞대고 박음질합니다.

12. 별 레이스를 줄음박음질합니다.

13. 주름박음질해 놓은 별 레이스를 앞 목선에 박음질합니다(한쪽 어깨선부터 반대쪽 어깨선까지 레이스 박음질).

14. 앞 목선과 밑단, 어깨선을 랍바 장치를 이용해 바이어스를 박음질하여 완성합니다. 바이어스 끝부분을 따로 손으로 예쁘게 마무리해줍니다(p.13 랍바 바이어스 박음질 편 참조).

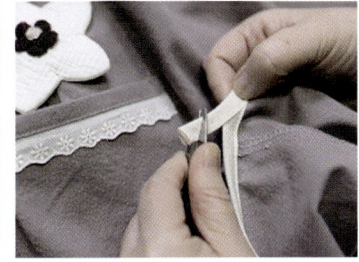

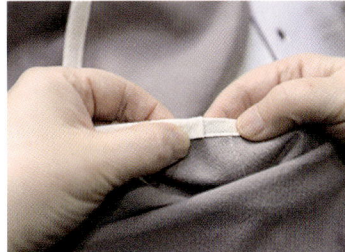

수선화 사각 티슈 커버

홈패션이 인기가 있는 건 예쁘고 실용적이고
어디에 코디해도 잘 어울리기 때문!

재료 및 재단

(겉지) 20수 피그먼트 무지 19×48cm 1장
20수 잔꽃무늬 나염 원단 19×48cm 1장
(속지) 광목 30수 19×48cm 2장
수선화 코르사주(줄기, 잎사귀, 뜨개꽃)(p.50 수선화 앞치마 참조)
(밑단) 광목 프릴 사선 바이어스 4×150cm(티슈 커버 전체 둘레에 2배 주름)

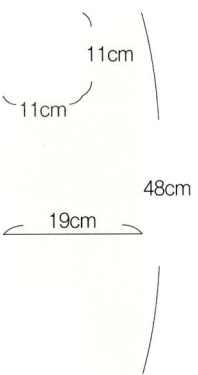

🎀 만드는 과정

1. 밑단 광목 사선 바이어스를 주름박음질합니다.

2. 겉지 배색으로 재단된 무지와 잔꽃무늬 겉과 겉을 합폭합니다.

3. 중앙에 휴지가 나오는 구멍 10㎝ 정도를 표시하고, 그 부분을 제외한 양쪽을 합폭합니다.

 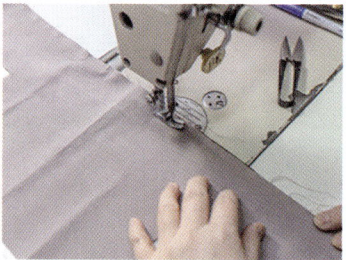

4. 속지 광목 두 장도 **3.** 과 같이 중앙에 휴지가 나오는 구멍 10㎝만 제외하고 합폭합니다.

5. 속지 안쪽과 겉지 안쪽이 마주 보게 하고, 중앙선을 따라 시접을 잘 정리하여 상침박음질합니다. 이때 휴지가 나오는 구멍 10㎝는 건너뛰고 박습니다.

6. 중앙선을 상침박음질한 후의 모양입니다.

 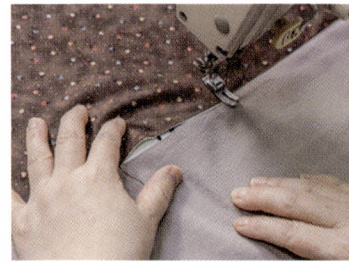 

7. 26㎝ 한쪽 면에 수선화 코르사주 줄기를 달 자리에 열펜으로 밑그림을 그립니다.

8. 수선화 잎사귀, 줄기, 뜨개꽃을 답니다(p.50 박음질은 수선화 앞치마 참조).

9. 사각 모서리를 박음질합니다. 그림에 나타난 11×11㎝ 면의 겉과 겉을 맞대고 합폭하여 오버룩으로 처리합니다. 11㎝ 면끼리 박음질하면 티슈 상자 모양이 됩니다.

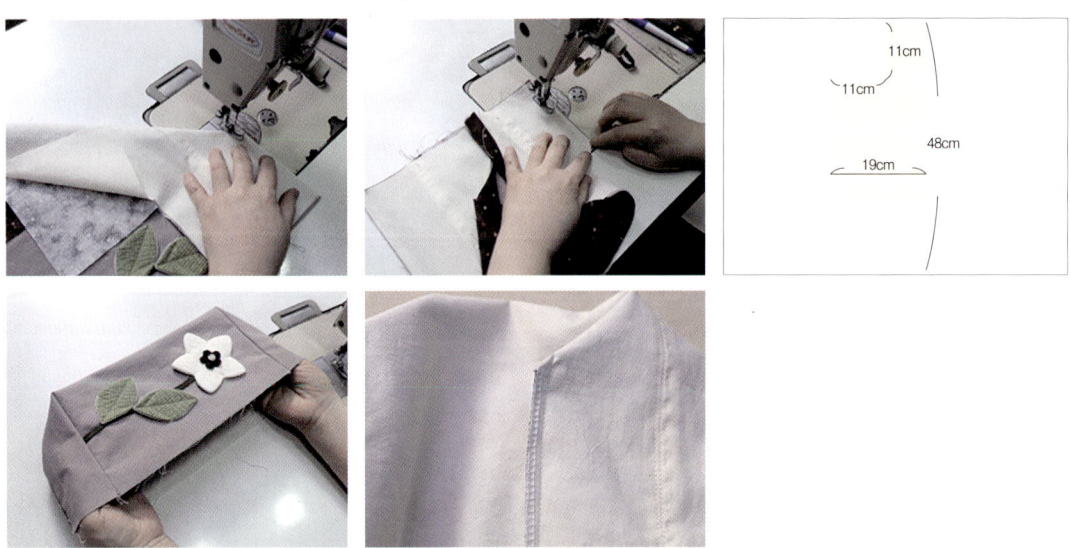

10. 티슈 커버 몸판 밑부분에 1.의 광목 겹프릴을 박음질해주고 오버룩으로 처리합니다.

11. 오버룩으로 처리한 시접을 아래로 향하게 하고 겉에서 상침박음질하여 몸판과 프릴이 깔끔하게 자리 잡게 하여 완성합니다.

수선화 소파 패드

광목 줄누빔 소재만으로도 충분히 소파 패드의 따스함이 풍깁니다.
수선화 꽃으로 자연스러운 분위기 연출!
쉽고 예쁘고 품격있는 거실을 만들어 보세요.

완성 치수: 120×63cm

재료 및 재단

(겉지) 광목 줄누빔 원단 120×63cm 1장
(뒷지) 20수 나염 잔꽃무늬 원단 140×83cm 1장(뒷지 원단은 겉지를 감싸줄 바이어스 여유분까지 포함)
수선화 코르사주 뜨개꽃 4개(큰 것 2개, 작은 것 2개), 잎사귀 4장, 줄기

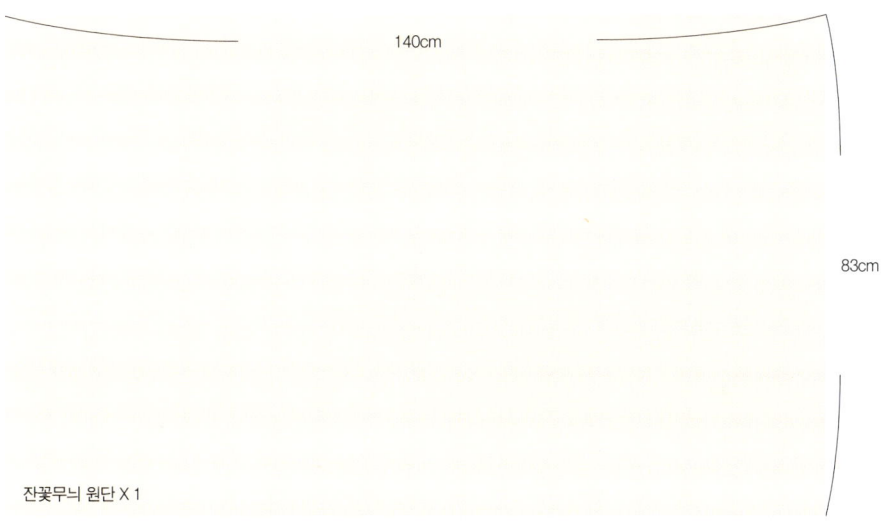

140cm · 83cm

잔꽃무늬 원단 X 1

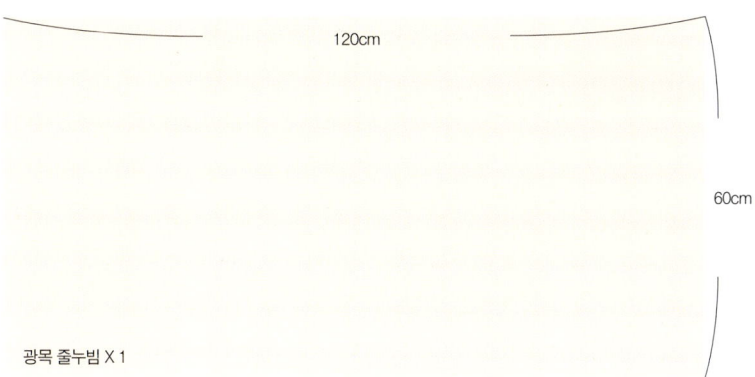

120cm · 60cm

광목 줄누빔 X 1

🔴 만드는 과정

1. 줄누빔 원단에 수선화 줄기가 피어나는 곳을 밑그림으로 그립니다. 22㎝ 선에서 50㎝ 선으로 뻗어가는 선을 그립니다. 반대편에도 대칭으로 같이 그립니다.

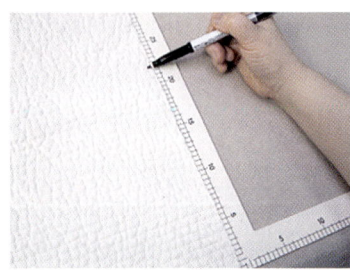 

2. 줄기, 잎사귀 순으로 박음질합니다(p.50 수선화 앞치마 참조). 소파 패드에서는 작은 뜨개꽃을 한 번 더 연결합니다.

3. 뒷지 안쪽이 보이게 펼치고 그 위에 줄누빔 원단을 겉이 보이도록 하여 폅니다.
이때 뒷지 사방으로 10㎝ 여유분이 생기도록 줄누빔 원단을 펴 놓고(뒷지 10㎝ 여유분은 나중에 겉지를 감싸는 바이어스 역할을 합니다) 중간중간 시침핀을 꽂아 고정합니다.

 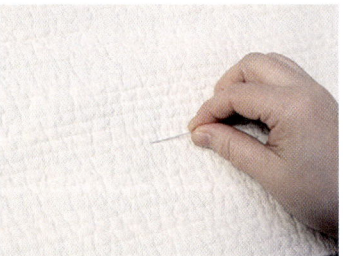

4. 3.에서 10㎝ 남긴 시접을 먼저 5㎝를 접고 또 접어 사진처럼 끝 박음질합니다.
코너 부분은 사선으로 접어 깔끔하게 보이게 합니다.

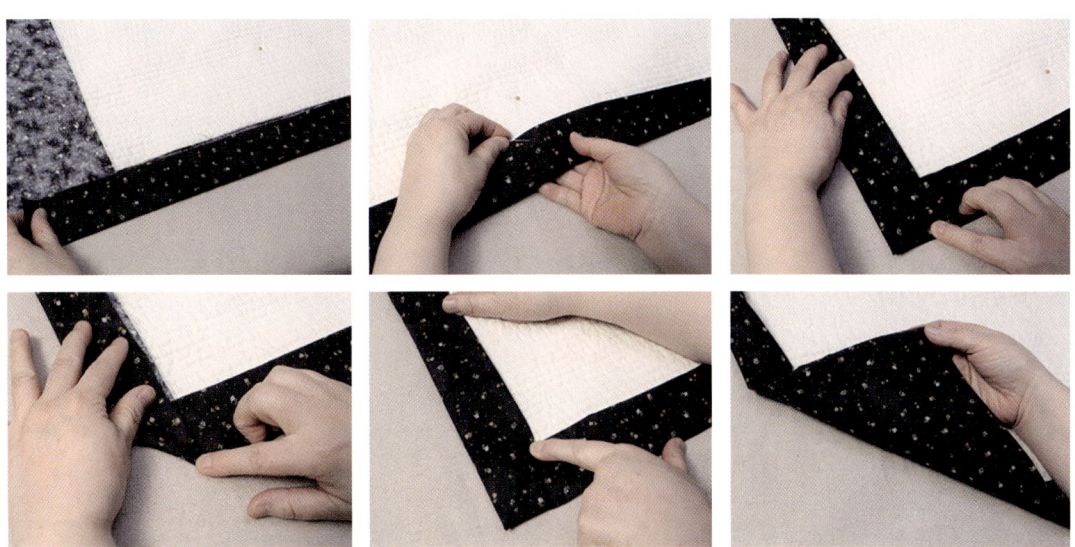

5. 박음질하면서 수선화를 처음 시작한 부분과 마지막 부분에 집어넣어 깔끔하게 처리하면서 완성합니다.

Part 2

사랑스러움을 더하다

전 세계적인 코로나 팬데믹으로 집에 있는 시간이 부쩍 많아진 요즘 직장인들!
집테크로 지쳐 있는 가족들이 힐링할 수 있도록
러블리한 소품과 힐링할 수 있는 상품을 만들어 봅시다.
저렴한 가격의 원단으로 만들 수 있는 노하우를 방출합니다.

러블리 캉캉 실내화

광목으로 감싼 퀼트 속솜지의 따스함과 포근함, 그리고 편안함.
거실에 꿈 같은 상상의 세계가 펼쳐집니다.
11년 변함없는 인기 품목!

완성 치수: 240㎜ 기준

재료 및 재단 ※패턴은 부록에 첨부합니다

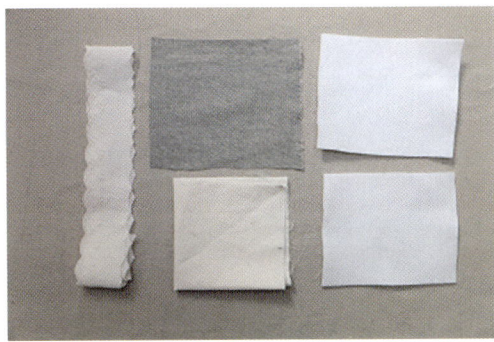

모든 재단은 약 0.3㎝ 크게 재단한 후 공정마다 다듬어서 하는 것이 초보자가 완성했을 때 박음질이 예쁩니다.

(발등) 패턴에 맞게 광목 30수 4장, 퀼트 속솜지 2장

(발바닥) 광목 20수 2장

(중간에 들어가는 재료) 부직포 2장, 퀼트 속솜지 2장

(발 밑바닥) 어두운색(회색) 광목 20수 2장

(캉캉 레이스) 1단 4.5×40㎝, 2단 4.5×48㎝, 3단 4.5×55㎝, 4단 4.5×66㎝, 5단 4.5×83㎝

※ 레이스는 한쪽을 인터록으로 처리하거나 말아박음질한 후 주름을 잡아 놓습니다.

발바닥 둘레 전체 바이어스 4×150㎝

발길이 : 26㎝

발등 둘레 21.5㎝

🔘 만드는 과정

1. 20수 회색 원단 위에 부직포를 놓고 둘레를 박음질하여 다듬습니다.

2. 광목 발바닥 원단을 맨 밑에 그 위에 퀼트 속솜지, 그리고 방금 박음질했던 발 밑바닥을 잘 포개어 놓고 둘레를 박음질해 하나가 되게 합니다.

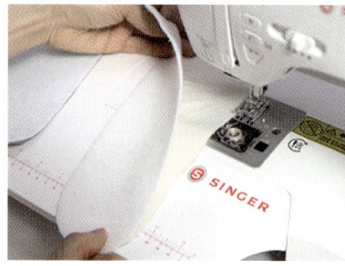 

 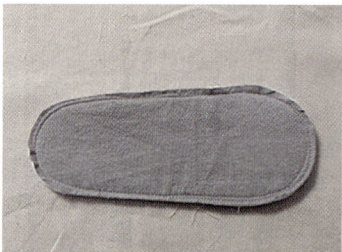

3. 발등 광목 원단을 밑에 놓고 퀼트 속솜지를 놓은 다음 그 위에 광목 원단을 놓고 발등 둘레가 울지 않게 박음질합니다.

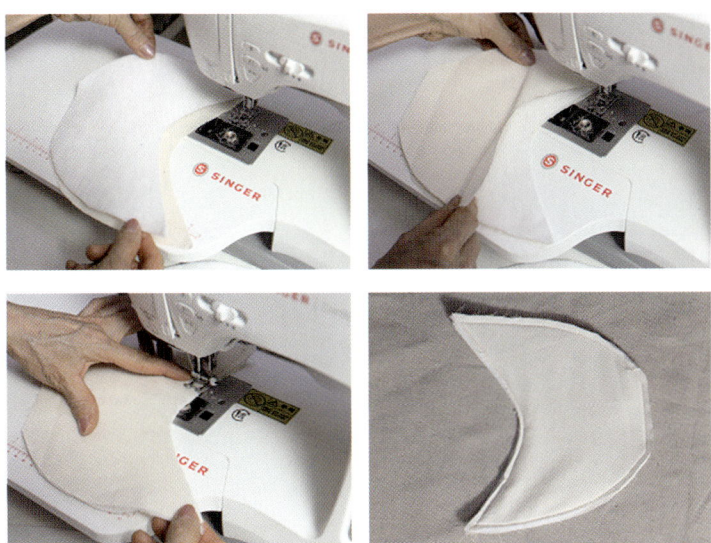

4. 발등 안쪽을 바이어스로 초벌 박음질합니다.

5. 뒤집어 겉이 보이게 하고 바이어스로 박음질 선을 감싸주며 박음질합니다.

Part 2 사랑스러움을 더하다

6. 발가락 부분도 **5.**와 같이 바이어스로 박음질합니다.

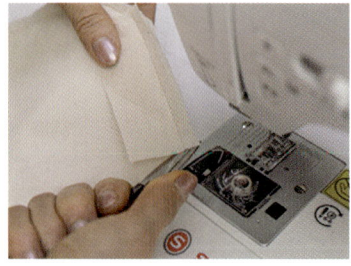

7. 발등 패턴을 대고 다듬어줍니다.

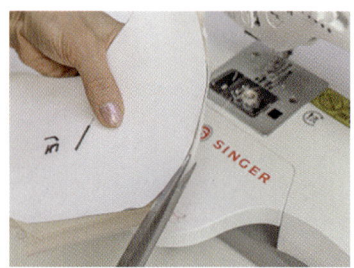

8. 발등에 주름 잡아 놓은 1단 레이스를 발끝부터 박음질합니다.

9. 2단 레이스는 1단에서 2.5㎝ 간격을 두고 박음질합니다. 3단, 4단 레이스도 똑같은 방법으로 박음질합니다.

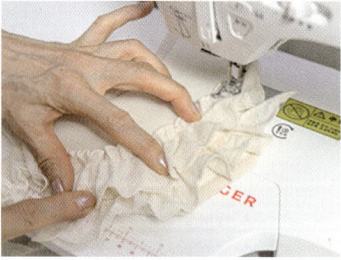

10. 5단 레이스를 박음질합니다.

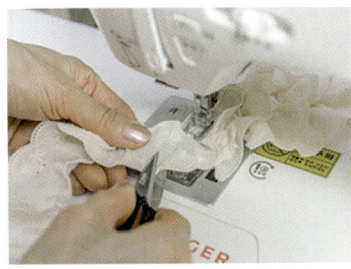

11. 박음질된 양쪽 레이스를 위쪽에서부터 옆단을 박음질합니다. 발등 안쪽 위에서부터 레이스를 안쪽으로 당긴 채 위에서부터 차례차례 박음질해 옵니다. 반대쪽도 똑같이 옆단을 박음질합니다.

12. 옆단 박음질한 곳에 튀어나오는 레이스 시접들을 잘라내어 다듬습니다.

13. 발 뒤쪽에서부터 7㎝ 되는 지점까지 열펜으로 선을 표시하고 완성된 발등을 한쪽씩 합폭합니다.

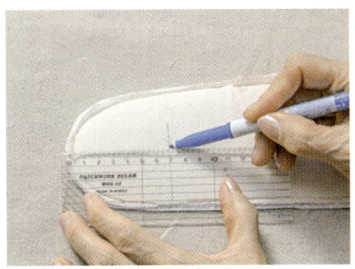

14. 발등 안쪽 끝을 에서 표시한 발바닥 7㎝ 선에 맞춘 다음 쪽가위나 끝이 뾰족하지 않은 도구를 사용해 발등을 밀어 넣고 박음질합니다. 반복해서 발끝 쪽에 와닿을 때까지 박음질합니다.
다른 한쪽은 발끝에서부터 7㎝ 지점까지 같은 방법으로 박음질합니다.

15. 실내화 둘레 전체를 바이어스로 싸줄 차례입니다. 시작 부분에서 시접을 1㎝ 접고 바이어스 박음질을 시작하여 다시 시작 지점까지 돌아오면 2㎝를 겹쳐 박음질합니다.

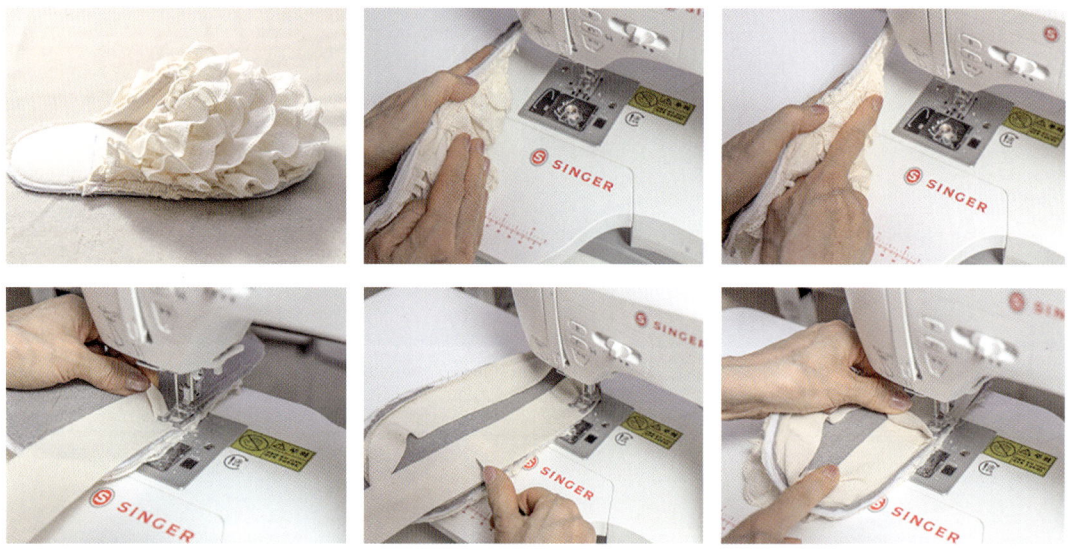

16. 바이어스를 뒤집어 겉이 보이게 하고 초벌 박음질된 바이어스를 손으로 팽팽하게 잡아 당겨놓습니다.
그리고 1㎝ 시접을 꺾어 안으로 넣어주고 마무리로 감싸주는 박음질을 하면서 완성합니다.
처음 시작된 곳과 마무리된 곳을 팽팽하게 잡고 박음질합니다.

하이디 허리 앞치마

가족을 위해 요리하는 주부의 참모습
이제 요리할 때도 패션을 챙기자.
사랑스러운 하이디 앞치마를 입고 요리도 사랑스럽게!

완성 치수: 길이 50cm

재료 및 재단

(몸판) 광목 30수 100×40cm 1장
하이디 잔꽃무늬 원단 50×30cm 1장
(허리끈) 광목 30수 10×230cm 1장
몸판에 붙일 바이어스 7×400cm 정도
면 레이스(하이디 잔꽃무늬 원단에 붙인다) 130cm 정도(여유 충분하게)

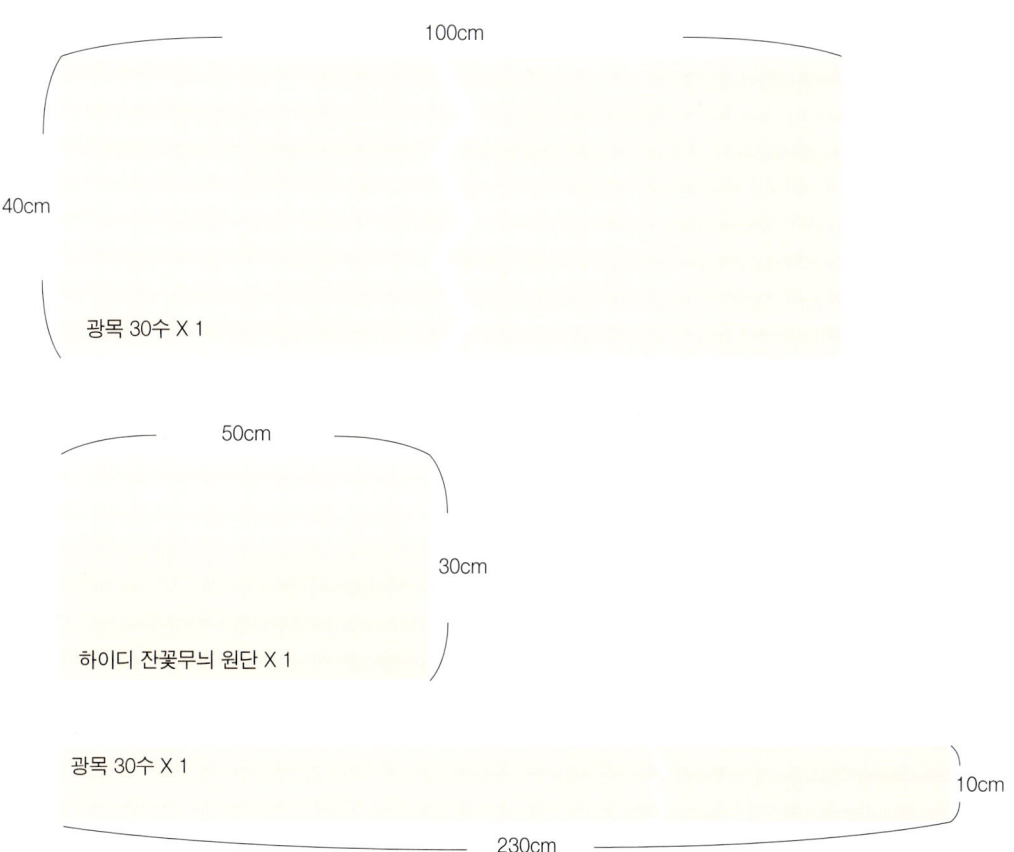

100cm
40cm
광목 30수 X 1

50cm
30cm
하이디 잔꽃무늬 원단 X 1

광목 30수 X 1
230cm
10cm

🔘 만드는 과정

1. 재단된 광목 30수 몸판과 하이디 잔꽃무늬 원단 두 가지를 사진처럼 밑단 쪽을 굴려서 재단합니다. 밑단 양쪽을 반으로 겹쳐서 재단해 놓습니다.

2. 하이디 잔꽃무늬 원단은 윗부분을 제외한 3면을 오버록으로 처리하고, 면 레이스로 박음질합니다.

3. 바이어스도 한쪽 면은 인터록이나 말아박음질을 한 다음 주름을 잡아 놓습니다.

4. 광목 30수 몸판 옆단에 3.에서 만든 프릴을 사진처럼 박음질합니다.

5. 박음질한 뒷부분은 오버록으로 처리하고 겉으로 편 다음 0.3cm 오버록으로 처리한 시접이 눌릴 정도로 상침박음질하여 몸판이 편안하게 펴지게 합니다.

6. 사진처럼 광목 몸판과 하이디 원단을 반으로 접어 중심 표시를 합니다(사진 참조).

 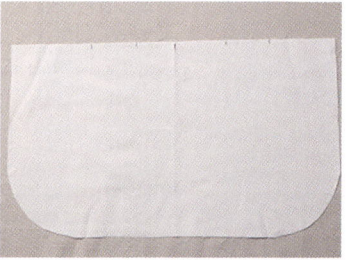

7. 중심 표시를 한 광목 몸판과 하이디 몸판을 잘 맞춰 놓고 윗면을 합폭합니다.

8. 합폭한 윗면의 양쪽 13cm 정도를 제외하고 가운데 부분에 주름을 잡습니다. 직선 바이어스 10×230cm로 허리끈을 만들 차례입니다. 허리끈을 사진처럼 반으로 접어 중심을 표시해주고 중심에서 45cm 지점을 표시합니다.

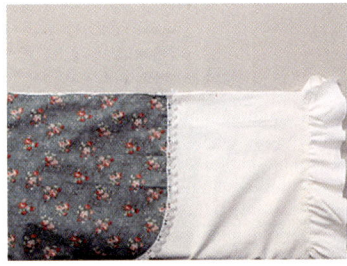  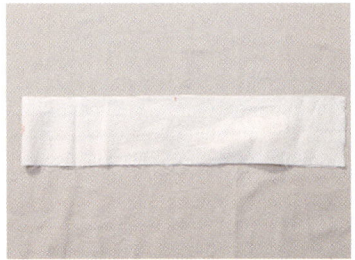

9. 허리끈을 가로로 반으로 접고 끝에서 10cm 되는 곳까지는 사선으로 박음질하고 45cm 표시한 지점까지 박음질합니다.

10. 반대쪽도 똑같이 박음질하고 사선 박음질한 곳은 시접을 잘라내고 한쪽씩 긴 드라이버로 사진처럼 뒤집어서 다림질합니다.

 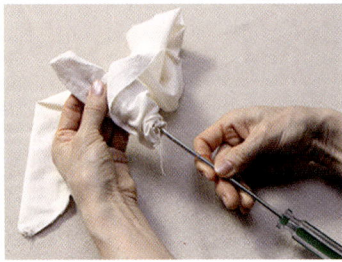 

11. 허리끈 중심에서 45㎝를 남겨 놓은 곳에 완성해 놓은 몸판을 넣어 박음질합니다.

12. 허리끈 뒤쪽 겉에 표시해 놓은 선에 몸판 프릴 끝을 맞추고 반대쪽 45㎝ 표시 지점까지 몸판 중심선과 허리끈 중심선이 잘 맞도록 손으로 만져 가면서 박음질합니다.

 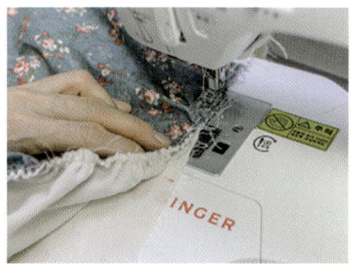

13. 박음질하지 않은 반대편 허리끈 시접으로 몸판 시접을 감싸며 박음질합니다. 박음질할 때는 시접 1㎝를 접어 넣어 상침하듯이 박음질하여 갑니다. 박음질은 허리선에서 그치지 말고 허리끈 둘레 전체(사선 모양의 끝부분과 윗부분까지)를 끝박음질하여 완성합니다.

스트링 긴 허리 앞치마

주방의 주인공, 긴 허리 앞치마를 입은 예쁜 주부
패브릭과 스트링으로 긴 허리 앞치마를 만들어 입고 주방에서 요리합니다.
이제 앞치마 끈도 스트링으로 바꿔보세요.

완성 치수: 길이 70㎝

재료 및 재단

(몸통) 장미 린넨 1폭×90cm(150×90cm) 재단
(허리) 광목 30수 150×25cm
스트링 230cm 2줄
스트링에 달 액세서리 종 4개
허리 부분에 박음질할 직선 바이어스 4×8cm 5개
광목색 앵두 단면 레이스 150cm

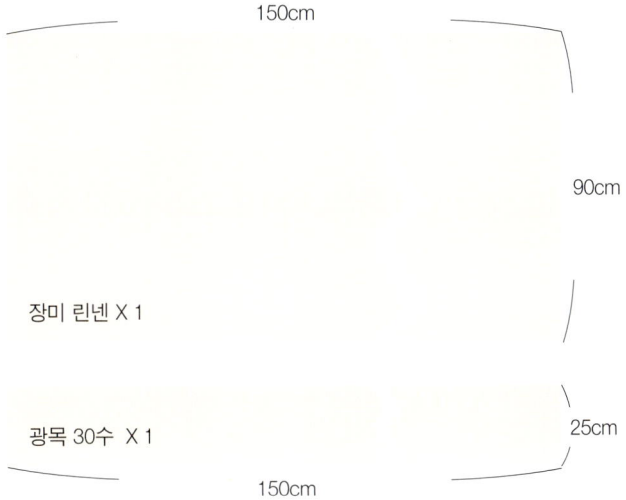

장미 린넨 X 1

광목 30수 X 1

Part 2 사랑스러움을 더하다

🔘 만드는 과정

1. 허리 스트링을 끼울 직선 바이어스 4×8cm 고리 다섯 개를 만들어 놓습니다

2. 재단된 허리 부분인 광목 30수를 길게 반으로 접어 다림질한 후 열펜으로 선을 그어 놓습니다. 2cm, 2.5cm, 1cm, 2.5cm, 2cm, 1cm 시접 선을 차례로 그려 놓습니다.

3. 반으로 접어 다려 놓은 허리의 옆선을 펴서 박음질합니다. 박음질할 때는 양 옆선에 1cm 시접을 접고 2cm를 꺾어 박음질합니다.

4. 치맛단 옆단도 양쪽 1cm를 접고 2cm를 꺾어 박음질합니다. 치맛단 윗부분 안쪽과 허리선 겉 시접 부분을 맞대고 합폭합니다.

5. 합폭한 바느질 선이 보이지 않도록 남은 허리 단은 끝부분에 1㎝ 시접을 접어 4.에서 합폭했던 선에 맞추어 끝박음질합니다.

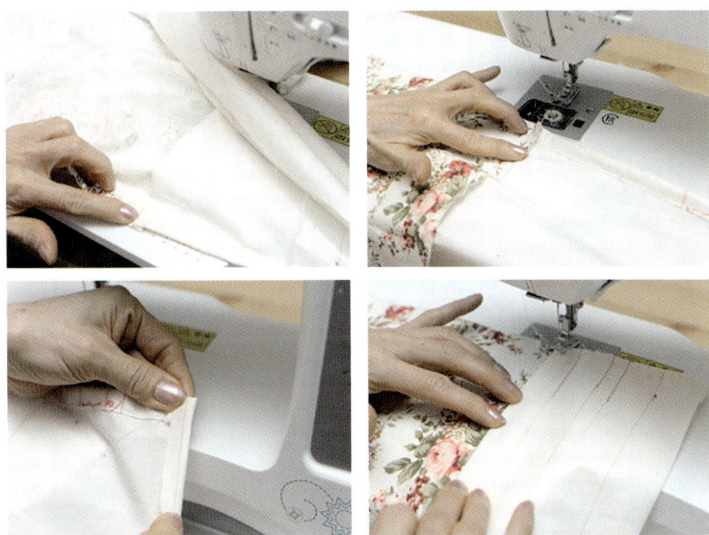

6. 2.에서 허리선에 열펜으로 그어 놓았던 선을 따라 순서대로 박음질합니다.

7. 치맛단 밑단은 1㎝ 시접을 접어 3㎝ 꺾어 박음질합니다.

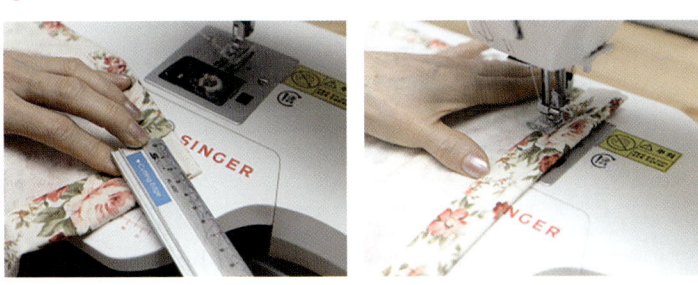

8. 레이스 옆단도 치맛단 옆단과 같이 1㎝ 시접을 접어 3㎝ 꺾어 박음질합니다. 옆단 처리를 마친 레이스는 치맛단을 따라 박음질하며, 이때 사진처럼 치맛단 밑 시접 박음질 선에 맞추어 박음질합니다.

9. 레이스 끝부분은 **8.**에서와 같이 시접을 말아서 박음질합니다.

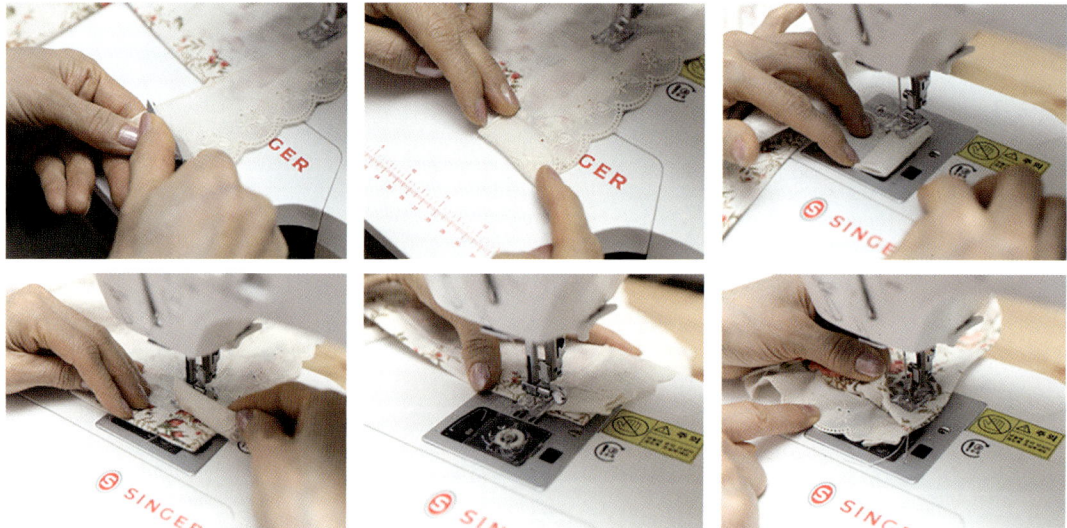

10. 고리 끈은 허리선에 열펜으로 그어놓은 선(스트링이 통과하는 곳)에 박히지 않게 위쪽에서 2㎝ 내려간 지점, 아래쪽에서 2㎝ 올라온 부분(사진 참조)의 양쪽 끝에 두 개, 중앙에 한 개, 중앙과 양쪽 끝 사이에 두 개를 박음질합니다.

11. 스트링에 장식용 종을 끼워 두 번 정도 야무지게 묶어 매듭이 종 속에 들어가도록 끈을 빼냅니다. 그리고 허리의 2.5㎝ 통로 두 군데에 사진처럼 끼워 넣습니다. 스트링 끝에 장식용 종이 달려 있어 따로 옷핀 같은 것이 없어도 끼울 수 있습니다.

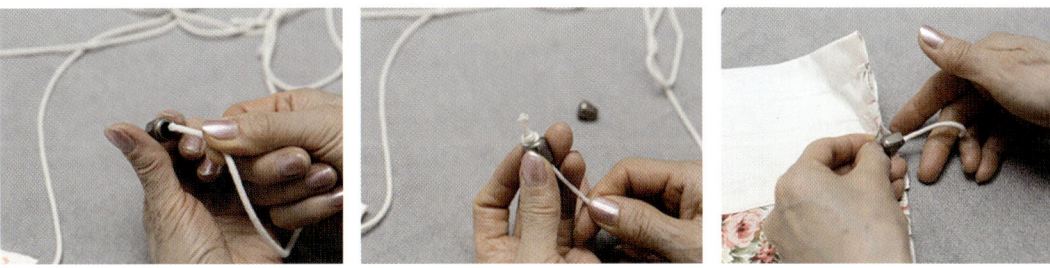

12. 스트링이 허리 뒤쪽에서 다시 앞으로 오게 하여 잡아당기면서 예쁘게 묶어 주인공의 체형에 맞게 연출합니다.

패브릭 다용도 바구니

패브릭 소품이 사랑스럽습니다.
자녀들의 예쁜 핀 쏘옥! 생리대도 쏘옥!
부모님께 사탕 한 바구니 쏘옥!

재료 및 재단

면 30수 꽃무늬 원단 1장(패턴대로)
접착 퀼트 속솜지 4온스 원단 1장(패턴대로)
광목 백아이 30수 1장(패턴대로)
진주 튤립 꽃방울 박음질해 놓은 것(p.172 참조)
스트링 64㎝ 2줄

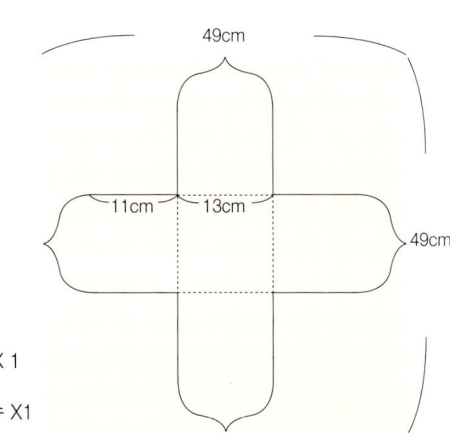

면 30수 꽃무늬 X 1
속솜지 X 1
광목 백아이 30수 X1

Part 2 사랑스러움을 더하다 **85**

만드는 과정

1. 패턴대로 재단된 접착 퀼트 속솜지와 백아이 30수를 다림질하여 한 장으로 붙여 놓습니다.

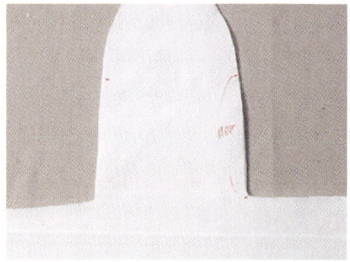

2. 겉지 원단에 몸판 중앙에서 네 기둥면 11㎝ 부분에 열펜으로 표시해주고, 속지 겉과 다림질해 놓은 백아이 30수 겉지 겉을 합폭합니다. 왼쪽 패턴 그림에서 중앙 네모에서 1, 1′, 2, 2′, 3, 3′, 4, 4′까지 11㎝ 선, 꽃잎 부분만 8곳 박음질합니다.

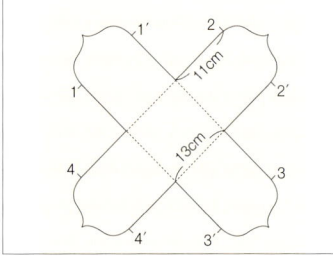

3. 꽃잎을 박음질하면 몸판 겉지와 속지가 사진처럼 분리됩니다.

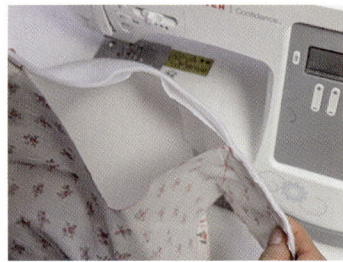
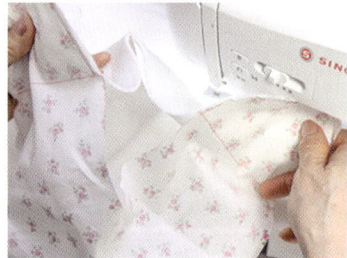

4. 패턴에서 보듯이 먼저 속지(꽃무늬 원단) 5와 5'면(11㎝)은 2㎝만 되박음질하듯 합폭하고 나머지 9㎝ 정도는 창구멍으로 사용할 수 있게 박음질하지 않습니다. 6번과 6', 7번과 7', 8번과 8' 세 면은 11㎝ 모두 합폭합니다.

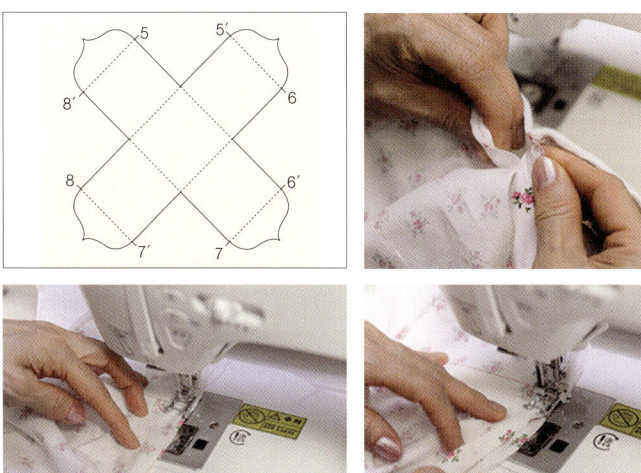

5. 겉지(퀼트 속솜지 다림질해 놓은 것)도 속지와 같은 방법으로 합폭합니다.
네 면 5와 5', 6과 6', 7과 7', 8과 8' 면끼리 합폭합니다(겉지는 창구멍 없이 네 면을 모두 박음질합니다).

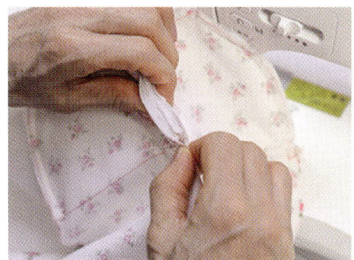  

6. 사진처럼 겉지 속솜지 원단과 속지 꽃무늬 원단이 박음질된 것을 속지 창구멍으로 뒤집고 창구멍을 끝박음질하여 막습니다.

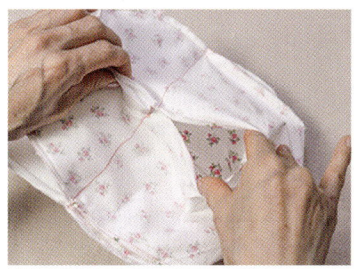  

7. 꽃잎을 예쁘게 잘 정리해준 다음 다림질합니다.

8. 진주 튤립 꽃방울(p.172 만드는 법 참조)이 달린 스트링을 준비해 놓습니다.
스트링 두 줄을 U자형으로 사진처럼 꽃잎과 꽃잎 사이에 놓습니다.

9. U자형으로 스트링을 놓았기 때문에 두 줄이 생깁니다.

10. 끈이 박히지 않도록 손으로 스트링을 접힌 쪽으로 밀면서 사진처럼 박음질합니다.
이렇게 나머지 스트링도 한 꽃잎씩 똑같은 방법으로 넣어 완성합니다.

11. 양쪽에서 스트링을 조이면서 꽃잎에 주름이 생기면 리본으로 묶어줍니다.

웨딩 망사 밸런스

쉽고 착한 가격의 웨딩 망사 밸런스!
집콕&방콕을 위한 힐링 공간을 연출해 보세요.
창문과 창문 사이에 웨딩 망사 밸런스로 사랑을.

완성 치수: 가로 134cm

재료 및 재단

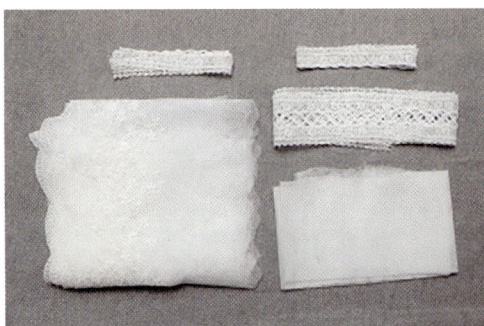

매다는 용도로 사용할 단면 레이스 400cm

XXL 케미컬 140cm

무지 망사 1폭 기준 134×23cm

봉집 양 옆선에 사용할 케미컬 레이스 60cm

무지 망사 X 1 — 134cm × 23cm

만드는 과정

1. 재단된 무지 망사 134×23cm 한 장을 반으로 접어 다림질하여 134×11.5cm가 되도록 합니다.
2. 다림질한 무지 망사 위에 애교 주름 2cm 지점, 봉집 터널 7cm 지점, 시접선 1.5cm 지점 선을 열펜으로 그립니다.

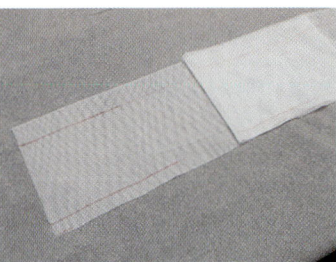

3. 케미컬 양쪽에 수놓아진 레이스를 가위로 반을 나누어 한쪽을 레이스로 이용합니다.

4. 2.에서 열펜으로 선을 그려 놓은 무지 망사를 펴 놓고 3.에서 다듬은 레이스를 양옆에 박음질합니다.

5. 2.의 원단에 열펜으로 그려 놓은 선대로 박음질합니다. 애교선을 박음질하고, 봉집 터널 선을 박음질합니다.

6. **5.**의 무지 망사 시접선 위(**5.**의 마지막 그림에서 오른쪽 바느질 선)에 XXL 케미컬의 수놓아진 꽃잎 부분을 양 옆면에 잘 맞추어 박음질합니다.

7. 매달 단면 레이스를 주름박음질합니다.

8. XXL 케미컬 뒤쪽이 보이게 한 다음 레이스를 사진처럼 박음질합니다.

9. 매달 단면 레이스의 양 옆선에 잘라 놓은 레이스를 봉집 무지 망사에 박음질한 것과 같은 방법(**4.**번 참조)으로 연결해서 박음질하고 열펜 자국을 다림질하여 깨끗하게 없애면서 완성합니다.

 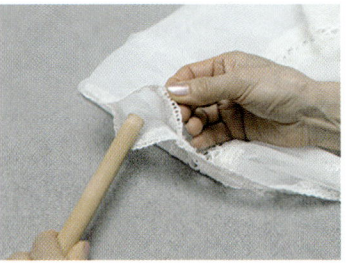 

Part 3

생각을 더하다

누군가 만들었거나 언젠가 만들어져 있었던 작품에
지금의 홈패션 소잉 디자이너들이 생각을 더하여 점점 편리하게 변해 가는 작품들!
손목 가방에 각을 세우고, 패치 가방에 바이어스 감싸기를 하지 않았습니다.
주머니를 패치 앞뒤로 빼낸 어느 종이접기를 보고 패브릭으로 만들어 보기도 했습니다.
그 외 한복 저고리 주방 타월과 세탁해서 사용하는 패브릭 장지갑,
출근할 때는 지갑으로 퇴근할 때는 시장 가방으로 사용하는
다용도 파우치 시장 가방
보들보들한 감촉의 패브릭은 건강에도 좋습니다.

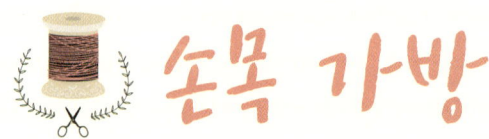 # 손목 가방

손목 가방에 바닥각을 더해 디자인해 보았습니다.
편안하고 귀여운 스타일이 마냥 좋습니다.
테이블 위에 놓인 손목 가방으로 가볍게 외출합니다.
이것이 수공예의 매력!

🔘 재료 및 재단

(겉지) 빨강 잔꽃무늬 면 30수
(속지) 밤색 잔꽃무늬 원단 30수
접착 퀼트 속솜지 2온스 겉지 모양대로 각각 1장씩

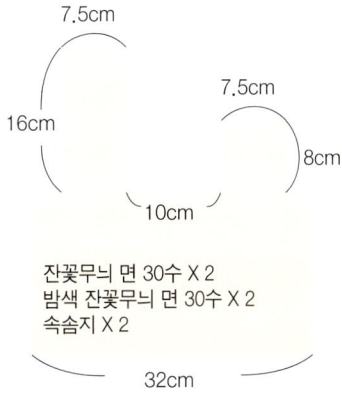

7.5cm
16cm
7.5cm
8cm
10cm
32cm

잔꽃무늬 면 30수 X 2
밤색 잔꽃무늬 면 30수 X 2
속솜지 X 2

만드는 과정

1. 재단한 원단을 접착 퀼트 속솜지에 대고 다림질로 붙입니다.

 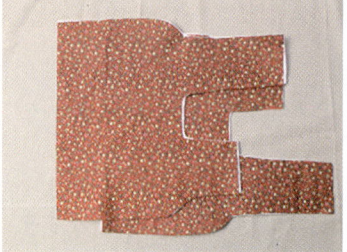

2. 속지와 겉지는 손잡이 부분의 겉과 겉끼리 맞대고 각각 박음질합니다.

3. 박음질한 손잡이 겉지와 속지 겉을 맞대고 중앙 둘레를 합폭합니다.

4. 중앙의 박음질한 곳의 코너 부분에는 가위집을 냅니다.

5. 한쪽 손잡이를 펴서 그 안에 반대쪽 손잡이를 넣습니다.

6. 첫 번째 그림에서 손잡이 아래 둥글게 올라온 부분부터 박음질합니다.

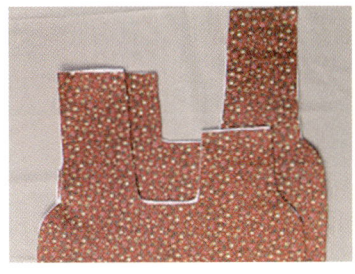 

7. 속에 넣은 반대쪽 손잡이를 잡아 빼냅니다.

8. 반대로, 박음질되어 뒤집어 빼 놓은 손잡이를 다른 쪽 손잡이 안에 넣고 똑같이 박음질해서 빼냅니다.

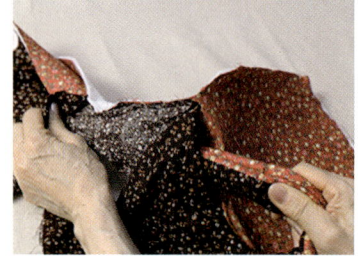 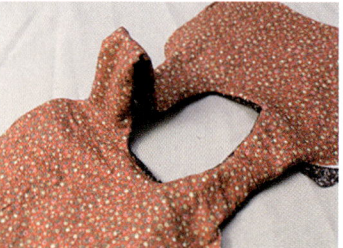

9. 8.을 겉과 겉이 맞닿게 접어서 겉지 몸통 옆선의 가방끈 박음질 선에서부터 박음질합니다.

10. 속지도 겉지 옆선과 똑같은 방법으로 옆선을 박음질하되 속지는 가방끈 아래 옆선에서 5㎝를 박음질하다가 10㎝ 정도의 창구멍을 남겨 놓습니다.

11. 바닥각을 만들어 주기 위해 2.5㎝ 정사각형을 미리 준비해 놓습니다. 박음질한 옆선에 정사각형을 대고 그립니다.

12. 그려 놓은 사각형의 양 꼭짓점을 잡고 편 다음 사진처럼 선을 따라 박음질합니다(겉지, 속지 똑같은 방법입니다).

13. 박음질한 바닥을 사진처럼 시접 1㎝를 남기고 잘라냅니다. 잘라내면 이런 모양이 나옵니다.

14. 창구멍으로 겉지와 속지를 빼냅니다. 창구멍의 시접과 시접을 잘 맞추고 끝박음질로 막아줍니다.

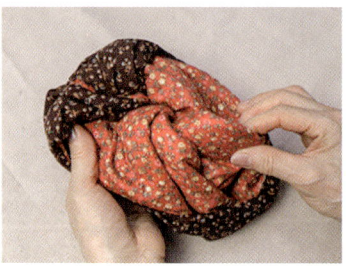

15. 손으로 이곳저곳 잘 만져서 가방을 이쁘게 만들어준 다음 가방 전체의 틀을 잡아주고 깔끔하게 해주는 스티치로 박음질하여 완성합니다.

저고리 주방 타월

주방에서 한몫 톡톡히 하는
한복 저고리 핸드 타월!

재료 및 재단
※ 패턴은 부록에 첨부합니다

꽃무늬 면 30수 저고리 패턴 1장(골선으로 재단)
무지 원단 2장(치마 패턴대로)
타월 1/2장
고리 끈 14×4cm 1장
솜 약간
단추 3개
레이스(목둘레와 양쪽 손목 사용)
면 케미컬 50cm

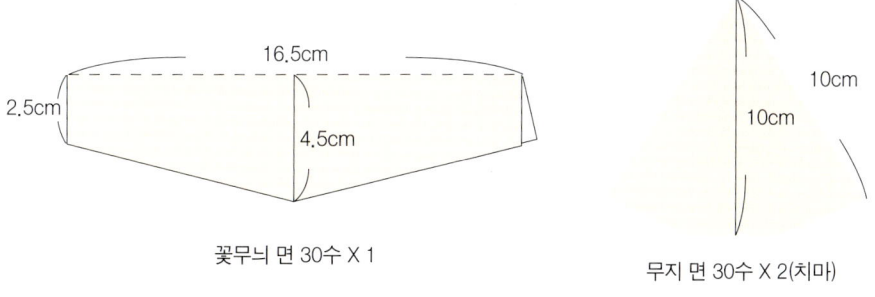

꽃무늬 면 30수 X 1

무지 면 30수 X 2(치마)

무지 면 30수 X 1(고리끈)

🔘 만드는 과정

1. 저고리 손목 안쪽에서 레이스를 박음질하여 겉쪽으로 꺾어 겉에서 다시 박음질합니다.

2. 골선으로 재단한 저고리를 반으로 접어 겉과 겉끼리 손목만 제외하고 합폭합니다.

3. 한쪽 손목으로 저고리를 뒤집습니다.

 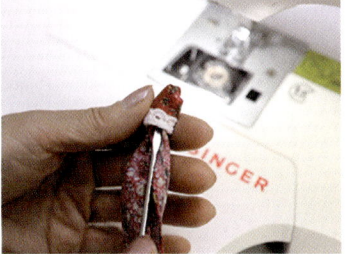 

4. 뒤쪽에서 레이스로 저고리의 깃을 박음질합니다.

 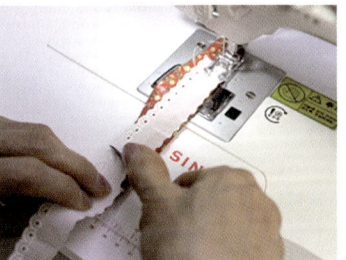

5. 박음질한 저고리를 뒤집어 겉이 보이게 한 후 레이스를 꺾어 몸판에 박음질합니다.

6. 저고리 양팔을 중앙으로 모아 얌전한 모습을 표현합니다.

7. 치맛단 두 장을 겉과 겉끼리 박음질하는데 밑부분(수건이 들어가는 부분)을 제외하고 박음질해서 뒤집습니다.

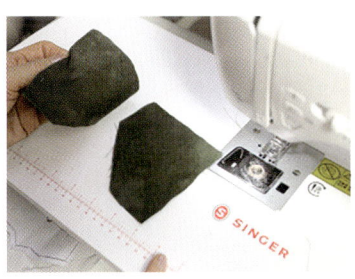  

8. 저고리와 치맛단을 저고리 양손이 모이는 부위에 사진처럼 붙여 박음질합니다.

9. 14×4㎝ 바이어스를 박음질해서 고리를 만듭니다.

10. 바이어스 고리를 저고리 뒤편 중앙에 되박음질로 고정시킵니다.

11. 치맛단 속으로 준비된 솜을 통통하게 넣습니다. 그리고 수건을 넣을 곳에 시접 1㎝를 그립니다.

12. 수건 윗부분에 중심을 표시하고 열펜으로 2.5㎝ 간격마다 표시합니다.

13. 표시한 곳 양쪽 끝부분은 뒤로 꺾어주고 중앙을 향해 표시해 놓은 데로 양쪽에서 중심으로 외주름을 잡아 박음질합니다.

14. 수건은 솜을 넣은 치맛단 속, 시접 1㎝로 표시한 곳에 잘 펴서 넣습니다.

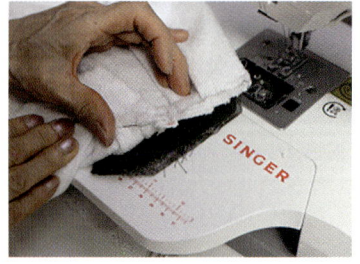

15. 치맛단의 중심과 수건 중심을 되박음질로 고정시켜 놓고, 치맛단 뒤쪽에 수건 뒤쪽을 마주 대고 1㎝ 표시한 선에 맞추어 박음질합니다.

16. 펴보면 이런 모양이 됩니다.

17. 맞은편 치맛단 부분은 1㎝ 시접을 접어 안쪽으로 넣어주면서 박음질 선에 맞게 박음질합니다.

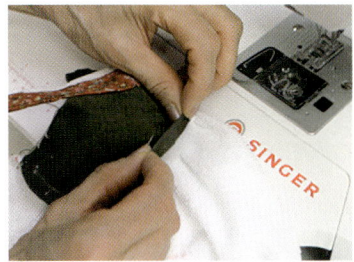

18. 수건 밑부분은 오버록하고 면 레이스 케미컬을 박음질합니다.

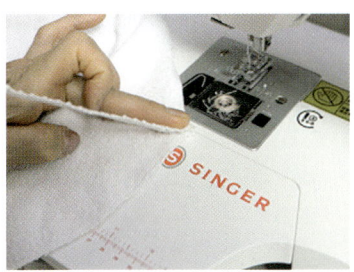

19. 저고리 중앙 부분에 단추를 답니다. 양쪽 소매를 예쁘게 포개어 놓고 단추를 달면 완성입니다.

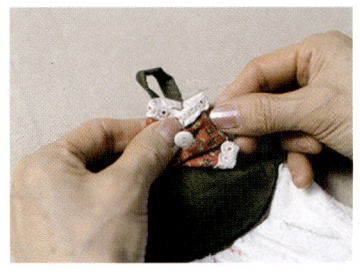

임산부 도넛 방석

집테크로 앉아 있는 시간이 많은 요즘, 도넛 방석 하나만 있어도
편하게 쿠션 속에서 행복한 힐링의 시간을 보낼 수 있습니다.
치질 환자에게 좋은 도넛 쿠션!
임산부에게도 꼭 필요한 도넛 쿠션!

완성 치수: 지름 45cm

재료 및 재단

(몸통) 지름 45㎝ 원 모양의 잔꽃무늬 원단 2장
※ 지름 45㎝ 원 2장을 겉과 겉끼리 맞대고 중앙에 지름 15㎝의 작은 원을 패턴처럼 그려서 오려냅니다.

총알 면 레이스 500㎝

솜

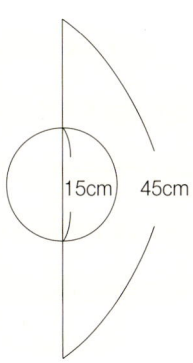

잔꽃무늬 면 X 2

🔘 밑작업

총알 레이스를 주름 잡아 놓습니다.

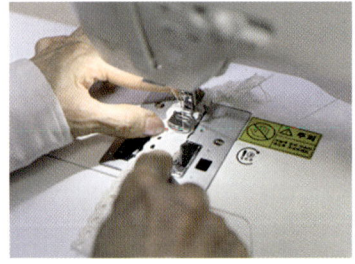 

🔘 만드는 과정

1. 재단된 원단 겉쪽에 주름 잡아 놓은 레이스를 안쪽 원과 바깥쪽 원 둘레에 박음질합니다.

 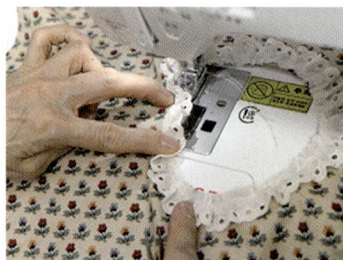 

2. 레이스를 박음질한 곳에 도넛 모양의 원단 한 장을 겉끼리 마주 대고 안쪽 원부터 박음질 선에 맞게 합폭합니다.

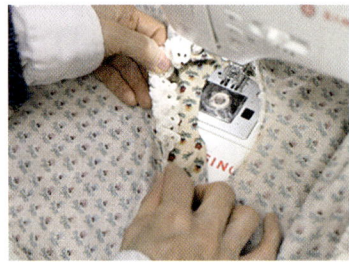 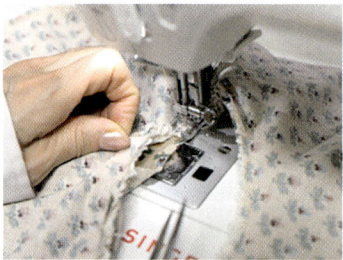

3. 합폭한 작은 원 박음질 선 시접에 가위집을 전체적으로 냅니다.

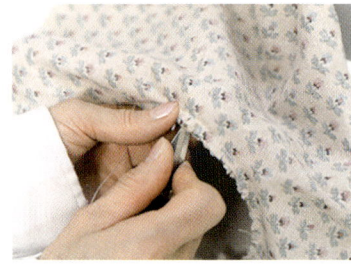 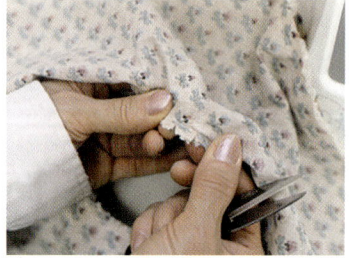

4. 위에 있는 한 장을 중앙 작은 원안으로 집어 넣습니다.

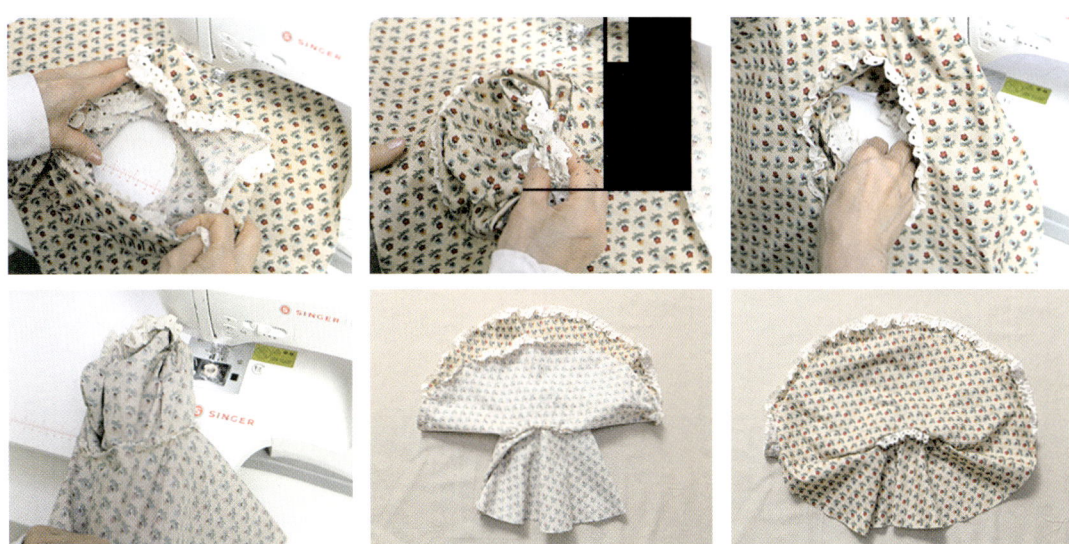

5. 속으로 집어 넣은 속지와 겉과 겉이 마주 보도록 하여 겉지 어느 한 부분에 기준점을 표시합니다.

6. 겉지 기준점과 뒤집어 놓은 기준점을 맞잡고 합폭합니다.

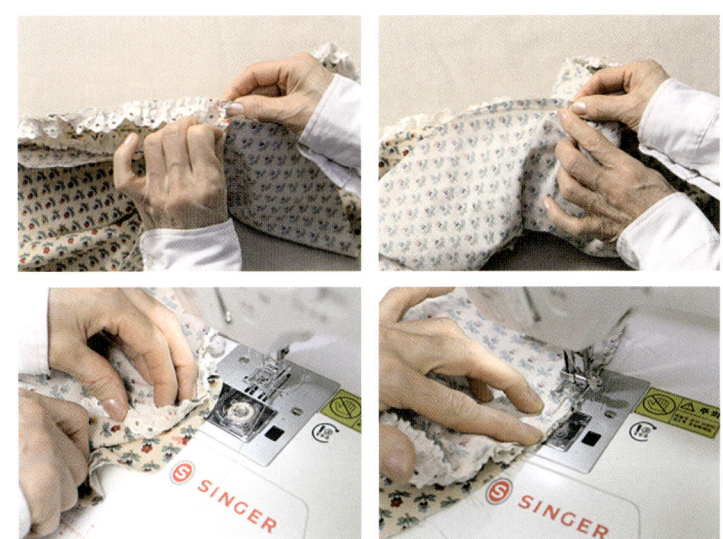

7. 속으로 말아 넣은 속지 원단을 빼내면서 박음질하여 15㎝를 남겨 놓은 상태로 되박음질하여 끝냅니다.

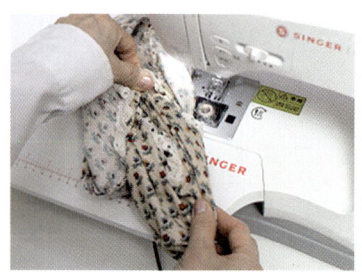

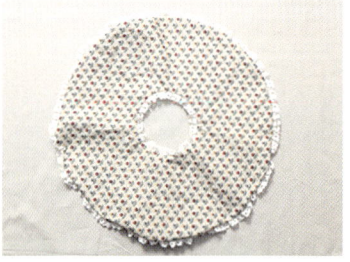

8. 남겨 놓은 15㎝ 창구멍으로 솜을 넣습니다.

9. 남겨 놓은 창구멍을 공그르기하여 완성합니다.

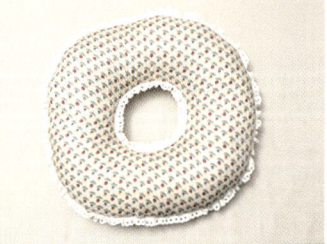

Part 3 생각을 더하다

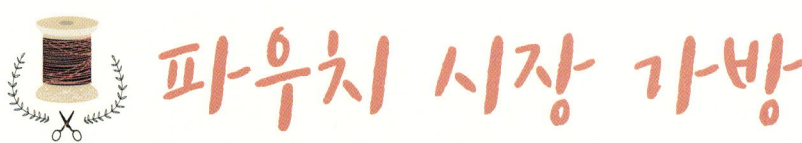

파우치 시장 가방

회사 출근할 때는 가볍게
마트와 슈퍼에서는 센스 있고 엣지있게!
쓰윽~ 쏘~옥 파우치 시장 가방

재료 및 재단

가방 몸판
(겉지(선염지)) 16×78cm 1장, 잔꽃무늬 원단 31×78cm 1장,
속지 광목 30수 45×78cm 1장

작은 파우치
겉지 속지 사이즈는 31×26㎝입니다.
(겉지(선염지)) 9×26cm 1장, 잔꽃무늬 원단 15×26cm 1장,
속지 21×26㎝, 파우치 끈 6cm 1장
가방끈 브레이드 감청색 50cm 2장
지퍼 100㎝ 한쪽(지퍼를 갈라서)
지퍼알

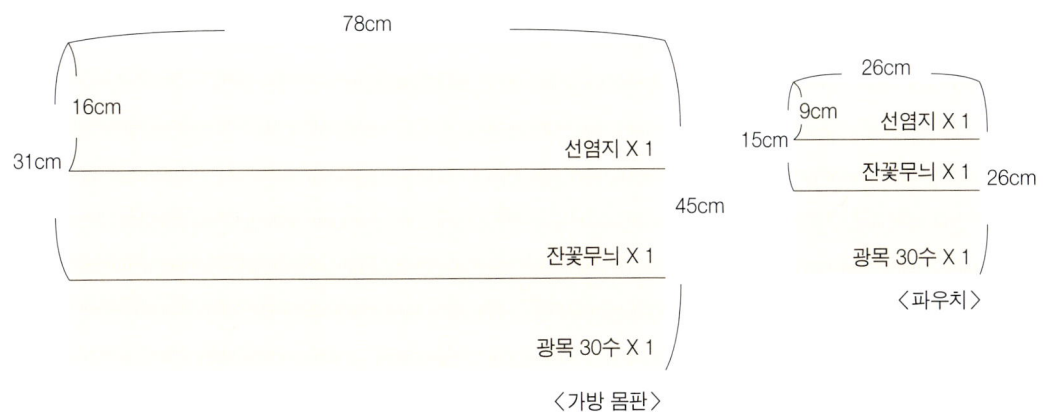

〈가방 몸판〉 〈파우치〉

🌸 만드는 과정

1. 작은 파우치 지갑 겉지를 만들기: 먼저 선염지 겉 시접 1㎝를 접어 잔꽃무늬 겉에 사진처럼 대고 합폭하다가 위에서 7㎝ 정도 되는 부분에 고리 끈 하나를 애교로 넣어주면서 끝까지 합폭합니다.

2. 합폭한 겉지를 반으로 접어 중앙에 표시합니다. 둘레를 지퍼로 박음질하기 위해서입니다.

3. 갈라 놓은 지퍼의 5㎝ 되는 부분과 2.에서 표시해 놓은 중심을 맞추어 지퍼 노루발로 박음질하기 시작하는데, 이때 처음 시작한 곳까지 박음질해서 한 바퀴 돌아오면 지퍼의 끝부분에 5㎝ 정도를 남겨 놓습니다.
코너 부분을 박음질할 때에는 지퍼 시접 부분에 가위집을 내고 박음질합니다.

 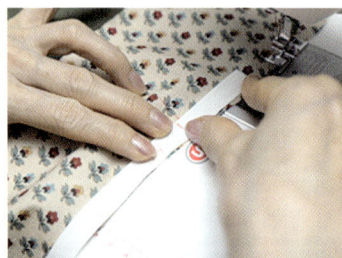 

4. 작은 파우치의 가방끈을 박음질할 차례입니다. 중심선에서 양쪽으로 5㎝ 되는 부분에 끈을 박음질합니다. 다른 한쪽도 똑같이 가방끈을 박음질합니다.

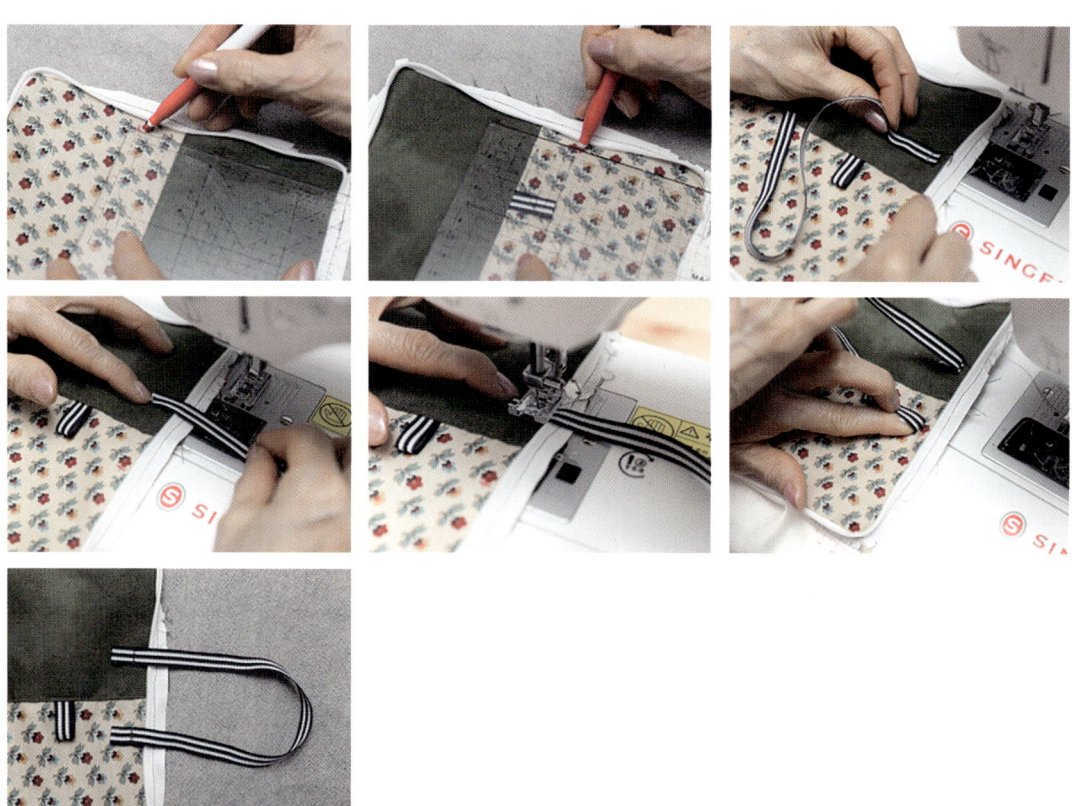

5. 4.에서 만든 파우치를 속지 위에 안쪽 면이 위로 오도록 놓고 겉지와 속지 창구멍을 7㎝ 정도 남긴다. 지퍼알을 넣어서 뺄 수 있는 1㎝ 정도의 여유를 주고 네 면을 합폭합니다. 이때도 지퍼 노루발을 사용합니다.

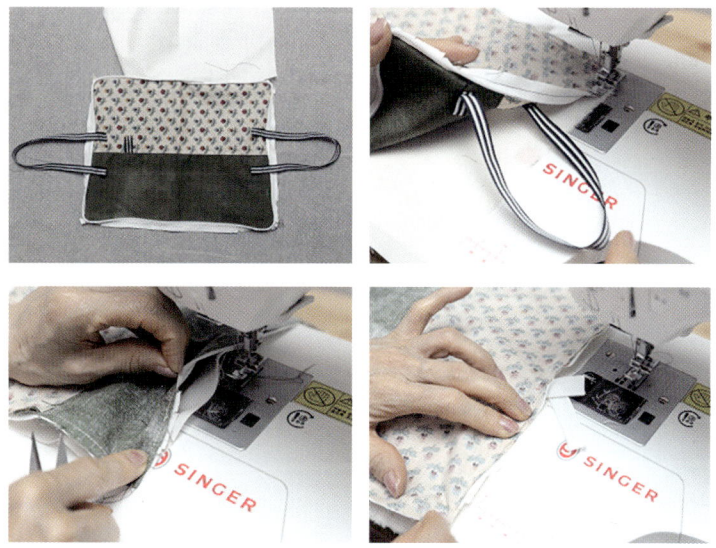

6. 지퍼 끝을 맞추고 지퍼알을 끼웁니다. 지퍼알을 손톱으로 겉쪽으로 밀어 넣고 창구멍으로 뒤집습니다(p.22 지퍼알 끼우는 방법은 기본 박음질을 참조합니다).

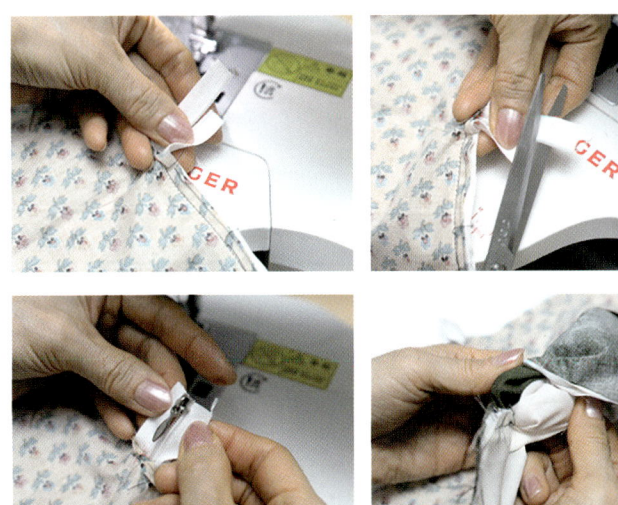

7. 지퍼알을 빼내고 겉지를 펴 놓습니다. 고리 끈이 달린 쪽 윗부분만 상침박음질합니다.

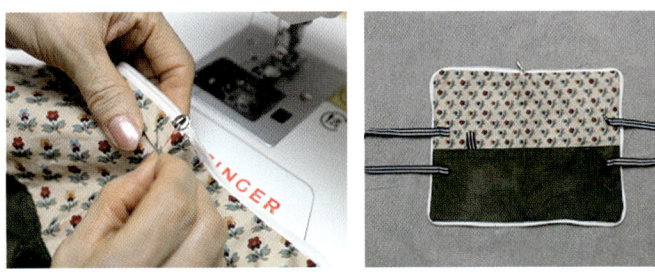

8. 작은 파우치 지갑 디자인과 같이 속 가방도 같은 방식으로 겉지를 박음질합니다.

9. 겉지 한쪽 면에 사진처럼 완성된 파우치를 펴 놓고 손잡이가 달린 윗부분만 제외하고 세 면을 지퍼 노루발로 박음질하되 파우치의 창구멍까지 손으로 잘 만져주면서 박음질합니다.

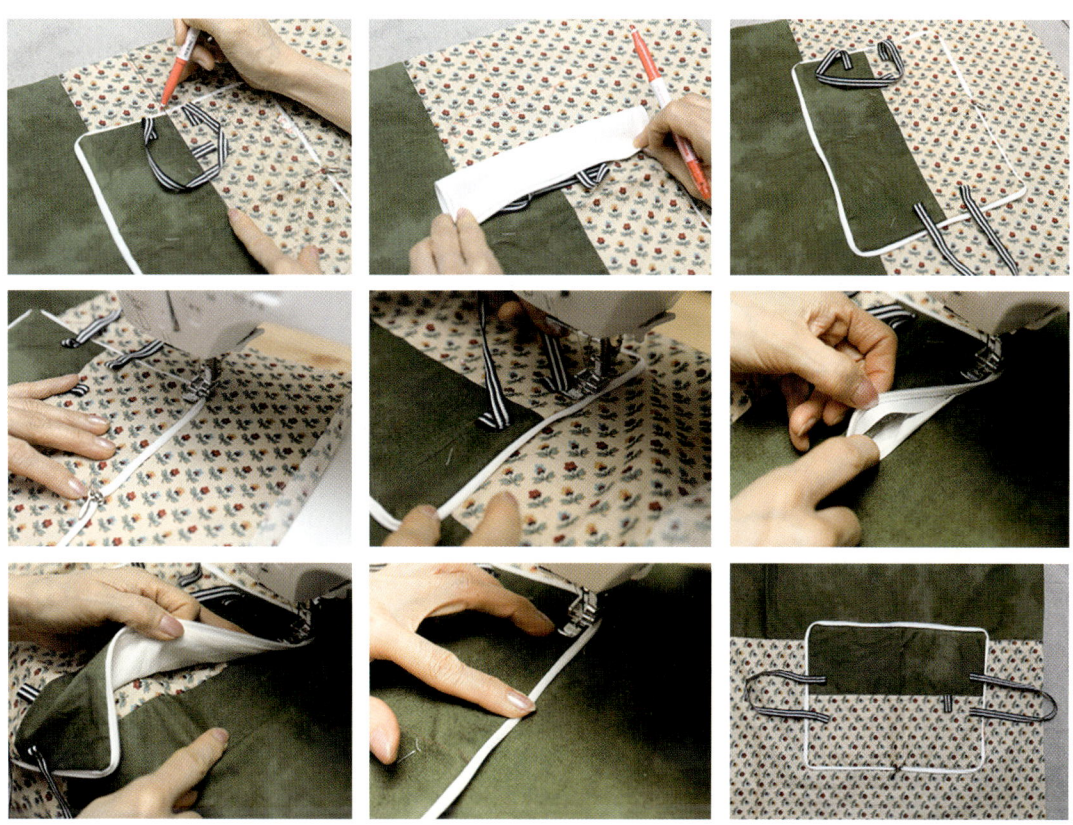

10. 가방끈을 박음질합니다. 중심에서 양쪽으로 5㎝를 표시해 놓고 사진처럼 박음질합니다.

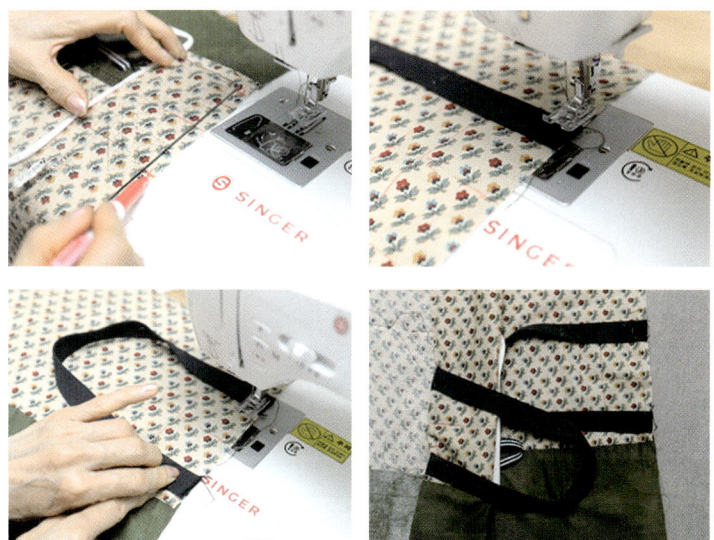

11. 가방 겉지와 속지를 반으로 접어 양옆을 박음질합니다(속지는 기본 가방처럼 옆쪽에 창구멍 10㎝를 남겨 놓고 박음질해 놓습니다).

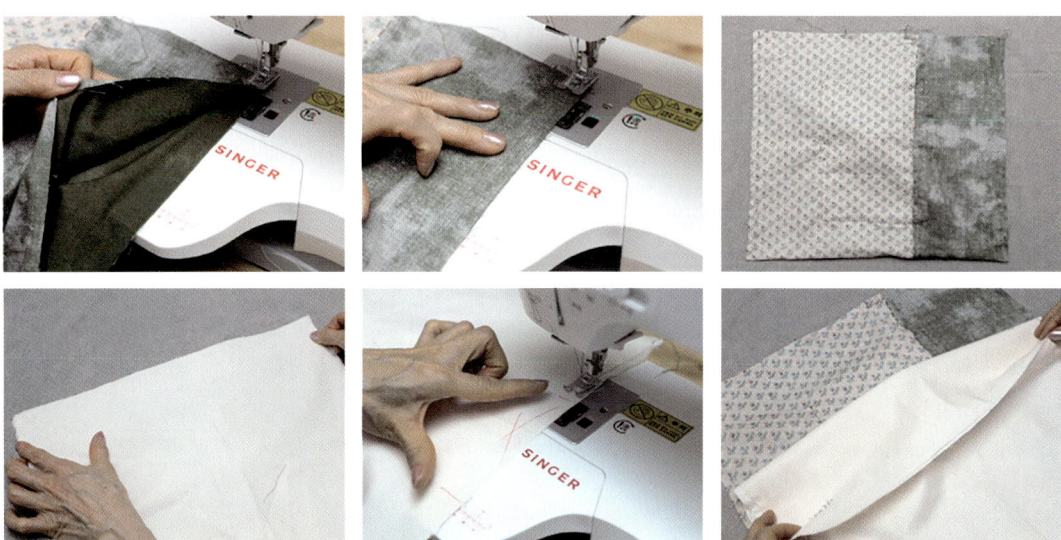

12. 겉지와 속지(p.19 바닥각 박음질은 기본 박음질하기 참조) 바닥각을 박음질합니다.

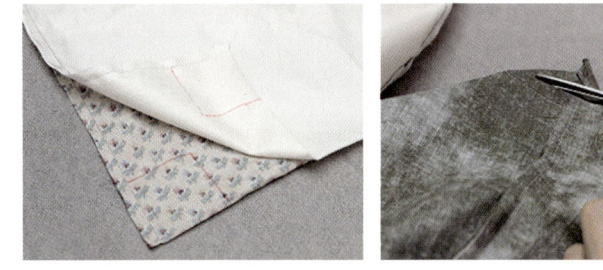

13. 속지를 뒤집어 겉지 속에 쏘옥 넣고 윗면을 잘 맞추어 둘레를 합폭합니다. 속지 창구멍으로 뒤집고, 창구멍을 박음질합니다.

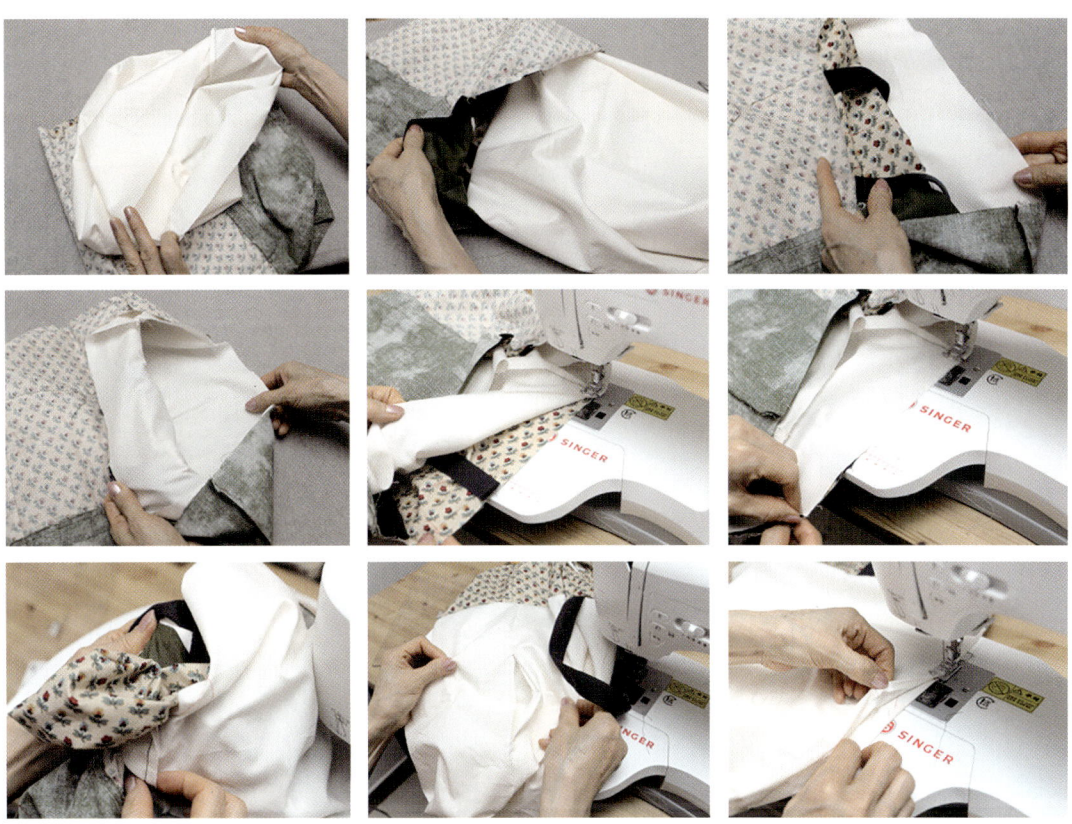

14. 가방 윗부분을 노루발 간격으로 박음질하여 완성합니다.

포 포켓 패치 가방

비싸다고 명품인가요?
착한 재료와 홈패션 버전으로 만든 포 패치 가방!
주머니 네 개를 밖으로 완전히 빼냈습니다.
가방 속은 완전히 심플합니다. 그래서 속이 더 넓어졌습니다.
가방 입구 지퍼 박음질은 홈패션 버전으로 바이어스가 필요 없게 드륵드륵!

재료 및 재단

면 30수 장미 원단 15×15cm 6장

광목 30수 15×15cm 4장

지퍼 18cm 4개

지퍼알 8개

면 30수 장미 원단 13×20cm 4장

장미 원단 직선 바이어스 4×18cm 4장

가방끈 35cm 2개

접착 속솜지

※ 접착 속솜지와 가방 속지 광목 30수는 패치를 연결한 것을 패턴으로 떠 놓고 그 패턴으로 한 장씩 재단해 놓았습니다.

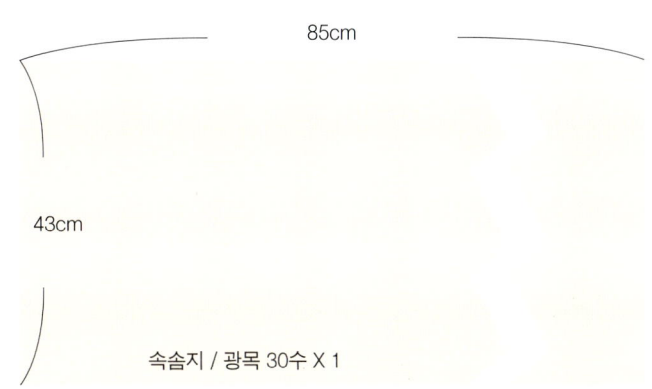

속솜지 / 광목 30수 X 1

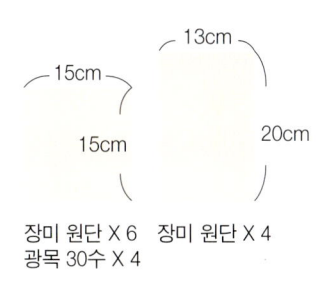

장미 원단 X 6
광목 30수 X 4

장미 원단 X 4

🔘 만드는 과정

1. 13×20㎝로 재단된 장미 원단의 중앙 부분을 표시해 놓고 원판 패치(15×15㎝)와 양쪽 끝을 맞추면 위 원단이 원판 패치보다 크기 때문에 중앙에 남는 부분이 생깁니다. 남은 원단을 사진처럼 맞주름식으로 눌러서 고정합니다.

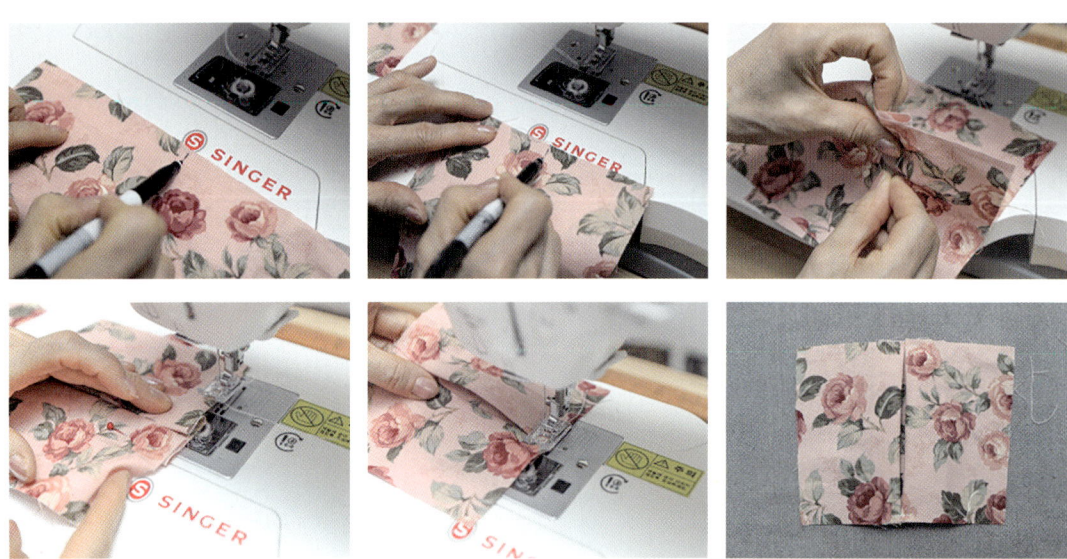

2. 맞주름을 준 윗면을 바이어스로 박음질합니다. 주머니 안쪽 면에 바이어스 겉을 사진처럼 놓고 박음질하여 완성합니다

3. 사진처럼 지퍼 노루발로 교체하고 바이어스로 박음질한 쪽에 지퍼를 박음질한 후 남는 바이어스는 잘라냅니다. 지퍼 겉면과 바이어스 박음질 선이 맞게 지퍼를 박음질합니다.

4. 지퍼 한쪽을 박음질한 겉지를 원판 패치에 사진처럼 맞추고, 지퍼가 보이지 않게 주머니(포켓) 밑으로 넣어줍니다. 그리고 포켓 안쪽에서 지퍼를 원판 패치에 붙입니다.

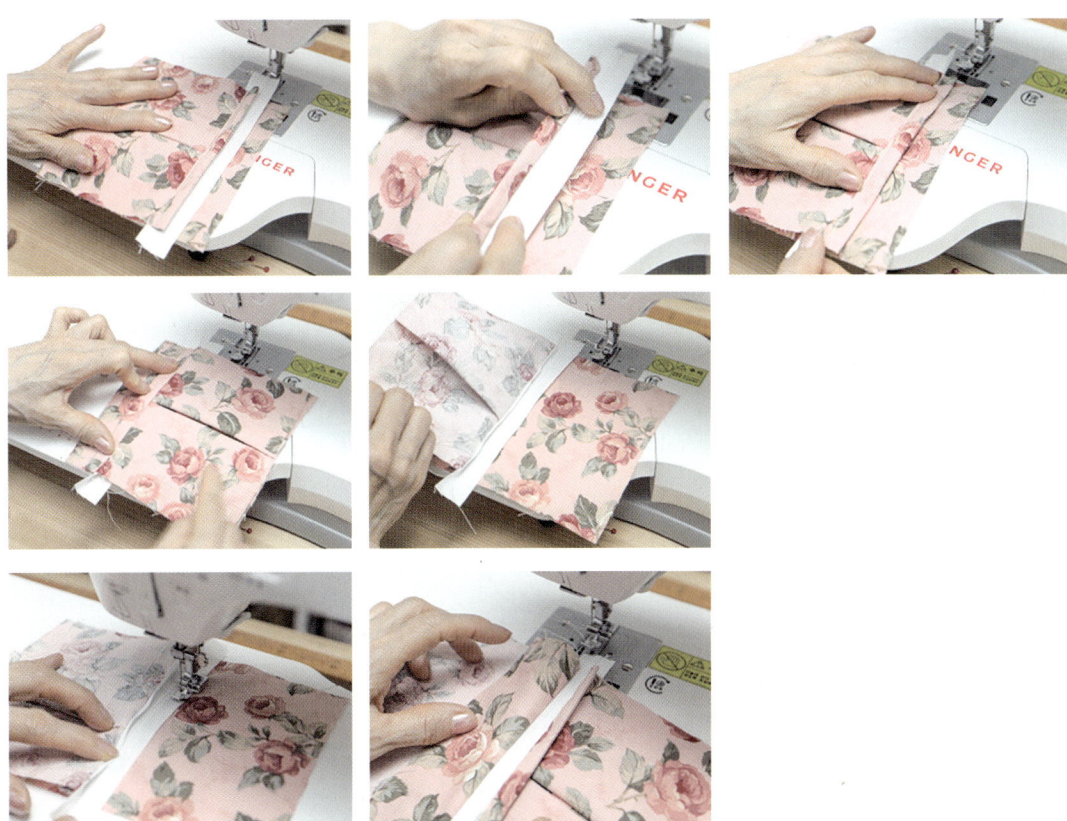

5. 지퍼알을 끼웁니다 (p.22 지퍼알 끼우기 참조).

6. 지퍼알을 끼웠으면 양쪽을 원판 패치(15×15cm)의 크기에 잘 맞추어 고정시켜 삼면 몸판과 합폭합니다.
간혹 지퍼를 단 주머니 부분이 원판 패치와 크기가 달라질 수 있으니 크기를 잘 맞춥니다.

7. 양옆에 여유를 준 지퍼를 다듬어 잘라냅니다. 남은 세 장의 주머니도 똑같은 공정으로 만들어 놓습니다.

8. 사진처럼 주머니를 박음질해 놓은 패치 네 개를 양쪽으로 배열하는데, 주머니와 주머니 사이에 장미 원단 패치 한 개를 넣어 여섯 장의 장미 원단 패치를 아래 사진처럼 배열합니다. 광목 패치를 포함해 총 열 장의 패치를 아래 사진처럼 배열하고 패치의 겉과 겉을 박음질해 아래 모양대로 만듭니다. 이때 속지 한 장도 열 장의 패치를 붙인 모양대로 똑같이 재단하여 놓습니다.

9. 접착용 속솜지 4온스에 8.에서 연결한 패치를 대고 시접 1cm를 주어 접착용 속솜지를 재단합니다. 그리고 다려서 속지와 8.의 겉지가 잘 붙게 합니다. 양끝에 튀어나온 광목은 잘라냅니다.

10. 속솜지에 맞추어 전체 둘레를 박음질하고, 패치 모양을 따라서도 박음질합니다.

11. 반으로 접어 그림처럼 바닥각을 합폭합니다.

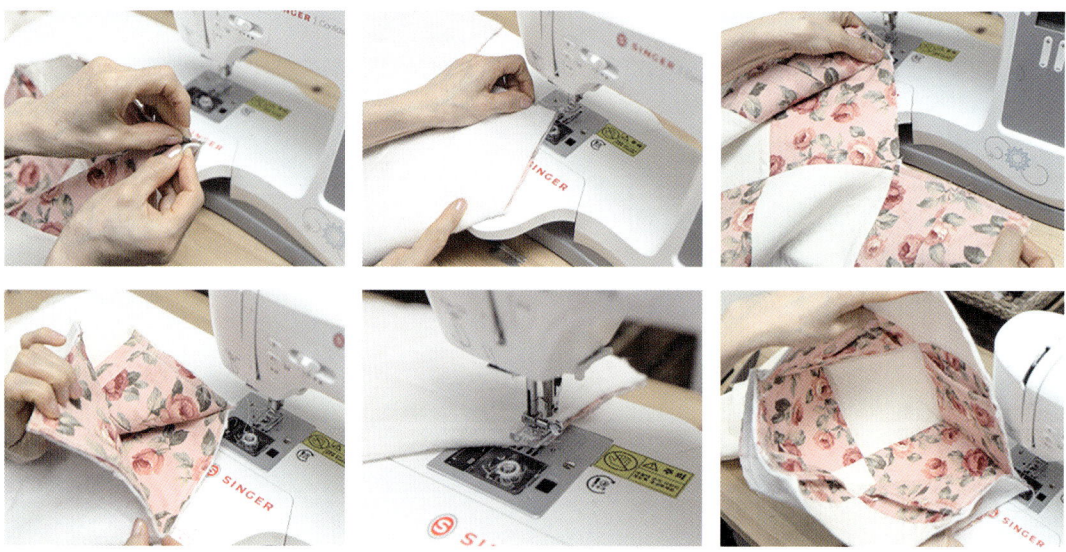

12. 이 방법으로 속지도 똑같이 바닥각을 박음질하여 놓습니다. 단 속지는 한쪽 면에 창구멍 10㎝ 정도를 남겨 놓고 박음질합니다.

  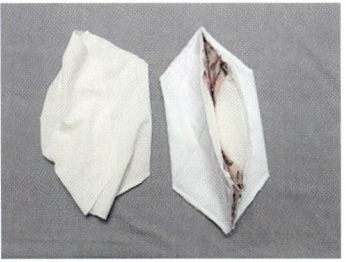

13. 입술 모양처럼 생긴 입구 부분에 지퍼를 박음질합니다. 가방 입구 지퍼는 처음부터 갈라 놓습니다. 그리고 처음과 끝부분에 5㎝ 정도를 남겨두고 지퍼 노루발로 박음질합니다. 지퍼 박음질을 해오다 코너 부분에서는 가위집을 내주면서 박음질합니다. 반대쪽도 똑같은 방법으로 지퍼를 답니다.

  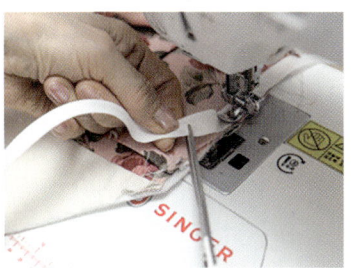
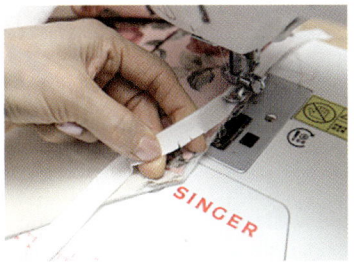 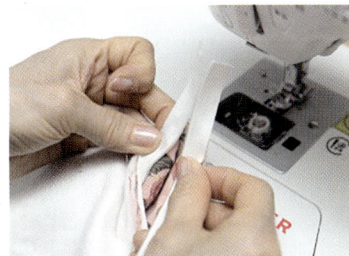 

14. 속지는 뒤집어 겉이 겉지 겉과 마주 보도록 해서 가방 속으로 넣은 다음, 양쪽 끝에 2㎝ 정도를 남겨 놓고 박음질 선에 잘 맞추어 지퍼와 같은 방법으로 박음질합니다.

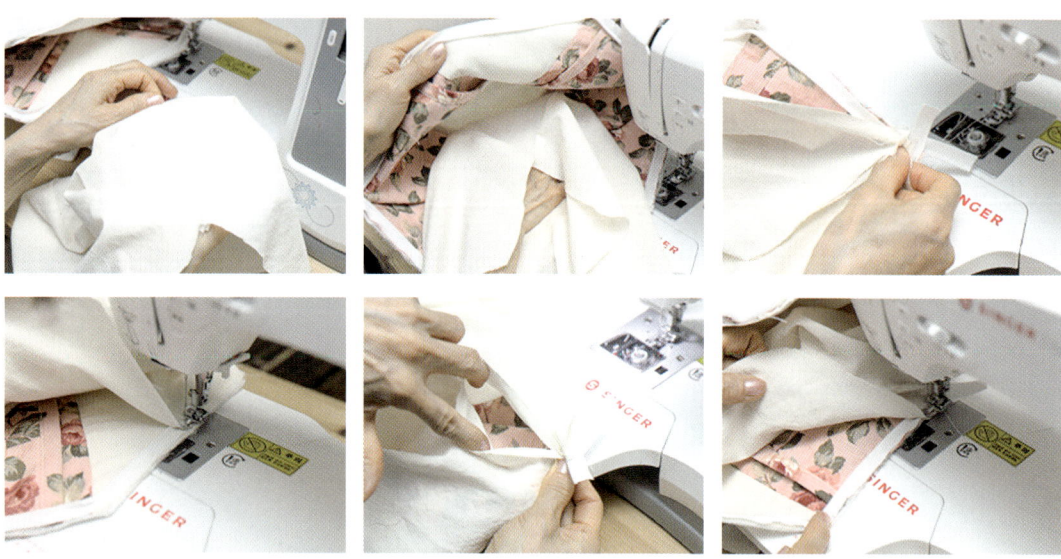

15. 주머니의 지퍼를 끼우는 방식으로 지퍼를 끼우고 2㎝를 남겨 놓은 공간으로 지퍼 겉이 겉지와 나오도록 지퍼를 끼웁니다. 역시 끝까지 빼주고 다시 끼워 지퍼 톱니의 좌우가 잘 맞도록 합니다.

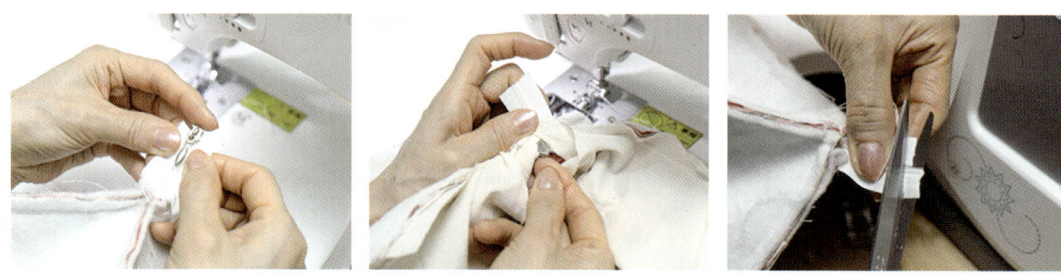

16. 속지 창구멍으로 겉지를 꺼냅니다. 잘 펴준 후 창구멍 끝을 박음질하여 막아줍니다.

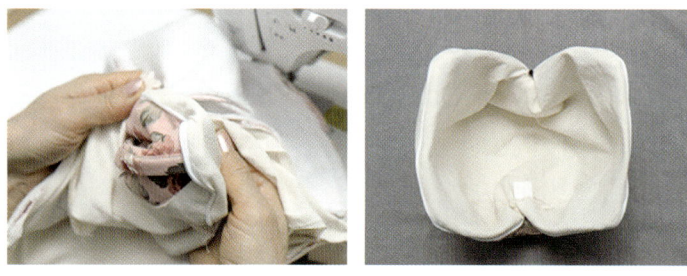

17. 지퍼 노루발로 지퍼가 반듯하게 자리 잡도록 노루발 간격으로 속지를 넣어주면서 박음질하여 가방 윗부분까지 완성합니다.

18. 가방끈은 개인의 취향대로 들고 다니기 편한 길이로 자릅니다. 가방 윗부분에 중심을 표시하고, 그 중심선에서 양쪽으로 5cm를 표시한 다음 준비한 가방끈 35cm를 시접 1cm를 접어 두 번 정도 튼튼하게 박음질하여 완성합니다.

  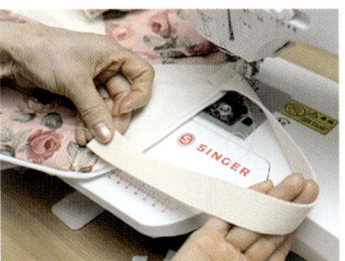

Part 4

고급스러움을 더하다

동대문 종합 시장 원단 코너를 수없이 다니고
메모하고, 연구하고, 생각해내어 작품의 원단 배색을 맞춥니다.
작품에 고급스러움을 더하기 위하여
만들고, 뜯고, 수정하고, 다시 만들기를 수십 번!
그러고 나서 완성 납품!
그러나 강의, 패키지 판매, 주문이 들어오면
창작품이 나올 때까지의 고통은 기쁨으로 변합니다.

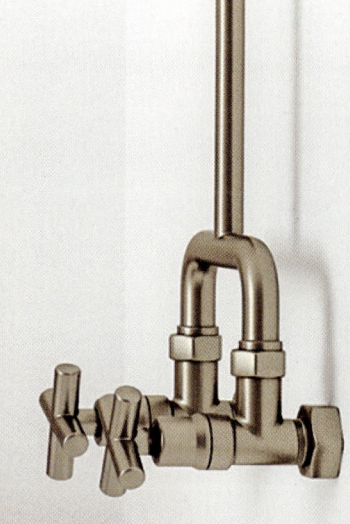

광목 자수 러너

광목 자수 시리즈 첫 번째
탁자 한가운데 패브릭 러너의 아름다운 멋!
자연과 함께 하는 작가의 작품
고급스러운 분위기에 멋스러움까지

완성 치수: 180×30㎝

재료 및 재단

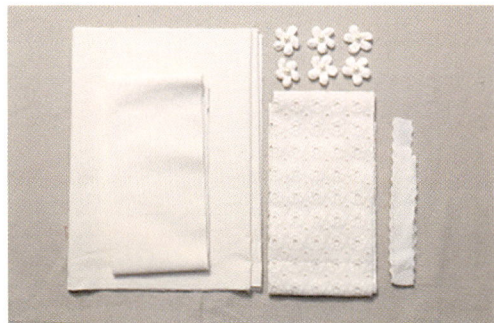

(겉지) 광목 30수 180×11cm 2장
포인트 광목 자수 180×10cm 2장
(뒷지) 광목 30수 182×32cm 1장
별 레이스 40cm 2장
진주 뜨개꽃 6개
광목 겹프릴 바이어스 6×60cm 2장

광목 30수 X 2 — 180cm × 11cm

광목 자수 X 2 — 180cm × 10cm

광목 30수 X 1 — 182cm × 32cm

Part 4 고급스러움을 더하다

🔴 만드는 과정

1. 바이어스를 반으로 접어 주름박음질합니다.

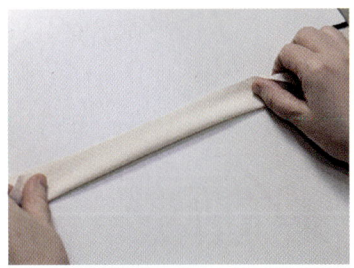

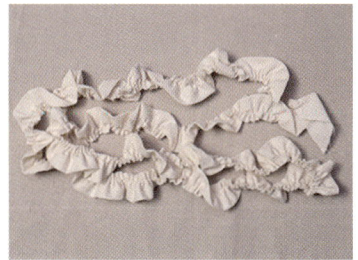

2. 포인트 광목 자수와 별 레이스, 광목 30수를 합폭할 차례입니다. 우선 포인트 광목 자수와 별 레이스를 먼저 합폭합니다. 사진처럼 포인트 광목 자수 겉지 위에 별 레이스의 겉이 보이게 해 놓고 별 레이스의 중간 지점을 따라 박음질합니다. 그렇게 하면 나중에 광목 30수를 합폭했을 때 별 레이스는 꽃잎만 보이게 됩니다.

3. 다음은 광목 30수 한 장을 밑에 놓고 그 위에 사진처럼 2.에서 박음질한 광목 자수를 놓고 별 레이스를 박음질한 선에 맞춰 합폭합니다(양쪽).

4. 박음질한 겉지를 겉이 보이게 놓고 포인트 자수와 별 레이스를 합폭해주었던 곳을 잘 펴준 다음, 별 레이스 위를 상침박음질하여 겉지 몸판을 완성합니다.

5. 완성된 겉지 양쪽 끝부분에 겉지 겉과 겹프릴 겉을 마주 대고 시접 1㎝ 간격으로 박음질합니다.
겹프릴을 처음 시작한 곳과 끝부분은 프릴 끝단이 나오지 않도록 사진처럼 예쁘게 처리해줍니다.

6. 뒷지 겉과 겉지 겉을 맞대고 창구멍을 10㎝ 정도 표시해 놓고 전체 둘레를 합폭합니다.

7. 네 코너 부분에 시접을 다듬어주고 뒤집습니다.

 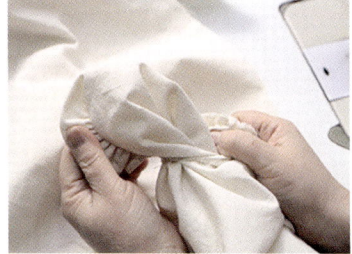

8. 러너를 판판하게 펴 놓은 다음 상침박음질하면서 창구멍도 함께 박음질합니다.
진주 뜨개꽃을 박음질하면서 완성합니다.

  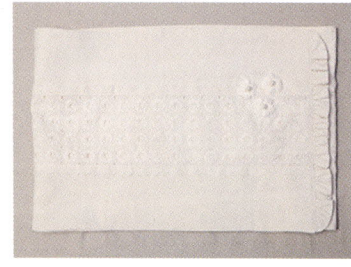

광목 자수 식탁보

광목 자수 식탁 방석과 시리즈 세트
맞춤 주문으로 시리즈 신제품 출시!
화려하지 않으면서도 고급스러운 광목 자수와 광목의 어울림이
내추럴한 분위기를 연출하여 은은한 멋을 더합니다.

완성 치수: 160×100cm

재료 및 재단

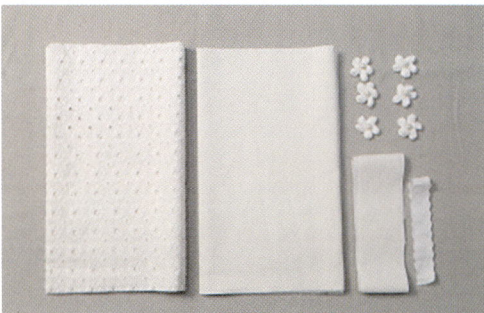

광목 30수 150×32cm 2장
광목 자수 150×32cm 1장
광목 30수 사선 바이어스 폭 6cm(식탁보 전체 둘레의 2.5배)
별 레이스 320cm
진주 뜨개꽃 6개

150cm

32cm

광목 30수 X 2
광목 자수 X 1

Part 4 고급스러움을 더하다 141

🔴 만드는 과정

1. 광목 사선 바이어스의 한쪽은 인터록으로 처리하고 한쪽을 주름박음질합니다(인터록 대신 말아박음질해도 됩니다).

2. 포인트가 되는 광목 자수 원단의 한쪽 면에 별 레이스를 합폭합니다. 합폭한 그 위에 광목 30수 원단 한 장을 합폭합니다.

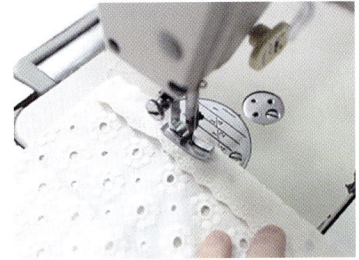
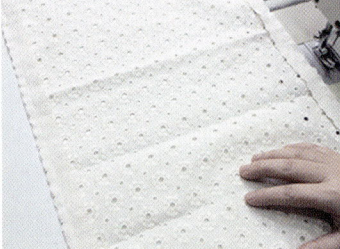

3. 합폭한 겉지를 펴서 레이스를 광목 쪽으로 펴주고 상침박음질하여 깔끔하게 합니다.

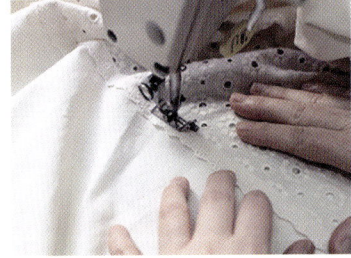

4. 몸판 전체 둘레의 겉과 **1.**에서 만든 프릴 겉을 맞대고 합폭합니다. 프릴을 달 때 시작 부분에서 10㎝ 정도를 남겨두고 합폭합니다.

5. 모서리 부분은 드라이버나 끝이 뾰족하지 않은 도구를 사용해 주름을 더 많이 밀어넣어 약간 굴려준 선에 잘 맞추어 합폭합니다.

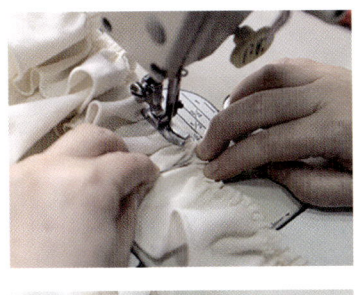 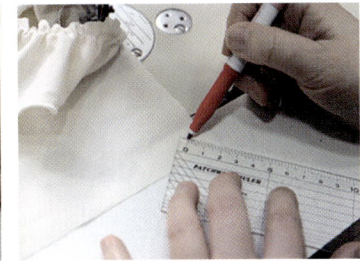

6. 4.에서 남겨둔 10㎝ 끝부분과 박음질해 온 프릴 끝부분을 겉과 겉을 맞대고 박음질하여 이어준 후 오버록으로 처리하고 공간을 마무리합니다.

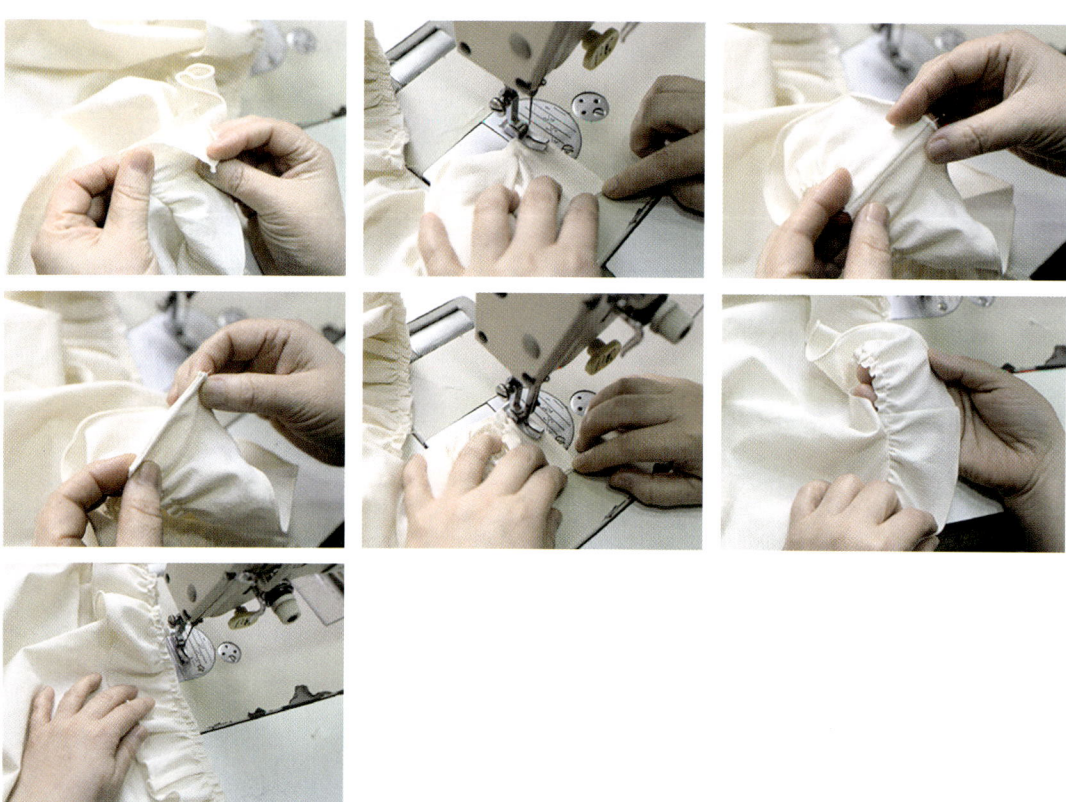

7. 박음질한 부분은 오버록으로 처리하고 겉에서 프릴을 잘 펴서 상침박음질합니다.

8. 진주 뜨개꽃을 박음질하여 완성합니다

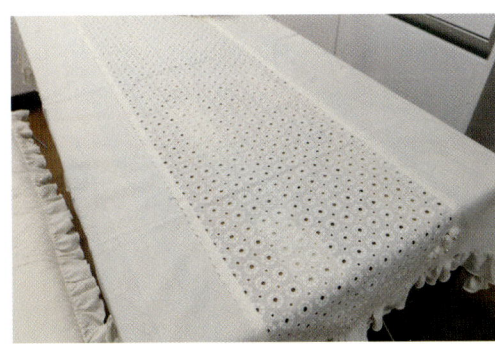
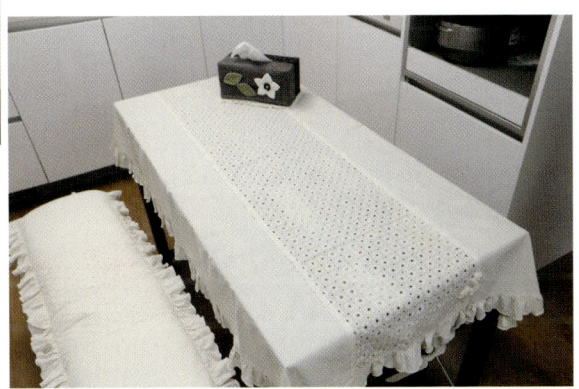

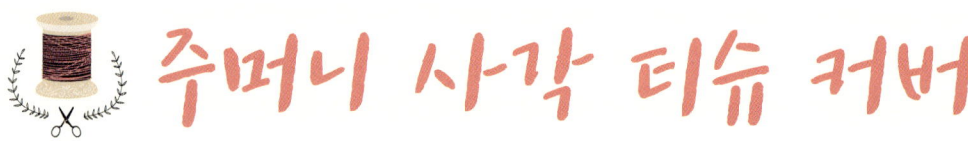

주머니 사각 티슈 커버

광목 자수와 광목의 콘셉트는 예술입니다.
선물하고 싶은 주머니 티슈 커버는 어디에 놓아도 어울립니다.

재료 및 재단

광목 30수 61×13.5cm 2장
광목 30수 61×37cm 1장
광목 자수 원단 61×13.5cm 1장
나무 방울 2개
스트링 88cm 2개
진주 뜨개꽃 2개
별 레이스 60cm

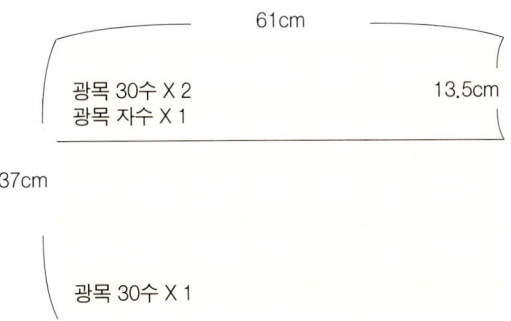

61cm

광목 30수 X 2
광목 자수 X 1

13.5cm

37cm

광목 30수 X 1

만드는 과정

1. 포인트 광목 자수(61×13.5㎝) 원단의 옆면(양쪽)에 별 레이스를 박음질합니다.

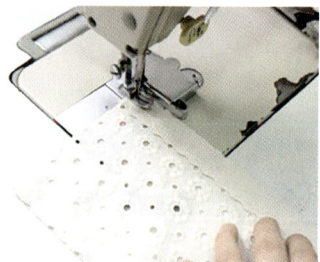

2. 광목 30수(61×13.5㎝) 원단을 밑에 놓고 **1.**에서 박음질한 포인트 원단을 겹쳐 놓은 다음 레이스 박음질 선에 맞게 옆선을 합폭합니다.

3. 광목 자수를 겉이 보이게 펼쳐 시접 방향을 잘 잡아 레이스가 펴지도록 박음질 선에 상침박음질합니다.

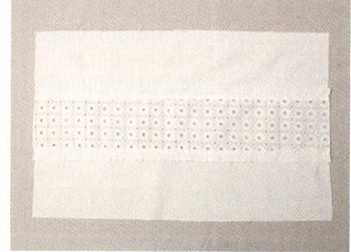

4. 광목 30수 원단(61×37㎝)과 **3.**의 겉지 원단을 각각 반으로 접어 스트링을 넣을 곳을 끝에서 5㎝ 지점에 표시하고, 다시 그 선에서 1.5㎝ 되는 지점을 표시합니다.

5. 바닥각 네 곳을 그립니다. **3.**을 반으로 접은 포인트 원단 겉지에 두 곳, 광목 30수 원단에 두 곳, 즉 앞뒤 양쪽 면에 가로세로 5.5㎝ 정사각형를 그립니다.

6. 바닥각을 박음질합니다(p.19 자세한 것은 기초 박음질 참조). 가로세로 5.5㎝ 정사각형을 그렸을 때 대각선인 바닥각의 길이는 11㎝이고 이것은 티슈 바닥의 세로 길이가 됩니다.

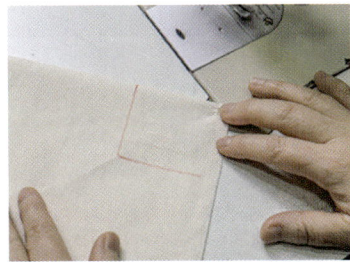

7. 바닥각을 박음질한 후 시접 1㎝를 남겨두고 다듬어줍니다.

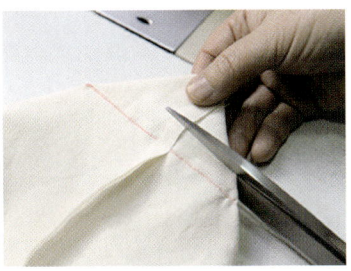

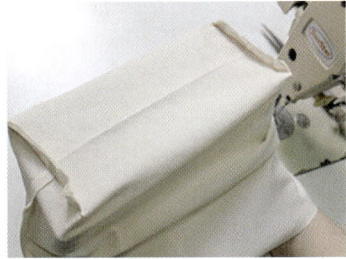

8. 별 레이스를 주름박음질하고 겉지 몸판 끝에 박음질합니다.

9. 속지 겉 속에 겉지 겉을 쏙 넣어 두 면을 잡고 흔들어 자리를 잘 잡게 하고 레이스 박음질 선에 맞추어 창구멍 8㎝를 남겨두고 합폭합니다.

10. 창구멍으로 뒤집습니다.

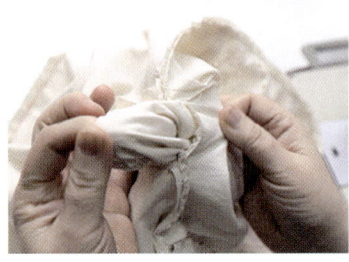 

11. 레이스를 반듯하게 펴고 상침박음질하면서 창구멍도 함께 막습니다.

12. 상침질 선에서 4㎝ 되는 지점을 표시하고 둘레 선을 그린 다음 4㎝ 지점에서 다시 1.5㎝ 되는 지점에 또 한 번 선을 그립니다.

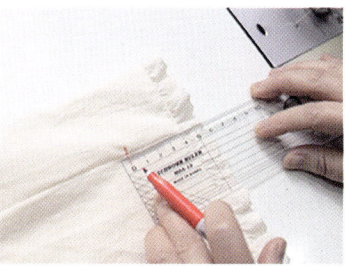 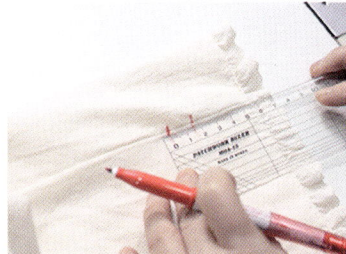 

13. 그린 선대로 박음질합니다.

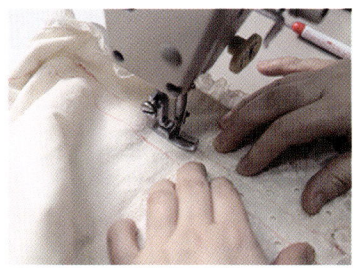 

14. 두 줄의 박음질 선 사이에 생긴 통로로 스트링을 좌우 방향으로 엇갈리게(U자형) 넣어주고 방울을 끼워 묶어주면 완성입니다.

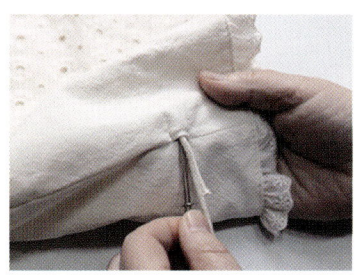 

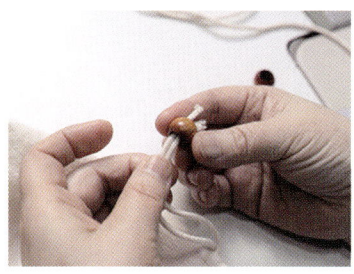 

벤치형 식탁 방석

행복한 가정은 식탁에서부터!
가족의 건강을 드립니다.
인테리어에도 격이 맞는 광목 자수 식탁 방석!

완성 치수: 105×30㎝

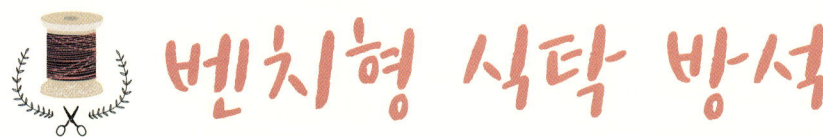

재료 및 재단

(겉지) 광목 30수 37×32cm 3장, 광목 자수 포인트 37×32cm 1장
(뒷지) 광목 30수 107×33cm 1장
솜안지 107×33cm 1장
프릴 바이어스 6cm 폭(전체 둘레의 2.5배 길이로 준비)
끈 직선 바이어스 50×6cm 16장
별 레이스
지퍼 90cm, 지퍼알 2개

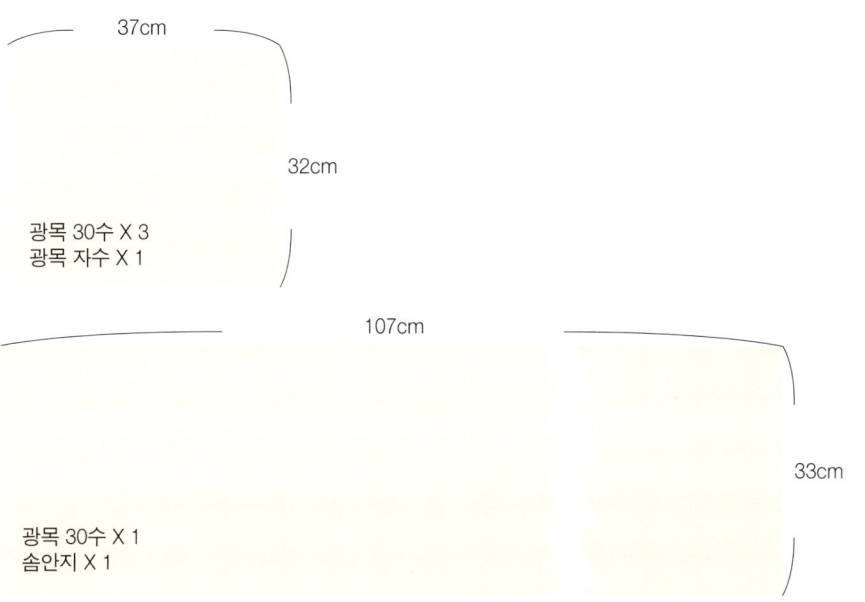

37cm
32cm
광목 30수 X 3
광목 자수 X 1

107cm
33cm
광목 30수 X 1
솜안지 X 1

Part 4 고급스러움을 더하다

🔴 만드는 과정

1. 광목 30수 원단(37×32㎝) 위에 포인트 자수 광목(37×32㎝)을 겹쳐 놓고 한쪽 면(32㎝ 면)에 별 레이스를 박음질합니다. 그리고 그 위에 광목 30수 원단(37×32㎝)을 또다시 합폭합니다(양쪽 똑같은 방법입니다).

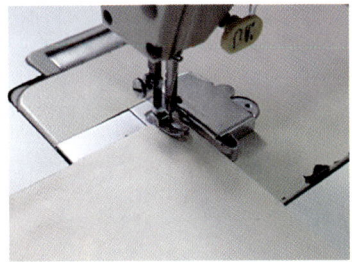
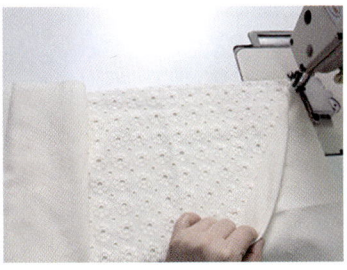

2. 박음질했던 부분을 펴고 겉에서 레이스 한쪽을 잘 펴서 상침박음질합니다.

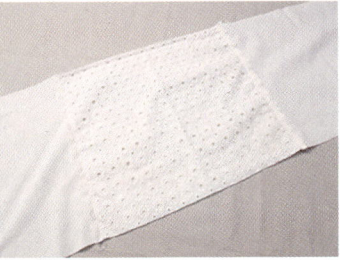

3. 솜안지를 펴 놓고 겉지를 잘 펴서 박음질하기 쉽게 시침핀으로 고정하고 사방을 노루발 간격으로 합폭하고 다듬습니다.

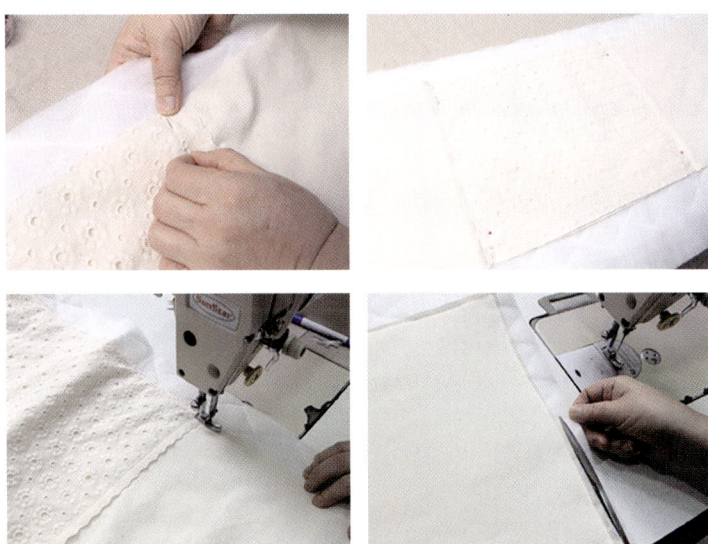

4. 몸판 겉과 인터록을 쳐서 주름을 잡아 놓은 프릴(6×전체 둘레의 2.5배) 겉을 맞대고 코너 부분에 조금 더 주름을 주면서 합폭합니다. 처음 시작과 끝부분 프릴을 예쁘게 손으로 매만지면서 마무리합니다.

 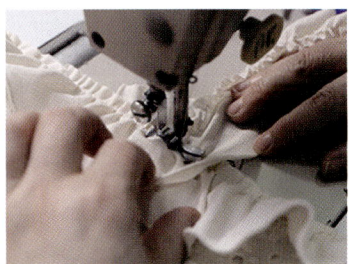

5. 끈은 반으로 접어 뒤집을 수 있게 한쪽 면만 제외하고 박음질하고, 끝부분을 사선으로 약간 굴려 주며 합폭합니다. 시접선은 잘라냅니다.

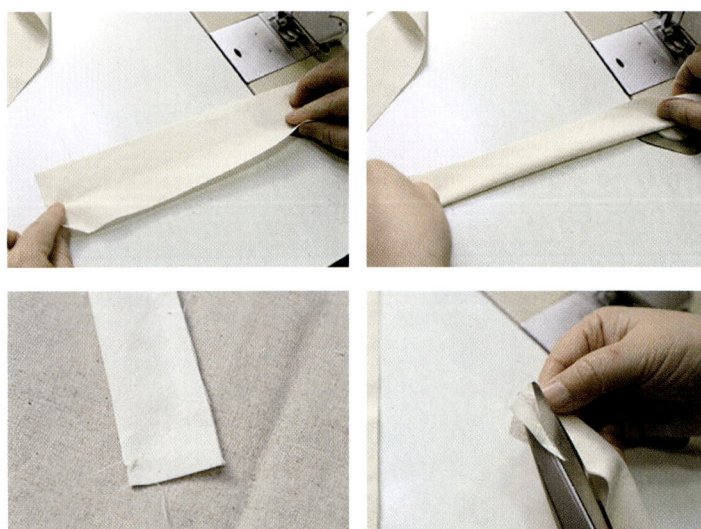

6. 끈을 뒤집어 다립니다(p.21 기본 박음질법 어깨 끈 뒤집기 참조).

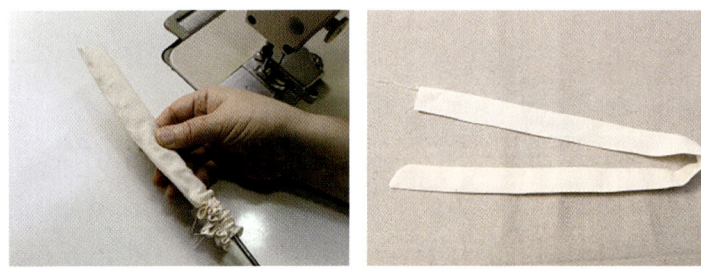

7. 4.에서 만들어 놓은 몸판의 코너 네 부분과 방석 허리 부분(긴 부분)에 한 번 더 끈을 박음질할 수 있게 표시해 주고, 끈 방향을 안쪽으로 해 놓고 박음질합니다. 끈을 박음질한 뒤 둘레는 오버록으로 처리합니다(총 여섯 개의 끈이 달립니다).

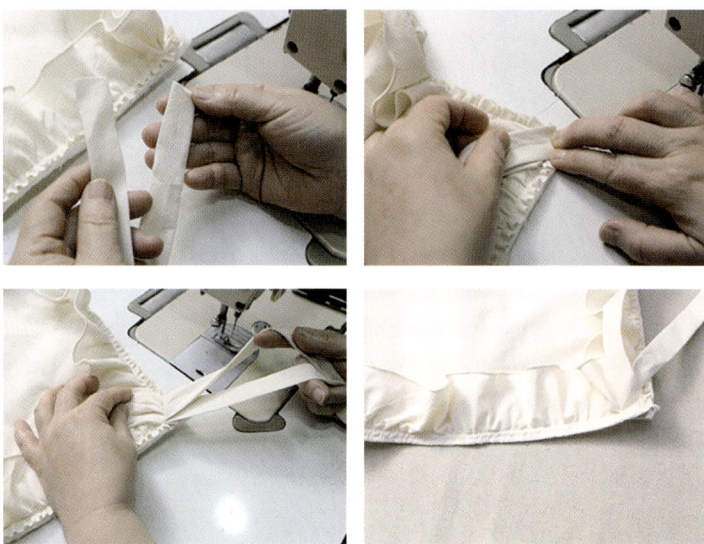

8. 뒷지 긴 쪽 한쪽 면을 오버록으로 처리하여 2cm를 접어 다려 놓고, 처음과 끝부분에 10cm를 띄우고 지퍼 한쪽을 박음질합니다.

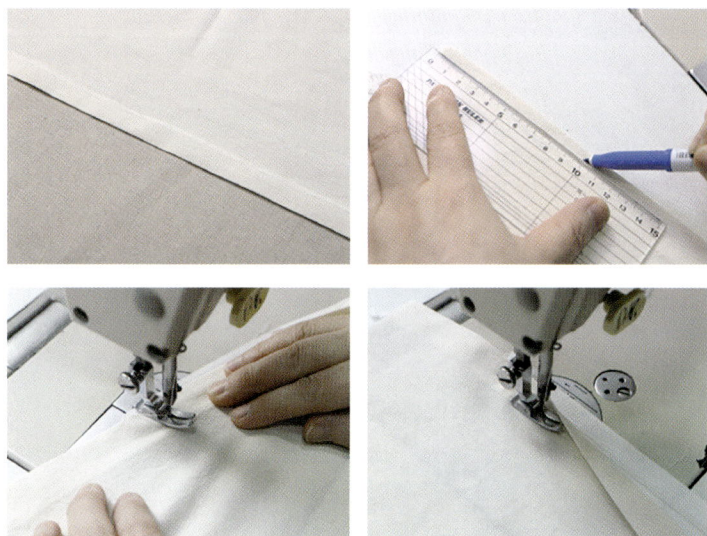

9. 시접선 안쪽만 쪽가위로 자릅니다.

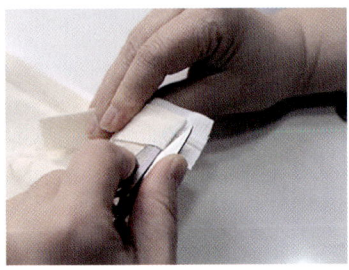

10. 겉지 겉과 뒷지 겉을 맞대고 지퍼 박음질을 완성하면서 나머지 면도 합폭합니다.

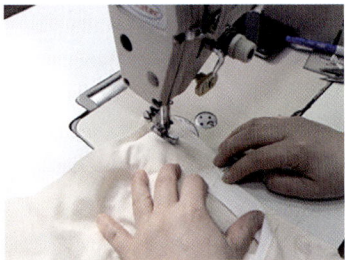

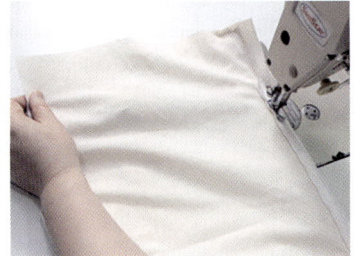

11. 박음질한 곳은 오버록으로 처리하고 뒤집어서 완성합니다.

12. 식탁 방석솜은 30×105㎝를 주문하여 커버 속에 넣습니다.

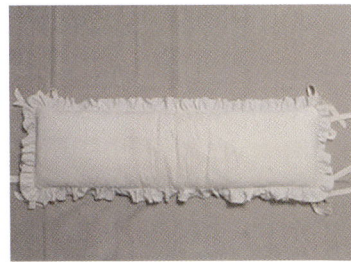

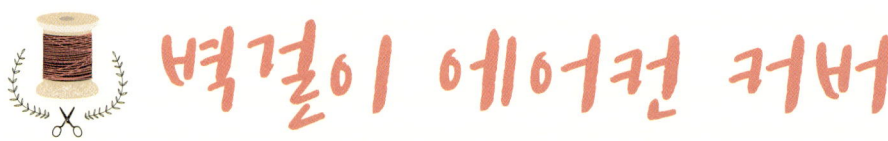

벽걸이 에어컨 커버

한때 에어컨 커버는 인기가 많았습니다.
이제 벽걸이 에어컨 커버도 주문하세요.
벽걸이 에어컨에도 품격을 입혀 봅시다.

재료 및 재단

잔꽃무늬 자투리 천 12×4cm 8장
1인치 광목 정방 누빔 82×66cm 1장
광목 30수 벽걸이 에어컨 전체 둘레 ×5cm
뾰족이 토션 레이스 200cm
부엉이 와펜 2장
벽걸이 에어컨 양 옆면 패턴 좌 1장, 우 1장(좌우 구분)
* 패턴은 종이를 이용해 양 옆면을 형태대로 본떠 놓습니다.
옆면에 붙일 주머니(모양대로 재단해서 준비)
고무 밴드 2cm 폭

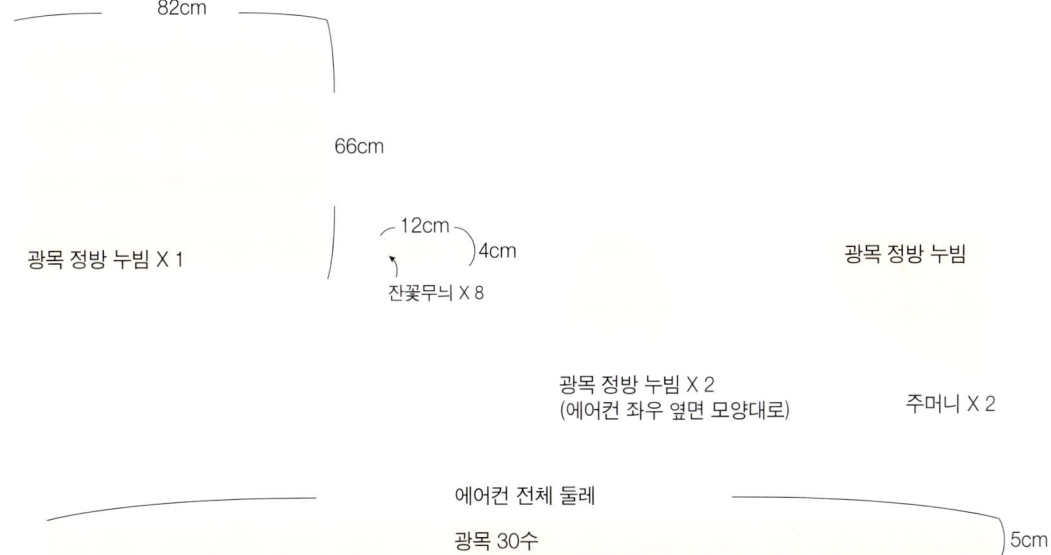

Part 4 고급스러움을 더하다

🔘 만드는 과정

1. 잔꽃무늬 패치 원단 두 장을 먼저 겉과 겉끼리 맞대고 한쪽 면(4㎝ 부분)을 합폭합니다. 여러 장을 같은 방법으로 길게 합폭합니다.

  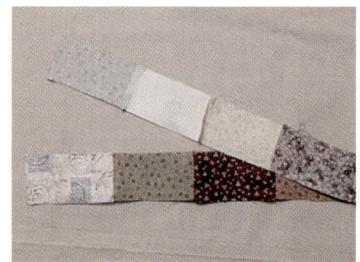

2. 몸판 정방 누빔 원단(82×66㎝)의 밑에서 26㎝ 지점을 표시하고 그 선에 맞추어 박음질해 놓은 1.번 패치를 박음질합니다.

 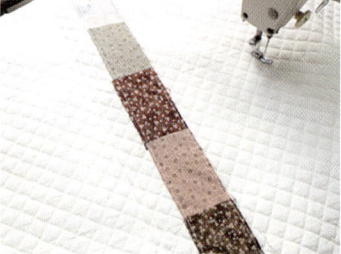

3. 패치를 박음질했던 선에 맞추어 토션 레이스도 박음질합니다.

4. 부엉이 와펜을 정겹게 보이도록 패치 한쪽 위에 박음질합니다(완성 사진 참조).

5. 주머니를 달기 위해 주머니 윗부분을 사진과 같이 잘라내고 잘라낸 부분은 바이어스로 감쌉니다.

6. **5.**에서 바이어스로 감싼 주머니 겉지를 주머니가 달릴 부분에 놓고 주머니를 붙입니다. 그리고 중간 지점을 직선으로 박음질해 주머니를 둘로 나누어줍니다.

7. 박음질한 주머니의 옆면 겉과 몸판 옆면을 합폭하기 위해 곡선 부분의 처음과 끝, 중간 지점을 시침핀으로 잘 고정합니다.

8. 몸판과 옆면을 합폭합니다.

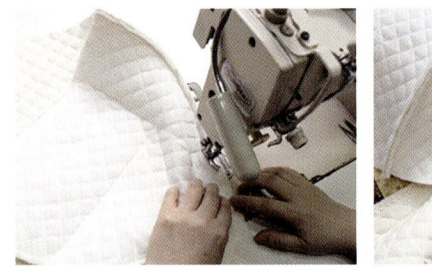 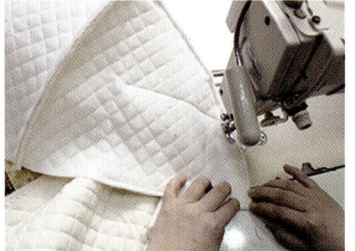 

9. 합폭한 박음질 선의 시접 방향을 잘 정리해주고 상침질하여 몸판과 옆판이 깔끔하게 잘 정리되게 해줍니다.

 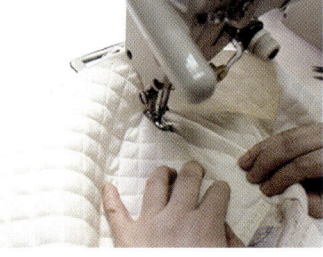 

10. 8.에서 합폭한 밑단 겉과 5cm 폭의 광목 30수(전체 둘레를 감쌈) 겉을 맞대고 박음질하는데, 처음 시작할 때 여유분을 남겨두고 박음질합니다. 처음 남겨둔 여유분과 끝날 때 여유분 시접을 잘 맞추어 놓고 (사진 참조) 박음질을 마무리합니다.

  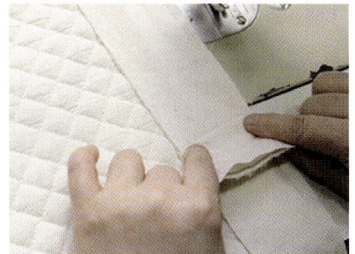

11. 9.의 상태에서 겉에서 시접 방향을 잘 정리해주고 상침박음질합니다.

12. 광목 30수 원단을 펴서 고무 밴드를 넣을 수 있도록 시접을 접고 고무 밴드가 들어갈 수 있는 공간을 표시한 다음 전체 둘레를 박음질합니다.

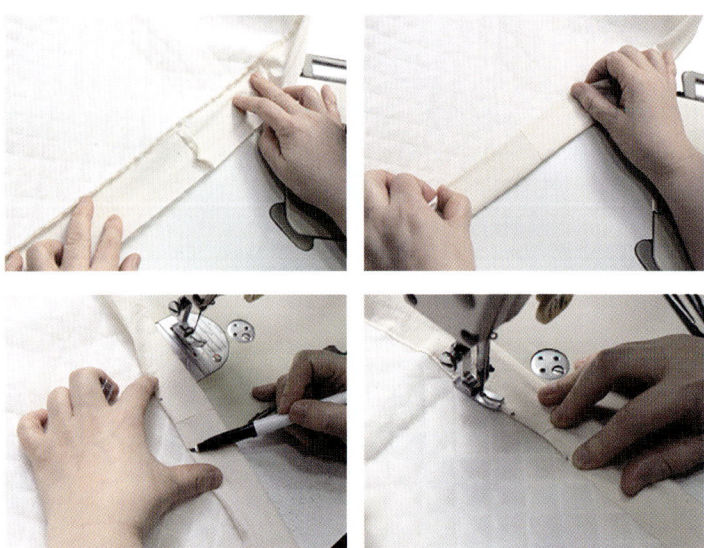

13. 고무 밴드를 끼웁니다. 끼운 고무 밴드는 고무 밴드 시접만큼 포개어 세로로 되박음질을 네 번쯤 해서 마무리하고 속으로 집어넣습니다. 고무줄 구멍까지도 막아 뒤집으면 완성입니다.

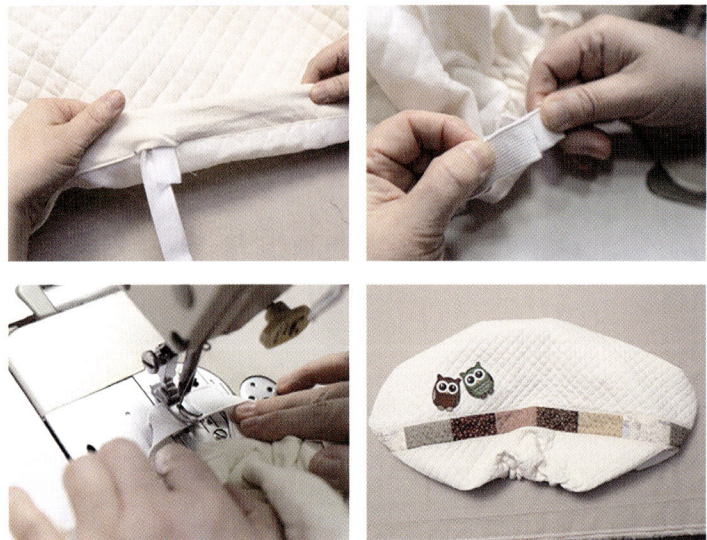

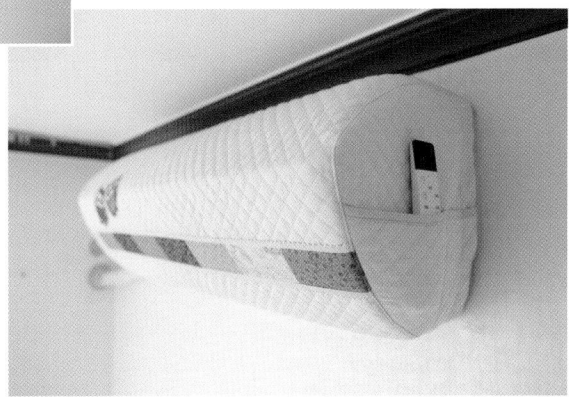

Part 5

소소한 행복을 더하다

패브릭과 재봉틀로 만들어내는 작품에는
아주 작은 미니 코르사주(손바느질)에서부터 시작하여
여러 작품이 어우러져 예쁘고 실용적으로 인테리어할 수 있는 상품까지 다양합니다.
소잉 작품들은 일상에 소소한 행복을 드립니다.

진주 튤립 꽃방울 코르사주

튤립꽃이 물고 있는 진주 방울
살포시 테이블 위에 놓여 있는 진주 튤립 방울!
수공예로만 만들어낼 수 있어 더 고급스럽고 예쁘고 사랑스럽습니다.
의상에도 커튼에도 가방에도 뿜뿜!

재료 및 재단

꽃무늬 원단 10×9cm 4장
스트링 65cm 2줄
방울솜 약간
진주알 지름 1cm(꽃방울 1개당 1개 준비)
실과 바늘

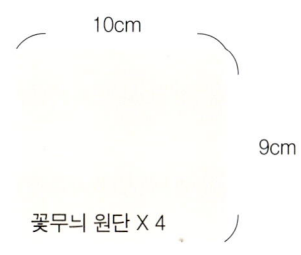

꽃무늬 원단 X 4

꽃잎 끝에 달려 있는 작은 이슬방울 ♬♩

만드는 과정

1. 10×9㎝로 재단된 원단의 10㎝면 쪽을 반으로 접어 옆면을 박음질합니다.

2. 박음질된 5×9㎝를 또 접어 안쪽 두 장을 오른손으로 잡고 뒤집습니다.
접어서 손가락으로 안쪽 두 장을 잡고 오른손으로 밀어서 뒤집으면 가운데 손가락이 통하게 됩니다.

3. 준비된 스트링을 2.에서 만든 대롱 모양의 접힌 부분에서 끝쪽으로 1㎝ 정도 나오게 넣어줍니다.

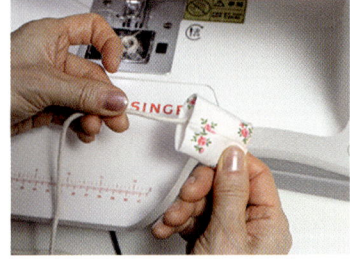 

4. 스트링을 중심에 오게 하고 박음질하기 시작해서 스트링을 중심까지 고정하듯 되박음질합니다.

5. 1cm 빼 놓은 스트링은 박음질한 곳 시접 쪽으로 꺾어 되박음질로 다시 박음질해 놓습니다(끈이 빠지지 않도록 하기 위해).

6. 박음질한 곳을 뒤집어서 튤립 모양으로 만든 다음 그 안에 솜을 탐스럽고 쿠션감 있게 넣습니다.

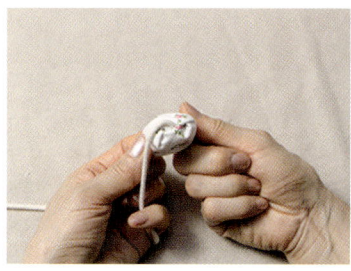 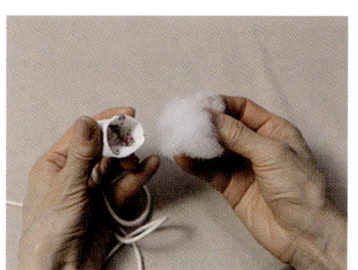

7. 바늘에 실을 꿰어 가운데 맞닿는 두 점을 두 번 정도 꿰맵니다.

 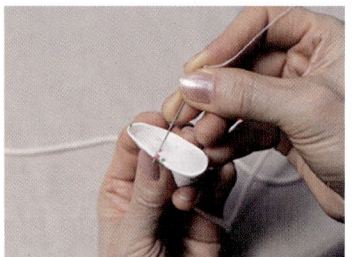
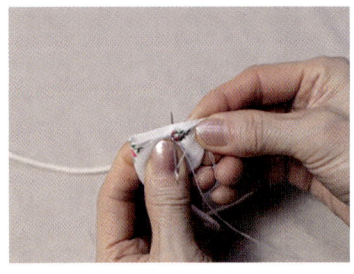 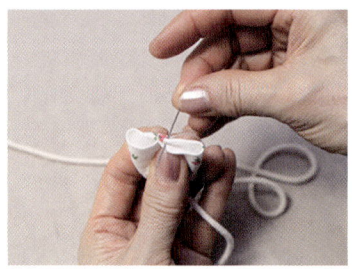

8. 반대쪽으로도 똑같은 방법으로 두 번 정도 꿰매어 매듭을 짓습니다.
바늘의 자리를 옮기기 위해서는 첫 번째 사진처럼 바느질된 밑을 통과시키면 됩니다.

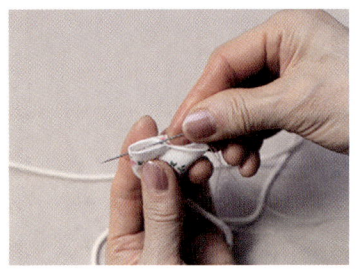 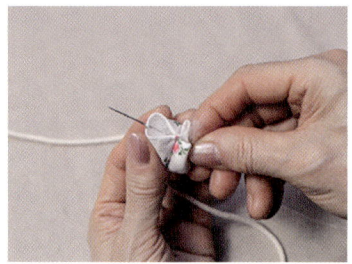 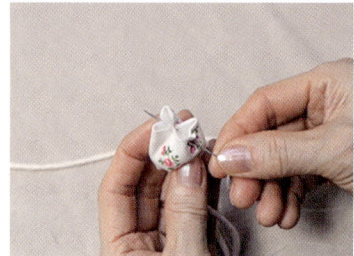

9. 매듭을 지어 꽃잎 모양의 중앙으로 바늘을 빼내어 진주를 답니다.

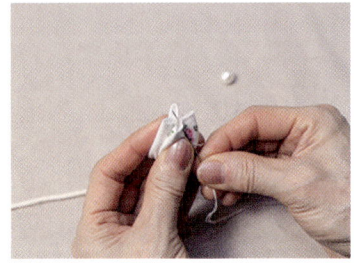  

10. 꽃잎이 생겨 골이 생긴 쪽으로 매듭을 두어 번 지어주고 바늘을 다른 곳으로 빼내어 실밥이 튤립 꽃방울 속으로 들어가게 하여 자릅니다.

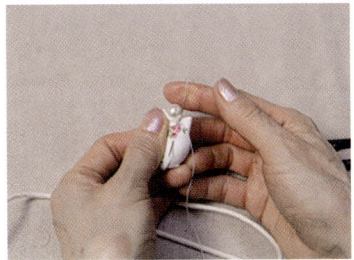 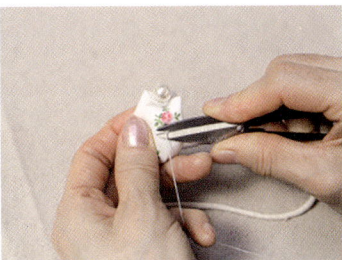 

진주 요요 패브릭 코르사주

패브릭과 재봉틀로 꾸미는 행복한 소잉 공방, 축하 가랜드!
패브릭 요요에 진주 방울
꽃잎 끝에 매달린 이슬방울
가방에도 커튼에도 앞치마에도 이불에도 코디할 수 있는 만능 아이템!

재료 및 재단

자투리 원단 지름 7.5㎝ 원
진주알
실과 바늘

7.5cm

자투리 원단

만드는 과정

1. 사진처럼 원둘레에 시접 0.3㎝를 열펜으로 그립니다.

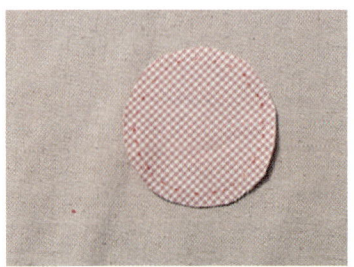

2. 실을 바늘에 꿰고 매듭을 지어 시접을 그려준 선을 뒤쪽으로 꺾어 꺾어진 시접을 같이 0.3㎝ 간격으로 홈질합니다.

 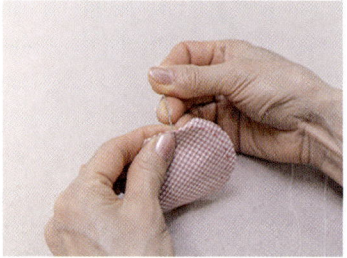 

3. 시작점까지 왔을 때 바늘을 매듭 있는 쪽으로 나오게 합니다.

4. 왼손으로는 홈질한 곳을 만져주면서 오른손으로는 실을 잡아당겨 예쁘게 모양이 잡히면 매듭을 짓습니다.

5. 여기까지가 보통 요요입니다. 요요에서 한 단계 업그레이드해 봅니다. 역시 꽃잎 끝에 달린 이슬방울 같은 느낌을 주기 위해서입니다. 진주알을 바늘에 꿰어 중앙 공간에서 뒤쪽으로 바늘을 빼줍니다.
주름진 골과 골 사이에 바늘이 오고 가면서 진주가 가운데 오도록 달아주면 완성입니다.

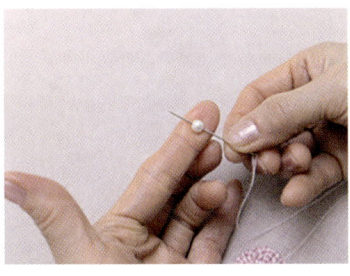 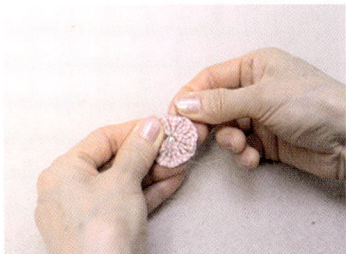
 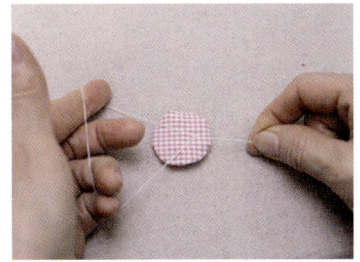

진주 요요 붙이는 방법

1. 붙이고자 하는 원단에 진주 요요 코르사주를 놓고 요요 뒤쪽에서 진주가 있는 중앙으로 바늘을 빼줍니다.

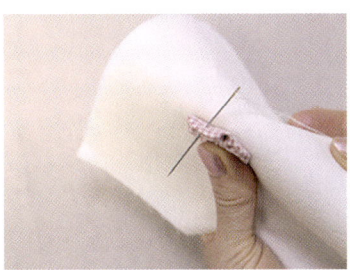

2. 요요 겉에 예쁘게 파인 골을 이용해 홈질로 한 땀 한 땀 손바느질합니다. 컬러 자투리 원단을 모아 시간 날 때마다 하루에 한두 개씩 만들어 놓으면 나만의 커튼이나 이불 만들 때 코디하기 좋습니다.

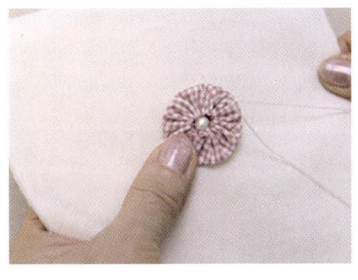  

포 패치 진주 별 쿠션

홈패션에 아이디어를 더하는 자투리 천 활용법!
장식용으로 무척 사랑스럽습니다.
소파 티슈 커버에 코디!
여기저기 장식용으로 코디!

재료 및 재단

광목 30수 가로세로 4㎝ 정사각형 4장
잔꽃무늬 면 30수 가로세로 4㎝ 정사각형 4장
솜
진주알 1개

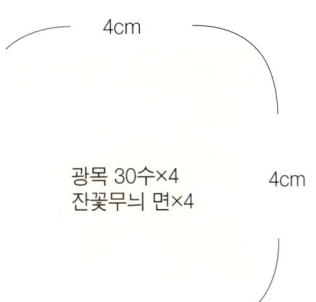

4cm

광목 30수×4
잔꽃무늬 면×4

4cm

Part 5 소소한 행복을 더하다

만드는 과정

1. 광목 원단 한 장과 잔꽃무늬 원단 한 장을 겉과 겉끼리 맞대고 한쪽 옆면을 박음질합니다(세트로 나머지 세 장도 박음질합니다).

2. 패치 무늬가 서로 엇갈리게 배열해 놓습니다.

3. 윗면, 아랫면의 무늬가 서로 엇갈리게 하고, 이음선 시접이 만나는 곳끼리 잘 맞추어 예쁘게 박음질합니다.

4. 3. 에서 만들어진 두 장의 패치를 겉과 겉끼리 마주 대어 한 칸만 겹치게 배치한 다음 시접 0.5㎝를 남기고 박음질하기 시작합니다(도안 참조).

박음질 순서는 좌 1번과 우 1번, 좌 2번과 우 2번, 좌 3번과 우 3번과 같은 식으로 한 칸씩 엇갈리게 박음질해 나갑니다. 코너를 돌아갈 때에도 0.5㎝ 시접 간격을 잘 지켜가면서 박음질을 순서대로 하다가 마지막 8~10번 사이에서 한 면만 창구멍으로 남겨 놓습니다. 이 면으로 뒤집고 솜을 넣게 됩니다.

*시접 0.5㎝ 점에서 바늘을 꽂아 놓고 방향을 전환하는 것이 중요합니다.

5. 마지막 8번째 면은 창구멍으로 남겨 놓습니다.

6. 창구멍으로 뒤집습니다.

7. 창구멍으로 솜을 통통할 정도로 넣어주고 공그르기로 창구멍을 막아줍니다.

  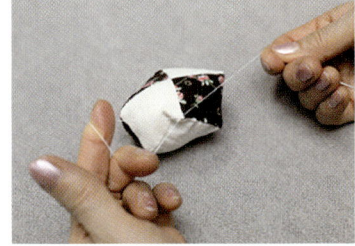

8. 진주알을 패치 교차점인 중앙에 맞추어 쏙 들어가게 손바느질로 달아줍니다.

패브릭 호박 단추

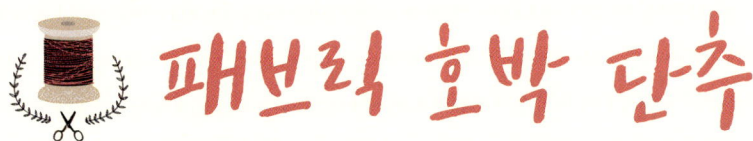

패브릭 자투리로 순수 손바느질해 만드는 호박 단추
안방에도 거실에……
재료비는 착하지만 가치는 고품격!

재료 및 재단

체크 원단 지름 10㎝ 원
*우리 책에서는 24개를 만들어서 커튼에 사용했습니다.
솜 약간
실과 바늘

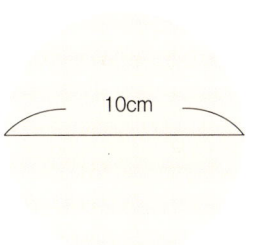

체크 원단

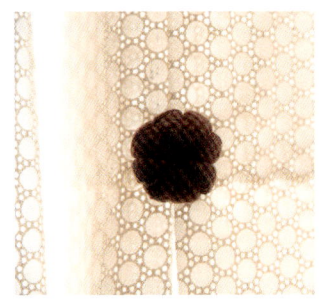

🔘 만드는 과정

1. 재단된 원둘레에 사진처럼 시접 1cm를 초크로 그립니다. 재단된 원 뒤쪽에서 바늘을 겉쪽의 그려 놓은 선으로 나오게 한 다음 0.8cm 정도 간격으로 홈질합니다.

2. 시작 지점까지 오면 바늘을 뒤쪽으로 뺀 다음 매듭지어진 실과 실 사이로 빼냅니다. 그러면 솜을 넣어서 잡아당길 때 실이 빠지지 않습니다.

3. 솜을 통통하게 넣고 실을 잡아당겨 모아주고, 예쁜 모양이 잡히도록 솜을 만져줍니다. 이때 시접은 솜이 들어 있는 속으로 넣습니다. 그런 다음 홈질을 길게 세 번쯤 하여 홈질이 풀어지지 않도록 단단하게 합니다.

4. 호박 줄무늬(여섯 줄)를 만들기 위해 사진처럼 방향을 잡아 바늘을 반듯하게 꽂아줍니다.

 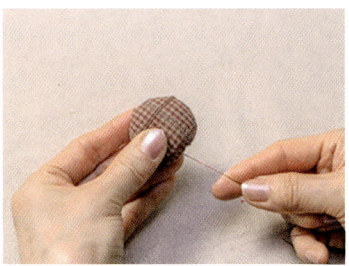

5. 홈질된 부분의 반대편이 보이게 잡고 실을 한 번 감아 잡아당겨 골이 만들어지면 뒤쪽에서 한 땀 떠서 고정시킵니다.

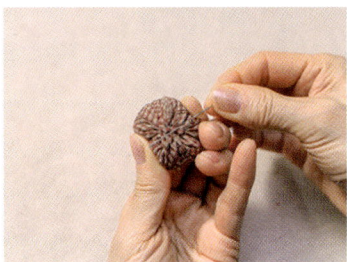 

6. 다시 바늘 방향을 바꾸어줍니다.

 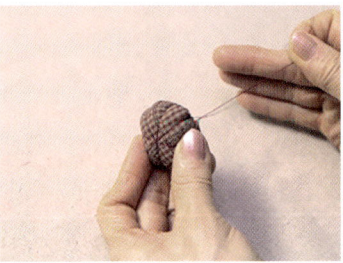 

7. 같은 방식으로 여섯 줄을 만들어 놓고 호박줄이 균형 잡히게 손으로 만져줍니다.
그런 다음 뒤쪽 중앙에서 앞쪽여섯 줄이 교차된 지점으로 바늘을 빼주고 여섯 줄이 교차된 곳을 감싸 안고
앞에서 뒤로 두 번 왕복하며 교차점을 고정시킵니다. 그러면 교차점이 튼튼하고 예쁜 호박 단추가 됩니다.
뒤쪽에서 매듭을 서너 번 지어 완성합니다.

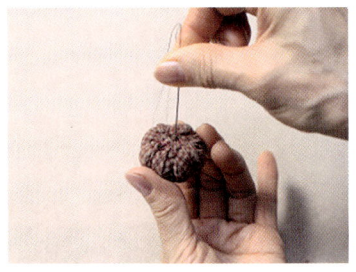 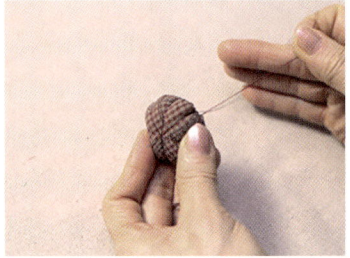 

코르사주 발 매트

포근하게 광목을 항아리 주름으로 감싼 패브릭 발 매트
디자이너들의 손에서 탄생한 작품이 바닥을 수놓다!

완성 치수: 62×42㎝

재료 및 재단

잔꽃무늬 광목 30수 33×42cm 1장
선염 30수 원단 33×42cm 1장
회색 20수 원단 62×42cm 1장
접착 속솜지 62×42cm 1장
광목 30수 직선 프릴 700×10cm
준비된 반달 코르사주(p.263 기본 바느질은 욕실 가운 코르사주 참조)

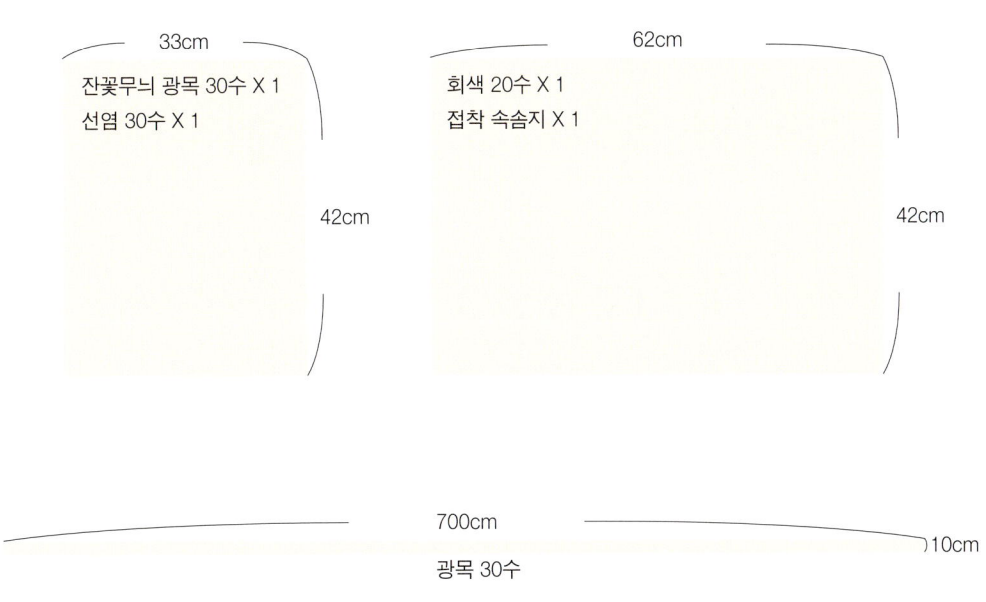

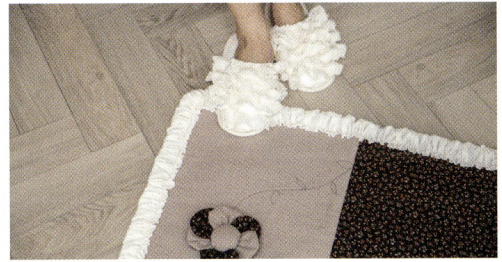

🔘 만드는 과정

1. 잔꽃무늬 겉과 선염 원단 겉지를 맞대고 42cm 면을 합폭합니다.

2. 박음질된 겉지를 펴고 접착 속솜지를 밑에 놓고 다림질합니다. 선염 무지 원단에 꽃줄기를 그립니다.

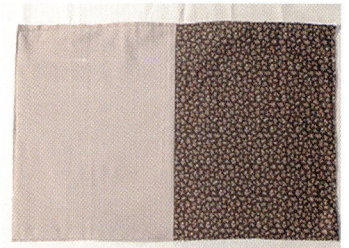  

3. 기본 박음질로 선을 따라 마치 수를 놓는 것처럼 꽃줄기를 박음질합니다.

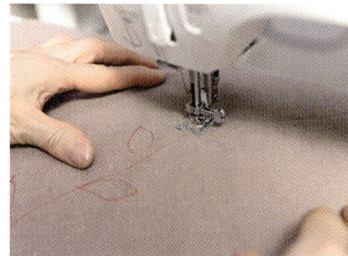 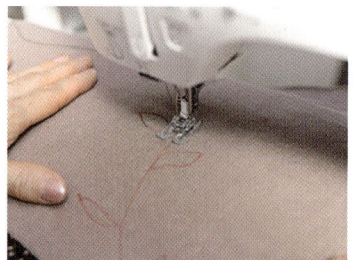

4. 준비해 놓은 반달 코르사주의 꽃잎 사이사이를 되박음질로 붙입니다.

5. 10cm 광목 프릴을 길게 연결하여 한쪽은 인터록이나 말아박음질하고, 위쪽과 아래쪽을 주름박음질합니다.

6. 제일 밑에 회색 20수를 놓고 그 위에 몸판을 잘 맞춰 62×42cm 크기로 다듬어주고 4면을 노루발 간격으로 합폭합니다.

7. 뒤쪽에서 사방 끝으로 2.5cm 여유를 두고 선을 그립니다.

 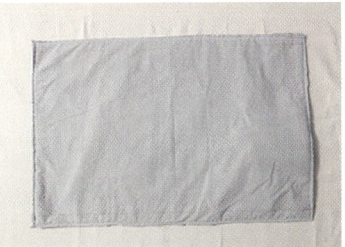

8. 그려 놓은 선에 **5.**에서 만들어 놓은 항아리 주름 겉을 맞대고 박음질하되, 처음 시작점부터 10cm 정도를 남겨 놓고 박음질합니다.

9. 코너 부분에서는 10㎝쯤 남았을 때 쪽가위로 조금씩 더 주름을 넣어 줘가면서 박음질합니다(네 코너에 똑같은 방법으로 합니다).

10. 한 바퀴를 돌아 시작 부분쯤 왔을 때 사진처럼 끝부분에서도 10㎝ 정도 남겨 놓고 프릴을 잘라냅니다.

11. 프릴과 프릴을 연결해 박음질한 뒤 몸판에 항아리 주름을 박음질해 붙입니다.

12. 박음질된 프릴을 펴고 겉이 보이게 합니다. 왼손으로 발 매트 바닥을 눌러주면서 오른손으로 프릴을 잘 펴줍니다.

13. 코너 부분이 아닌 중앙에서부터 주름 결이 잘 맞게 시접을 감싸면서 먼저 박음질해 놓은 선을 따라 프릴을 박음질합니다.

14. 코너 부분은 처음에 주름을 밀어넣어 준 만큼 겉에서도 주름 결이 같도록 맞추면서 완성합니다.

Part 6

쉽고 편안한 생활 실내복을 더하다

오랜 세월, 홈패션 소잉으로
거실을 꾸미고, 방을 꾸미고, 주방을 꾸미면서
한 가지 더 욕심을 내어 양재를 아주 조금 배웠습니다.
아이디어를 내기 위해 밤낮없이 노력하여
홈패션 소잉 마니아들을 위한
패턴 없이 만들 수 있는 실내복을 제작하게 되었습니다.
남대문 시장에 납품하기도 했던 몇 가지 제품을 소개합니다.

이지웨어 베스트 끈 원피스

패턴 없이 패브릭과 재봉틀로 행복을 만들고 사랑을 표현합니다.
기본 끈 원피스를 입은 여인은 아름답습니다.
착한 재료비와 쉬운 공정에 방콕이나 집콕도 그저 행복합니다.

완성 치수: 길이 90㎝

재료 및 재단

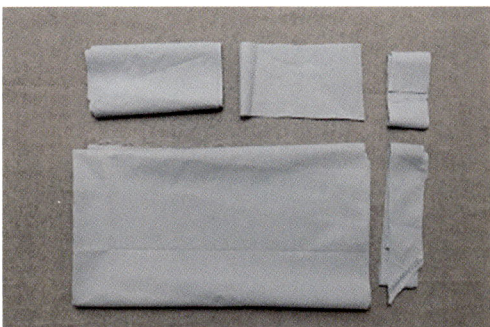

(몸판) 면 60수 아사(블루 컬러) 70×70cm 2장
진동 바이어스 120×4cm(여유 있음)
어깨 끈 직선 바이어스 40×9cm 2장
앞뒤 가슴선 바이어스 30×4cm

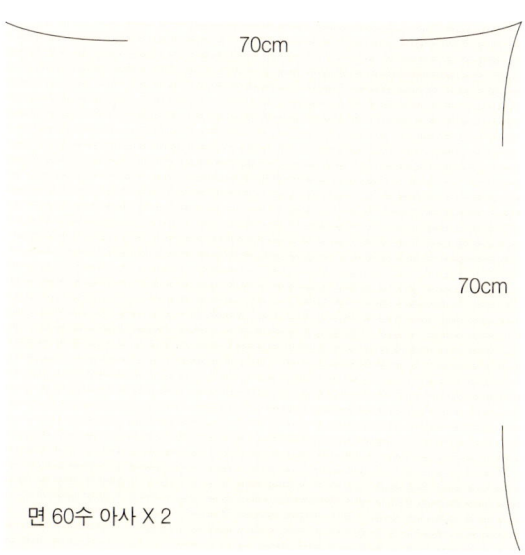

70cm

70cm

면 60수 아사 X 2

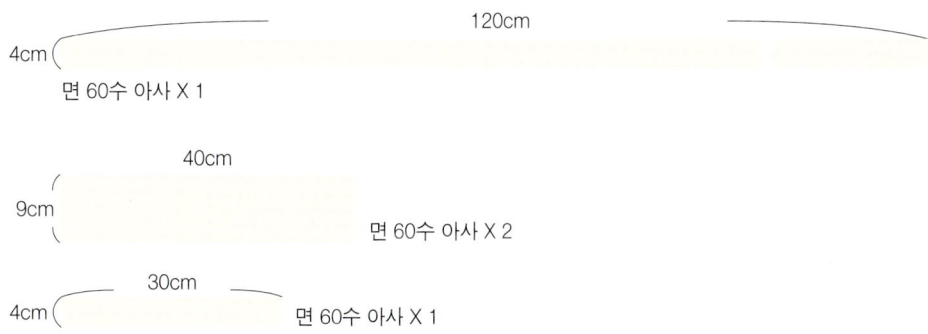

120cm
4cm
면 60수 아사 X 1

40cm
9cm
면 60수 아사 X 2

30cm
4cm
면 60수 아사 X 1

만드는 과정

1. 어깨 끈을 박음질해 놓습니다(p.21 기본 박음질 어깨 끈 박음질 참조).

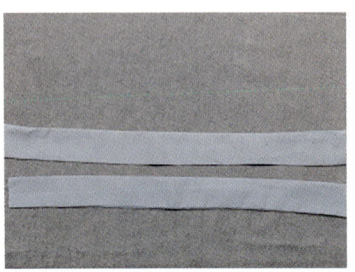

2. 재단된 몸판의 진동선을 재단합니다(p.25 기본 박음질 진동선 재단하기 참조).

3. 몸통 양쪽 옆선을 시접 1cm 선으로 박음질합니다. 양 옆선은 오버록으로 처리합니다.

  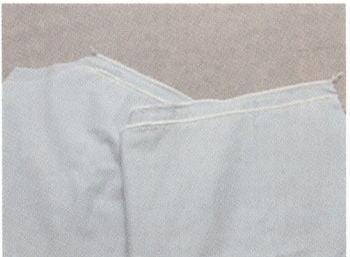

4. 앞뒤 목선 부분을 주름박음질합니다. 앞 목선, 뒤 목선의 길이는 25cm 정도가 되게 합니다.

5. 앞뒤 목선에 바이어스로 박음질합니다. 주름 안쪽에서 바이어스를 맞대고 시접 1cm 선에 박음질합니다(바이어스 양쪽에 1cm 여유를 남깁니다).

  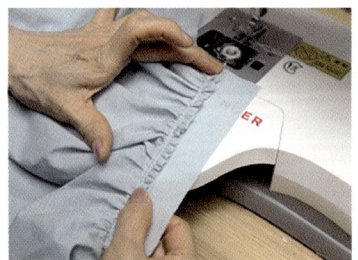

6. 겉쪽으로 바이어스를 편 다음 1㎝ 시접을 접어 주름 부분을 감싼 후 끝박음질로 바이어스 박음질을 완성합니다.

 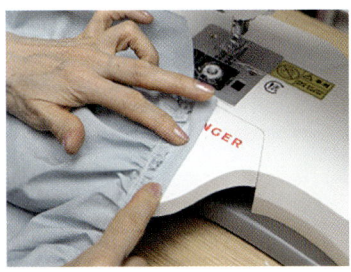 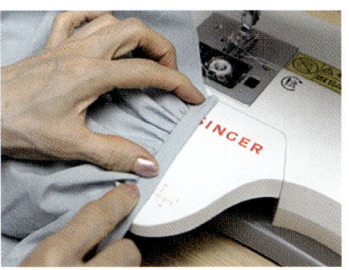

7. 남는 바이어스를 앞뒤 폭에 잘 맞추어 잘라냅니다.

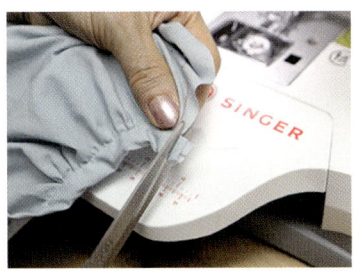

8. 진동선은 사선 바이어스로 박음질합니다. 바이어스 박음질은 역시 안쪽에서 시작해 목선과 같은 방법으로 박음질합니다.

9. 단 진동선은 목선 바이어스를 감싸주어야 하므로 진동선의 바이어스를 마무리할 때 남겨 놓은 여분의 바이어스를 사진처럼 박음질하여 완성합니다.

  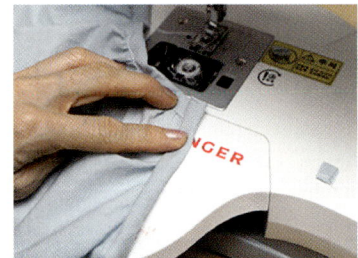

10. 어깨 끈 달기(박음질하기): 목선 겉에서 사진처럼 어깨 끈을 목선 바이어스의 박음질 선에 놓고 박음질합니다.

11. 아래를 향하고 있는 어깨 끈을 위로 펼친 다음 목선 박음질 끝부분에서 되박음질합니다.

12. 끈은 목선부터 30cm 되는 지점에 열펜으로 표시하고, 시접 1cm를 남겨 놓고 잘라냅니다.

13. 자른 어깨 끈의 끝부분을 사진처럼 목선 박음질 선에 맞춘 다음 어깨 끈을 밑으로 내려 놓고 박음질 선에 맞게 박음질합니다.

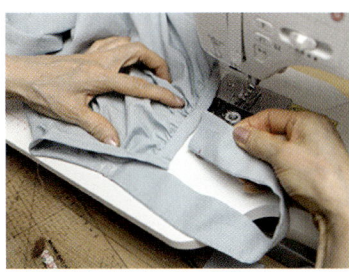

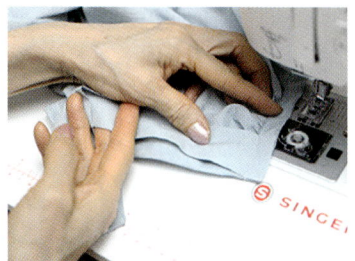

14. 어깨 끈을 위로 편 다음 바이어스 끝부분에 박음질하면 어깨 끈 달기 완성입니다.

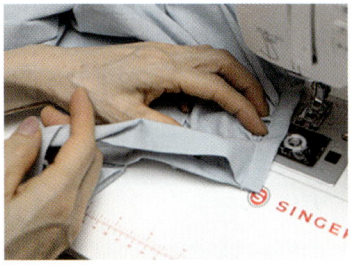

15. 치맛단 밑부분은 인터록이나 말아박음질로 마무리합니다.

이지웨어 보들야들 7부 팬츠

잠옷으로도 홈웨어로도 어울려요.
좀 더 바지 길이를 짧게 만들어서 캠핑이나 바캉스에도!
패턴이 없다고 포기하지 마세요.
헌 바지 버리기 전에 종이에 그대로 따라 그려 저랑 같이 바지를 만들어 보세요.
돈도 벌고 성취감, 행복감도 얻을 수 있답니다.

재료 및 재단
※ 패턴은 부록에 첨부합니다

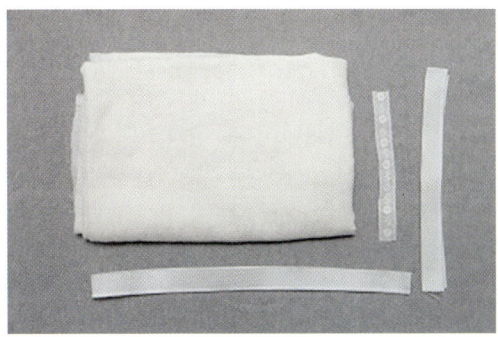

C/R 30수 원단 앞뒤 각각 2장(바지 패턴대로 그려서 재단)
발목 부분 고무 밴드 폭 2.5×38㎝ 2장
허리 부분 고무 밴드 72㎝ 1장
허리 부분 띠 레이스 32㎝ 2장

```
       B      D    D      B


   A      앞×2        뒤×2     A



              C    C
```

밑작업

1. 32cm 리본을 예쁘게 묶어 놓습니다.

2. 허리 고무줄을 동그랗게 붙여 박음질합니다(허리, 바지 밑단 발목 부분).

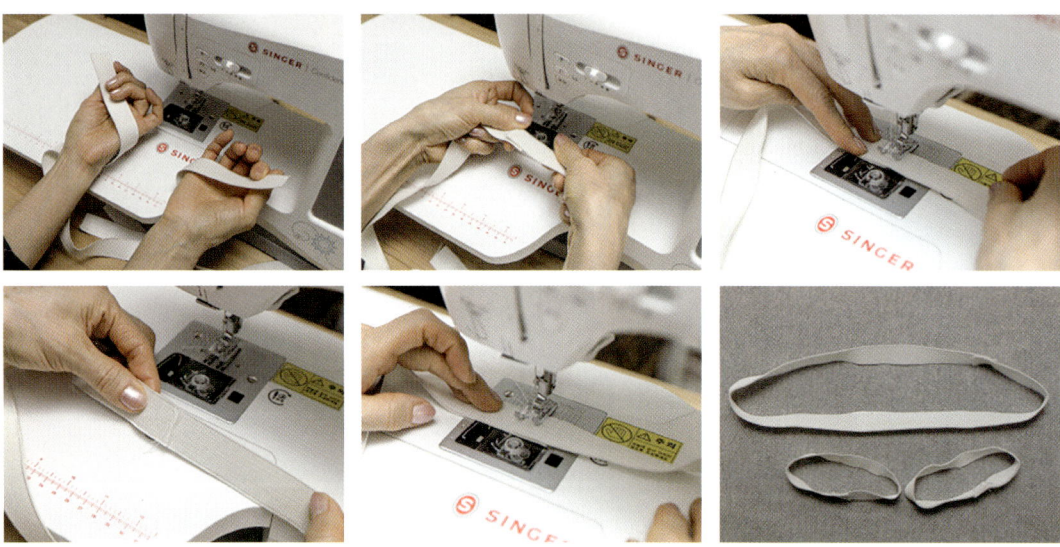

🔘 만드는 과정

1. 패턴에 따라 앞 두 장, 뒤 두 장을 재단합니다. 재단된 바지 앞 두 장을 겉과 겉끼리 맞대고 A~B까지 합폭하고 오버록으로 처리합니다. 뒤 두장도 앞과 똑같은 방법입니다.

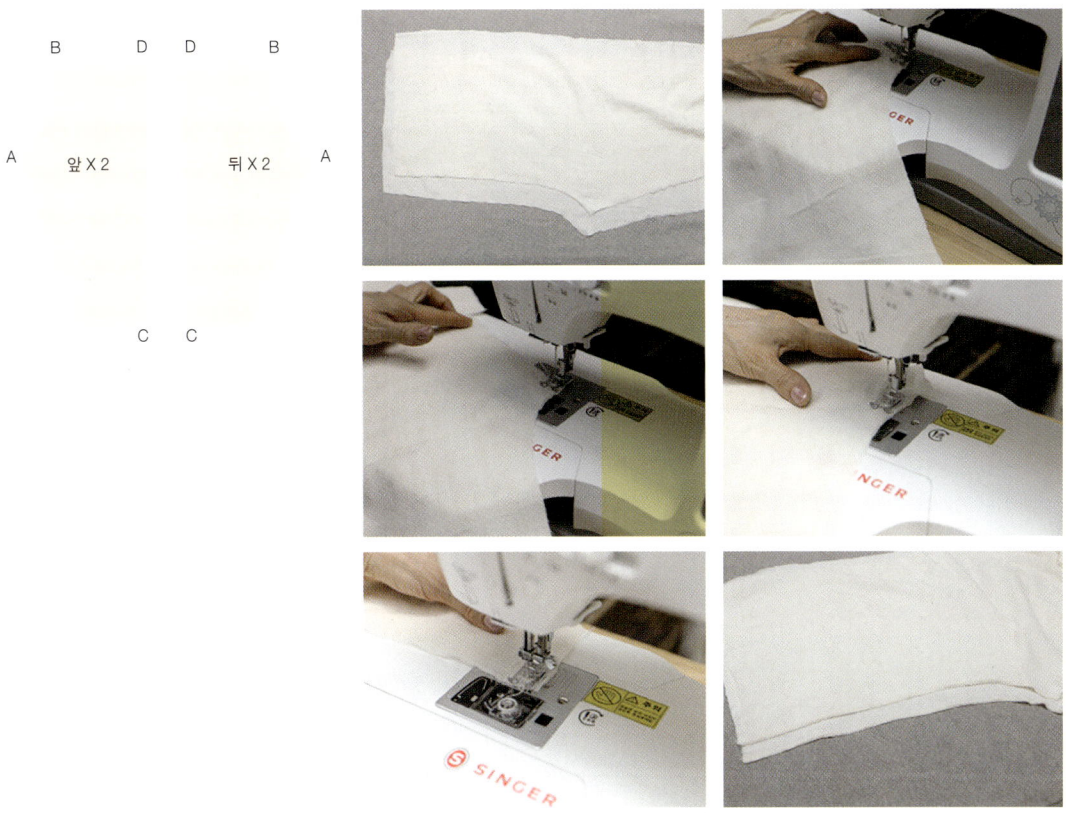

2. 합폭한 앞뒤 두 장을 각각 펴서 겉과 겉끼리 맞대고 C~D 부분을 합폭합니다.

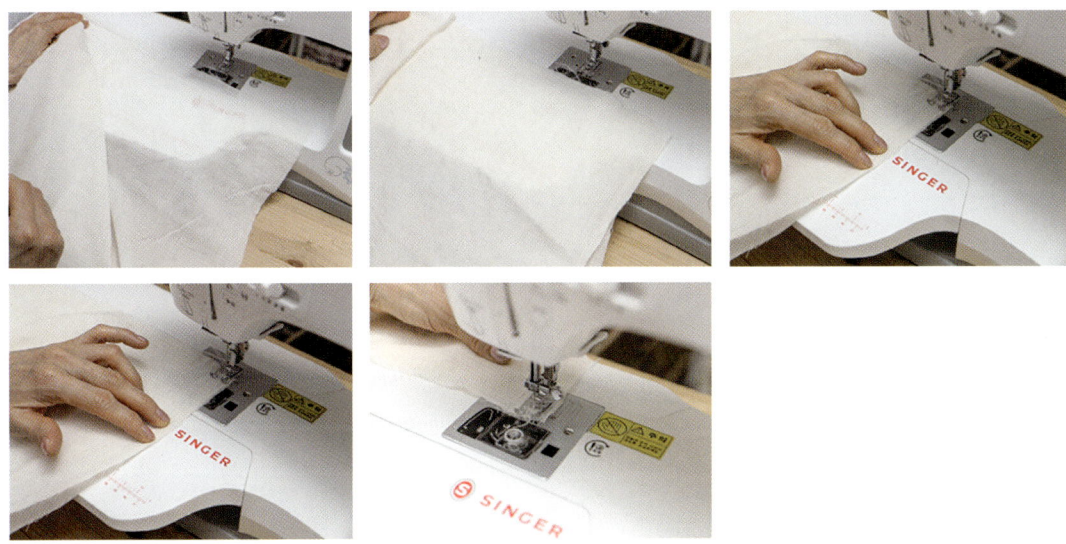

3. 양 옆면을 합폭한 후 오버록으로 처리합니다.

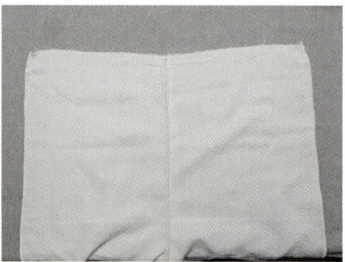

4. 한쪽 발목 부분부터 가랑이를 지나 밑 부분 중앙, 다른 한쪽 발목까지 합폭하여 박음질합니다(사진 참조).

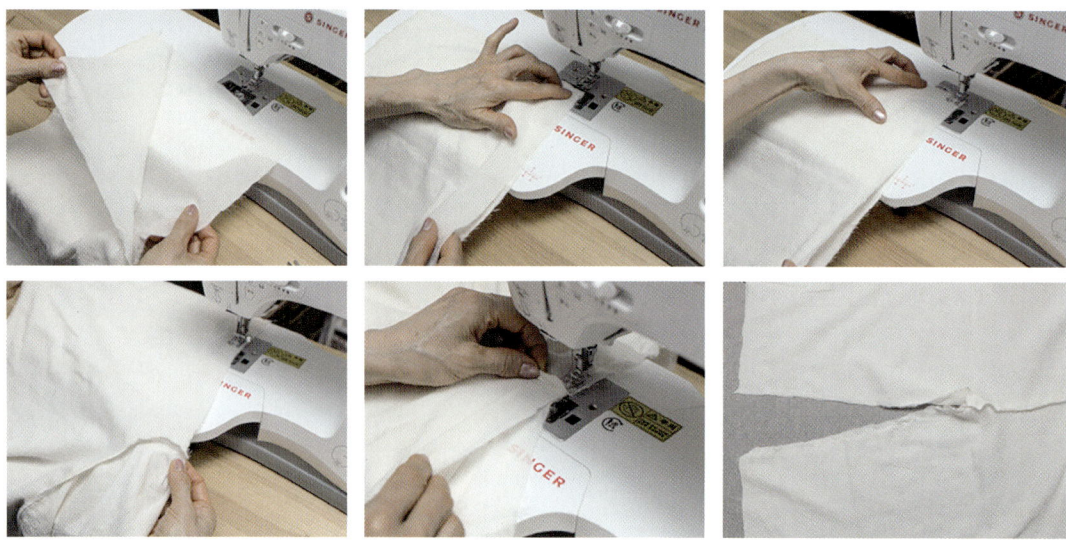

5. 합폭한 후 오버록으로 처리합니다. 오버록으로 처리하면 바지 모양이 잡힙니다.

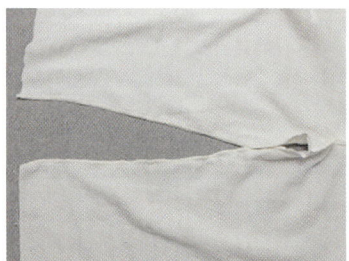

6. 허리 부분 양쪽을 잡고 흔들어 잘 편 후 바지 양쪽 길이가 같도록 반듯하게 재단한 후 뒤집습니다.

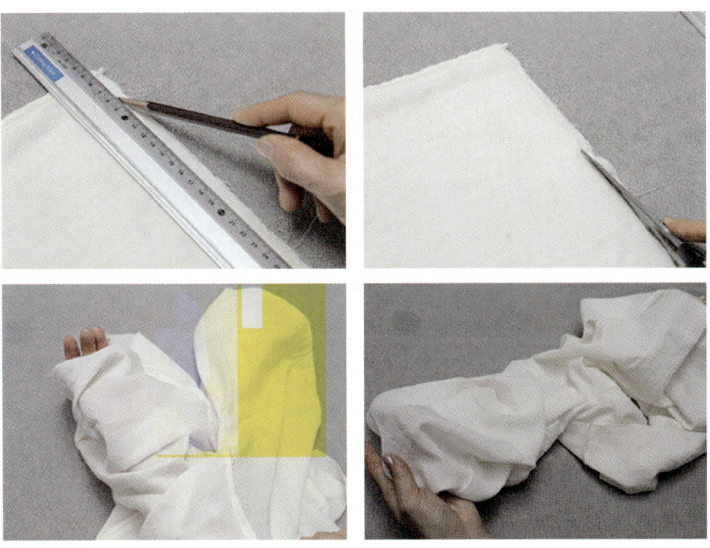

7. 허리 고무 밴드에 4등분 점을 표시합니다. 양쪽으로 팽팽하게 잡고 접어서 표시하면 쉽습니다.

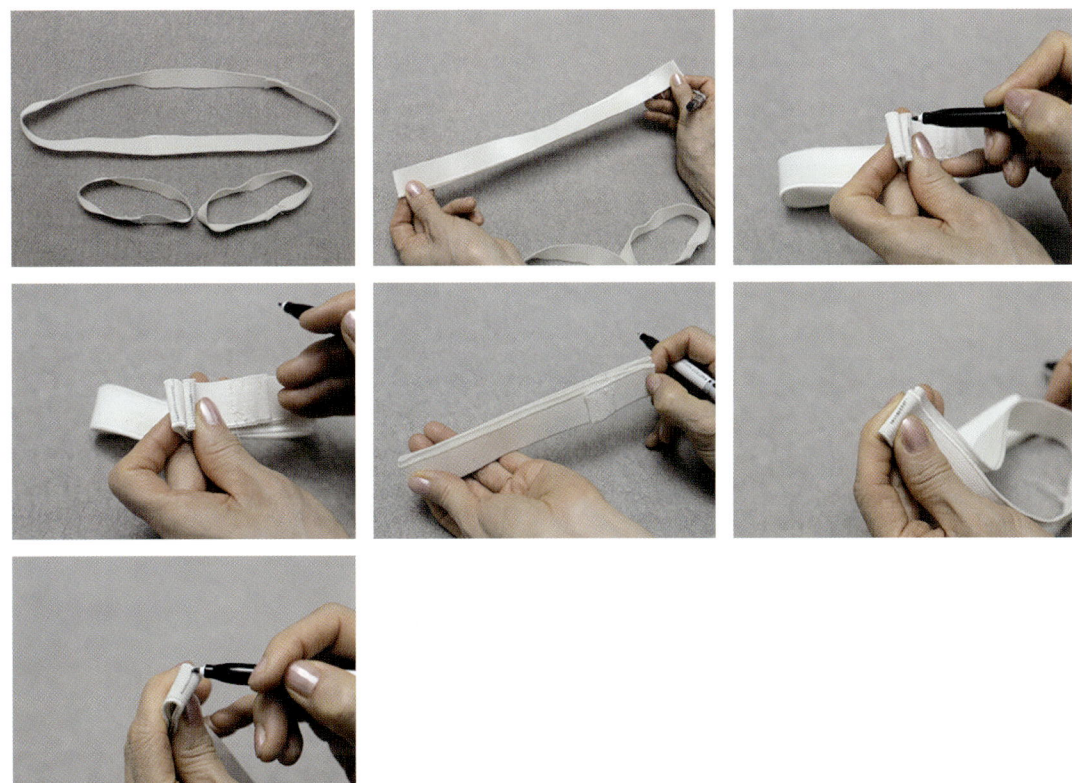

8. 허리 고무 밴드 초벌 박음질: 허리 부분에 허리 고무줄을 꼬이지 않게 원으로 편 다음 앞쪽 두 장이 연결된 이음선 두 군데, 뒤쪽 이음선 두 군데 중 한 군데에 고무 밴드 4등분 표시점을 맞대고 고정시킵니다.

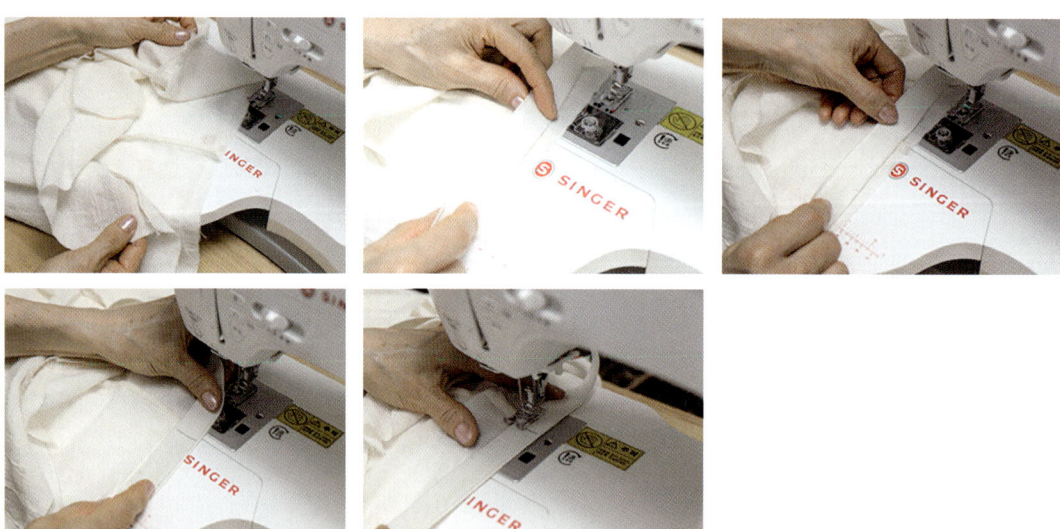

9. 한 등분씩 사진처럼 노루발을 침판에 꽂아 놓고(꽂힌 바늘대가 원단을 눌러줌) 고무줄을 잡아당겨 원단과 길이를 맞춘 후 박음질합니다. 이때 왼손은 꽂힌 바늘대에 있는 고무 밴드를 잡고 오른손은 늘려진 곳을 잡아 팽팽하게 잡아 당기면서 박음질합니다.

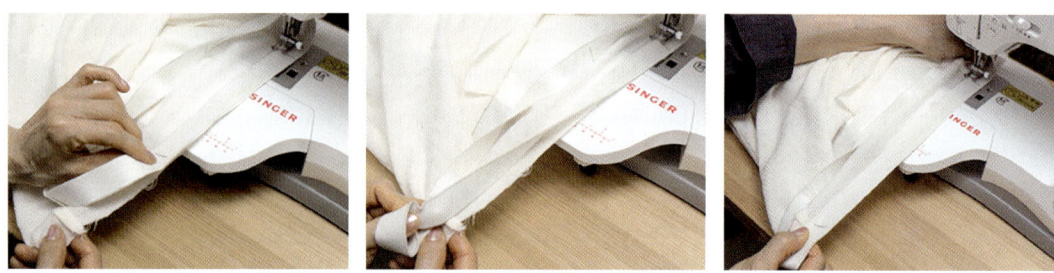

10. 사진과 같이 주름이 생기면서 초벌 박음질이 됩니다. 나머지 3등분도 똑같은 방법으로 박음질합니다.

4등분 해서 고무 밴드를 초벌 박음질한 모양입니다.

11. 허리 고무 밴드 박음질로 마무리하기: 초벌 박음질로 허리 형태를 잡아 놓았으므로, 어느 쪽에서 박음질을 시작해도 좋습니다. 고무 밴드 끝선을 사진처럼 꺾고 고무 밴드를 한 번 더 허리 원단으로 감싸줍니다.

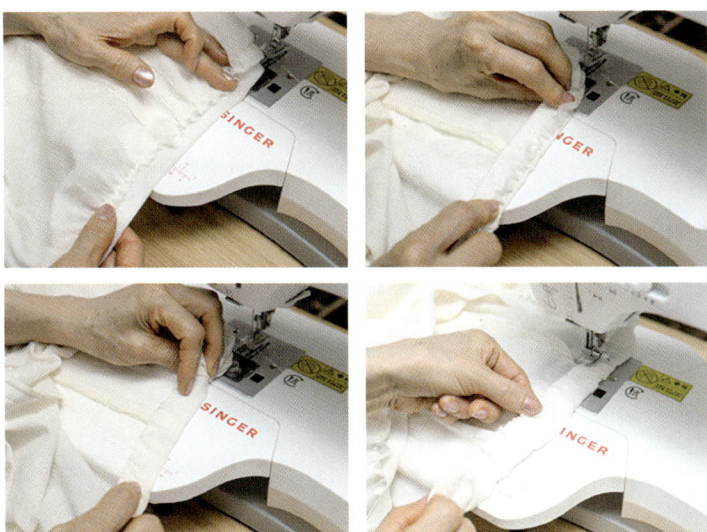

12. 초벌 박음질 때처럼 조금씩 원단과 고무 밴드를 팽팽하게 잡아당긴 다음 박음질하는 방식으로 반복하여 마무리합니다.

완성된 허리 고무 밴드 박음질 모양

13. 바지 발목 고무 밴드 박음질도 허리 고무 밴드 박음질 방법과 똑같습니다. 단 발목 원단 안쪽에 4등분 표시를 열펜으로 해 놓고 박음질합니다. 발목은 원둘레가 좁기 때문에 천천히 조금씩 맞춰가며 박음질합니다.

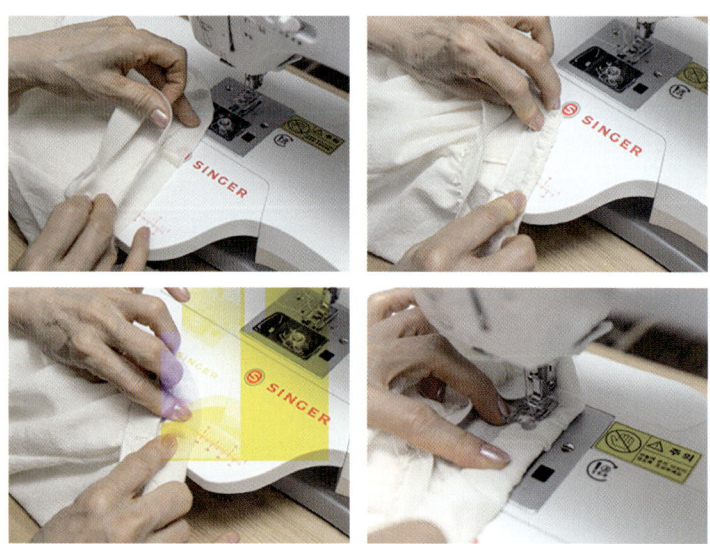

14. 밑작업에서 만들어 놓은 띠 레이스 리본을 앞쪽에 붙여 완성합니다.

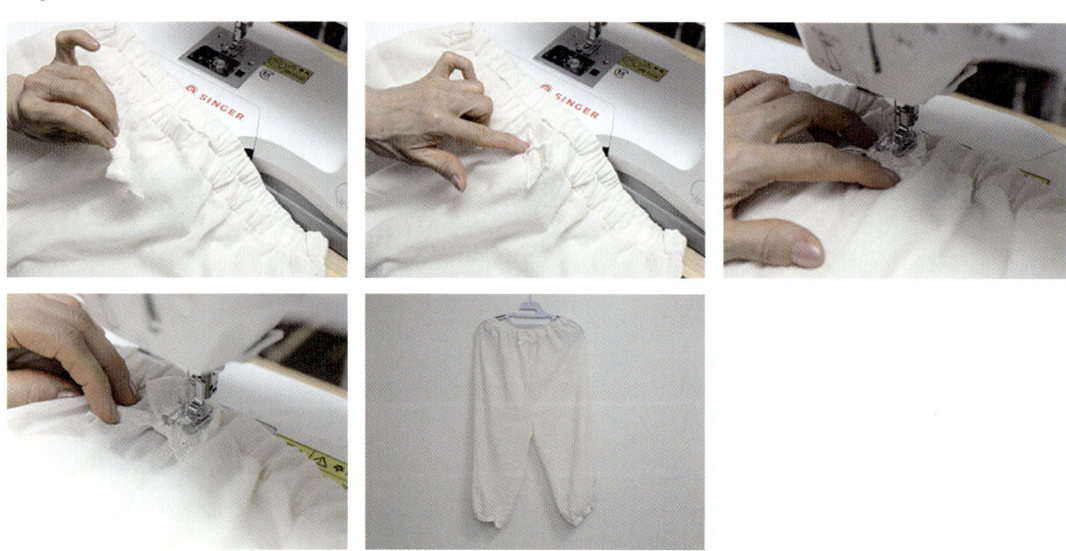

이지웨어 보들야들 캉캉 상의

젊은이부터 중년까지 편하게 앳되게!
2단 캉캉으로 귀여우면서 편안한 느낌
어떤 자세를 취해도 부담감 없는 디자인

완성 치수: 80㎝

재료 및 재단 ※ 패턴은 부록에 첨부합니다

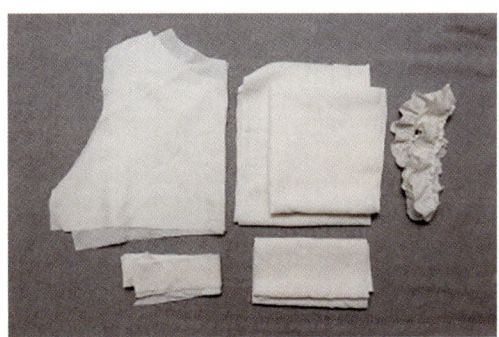

(가슴 윗부분 몸판 앞판) C/R 원단 광목색 1장
(가슴 윗부분 몸판 뒤판) C/R 원단 광목색 1장
소매 양쪽 1장씩
1단 프릴 17×225cm 2장
2단 프릴 34×225cm 2장
목선 C/R 원단 사선 바이어스 4×100cm(여유 있음)
앵두 단면 레이스 120cm

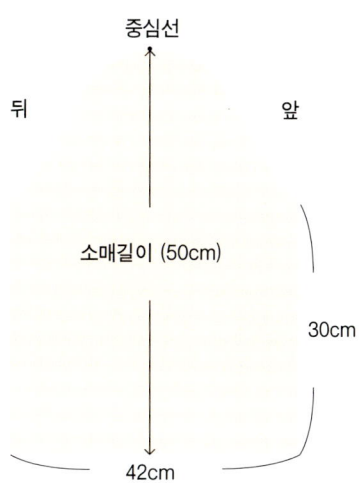

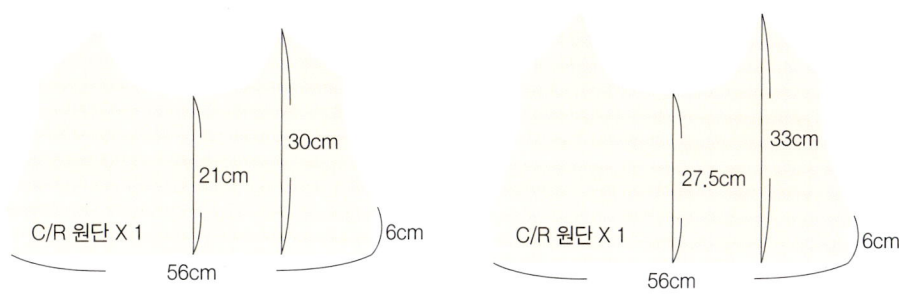

밑작업

1. 앵두 단면 레이스를 주름 노루발로 윗면에 주름을 잡아 놓습니다.

2. 프릴 원단을 치수대로 잘라 1단, 2단의 윗부분에 주름을 잡아 프릴을 만들어 놓습니다(가슴 치수에 맞으려면 1.5배 주름으로).

만드는 과정

1. 앞판, 뒤판의 가슴선(A~A') 겉과 1단 프릴 겉을 맞대고 합폭합니다(1단 프릴).

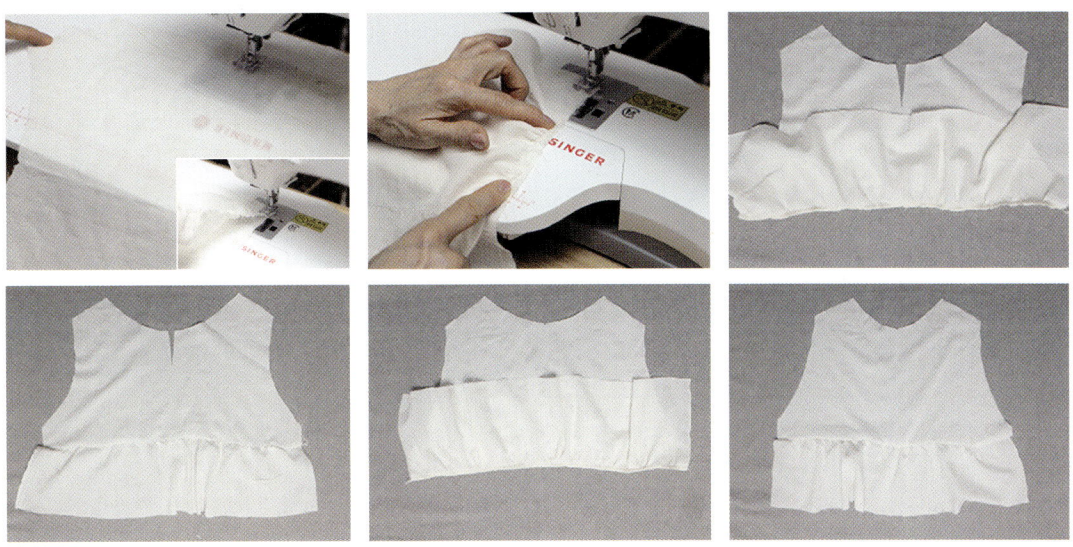

2. 1단 프릴을 합폭한 겉(1.의 과정)과 2단 프릴 겉을 맞대고 손으로 주름을 골고루 펴가면서 합폭합니다.
1단과 2단 프릴을 합폭한 후 오버록으로 처리합니다.

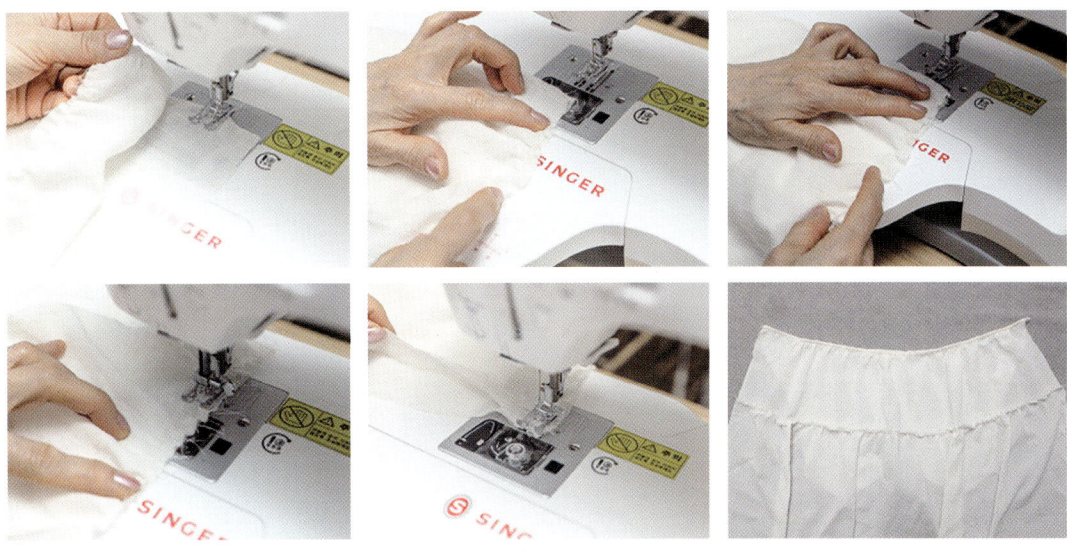

3. 1단과 2단 프릴을 합폭한 후 오버록 처리까지 하여 앞판, 뒤판을 완성합니다. 앞판을 펼친 모양과 뒤판을 펼친 모양입니다.

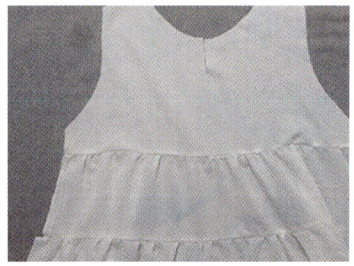

4. 앞판과 뒤판의 어깨 연결 박음질: 앞판과 뒤판의 어깨선 겉끼리 맞대어 양쪽 모두 박음질합니다(패턴 사진에서 C~D, C'~D' 어깨선 합폭).

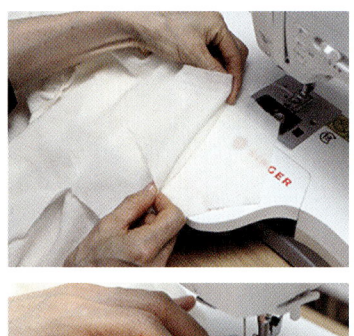

5. 합폭한 어깨선은 오버록으로 처리합니다.

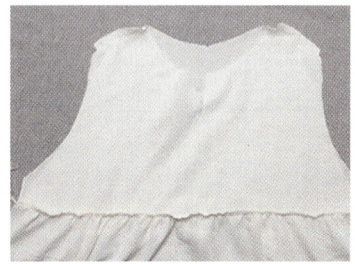
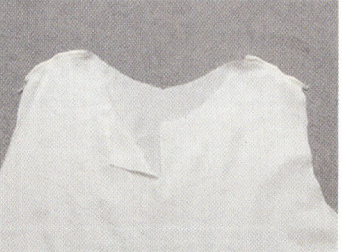

6. **소매 부분 달기**: 소매와 앞판, 앞판 진동부터 뒤판 진동선을 합폭하여 박음질합니다. 조금 복잡한 것 같지만 쉽습니다. 소매 부분 앞뒤 두 장을 잘 맞게 펼쳐 놓고, 소매 중심선을 가위집이나 열펜으로 표시합니다. 그리고 조금 깊게 파진 쪽을 앞쪽 진동과 연결합니다. 아래 설명을 따라 소매를 달아봅시다.

❶ 소매 양쪽 두 장의 앞뒤 진동선을 표시합니다. 소매의 진동선은 앞뒤 구분을 표시해 놓아야 박음질할 때 헷갈리지 않습니다. 조금 많이 파진 쪽은 앞쪽 진동선과 연결되고 적게 파진 쪽은 뒤 진동선과 연결되는 부분이니 앞쪽에는 두 줄로 표시하고 뒤쪽은 한 줄로 표시해 놓습니다.

❷ 소매를 세로로 반으로 접어 중심을 가위집으로 살짝 표시합니다. 이때 가위집은 깊지 않게 살짝만 줍니다 (나중에 어깨 연결선에 닿아야 할 부분이기도 함).

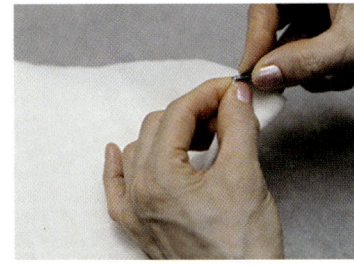 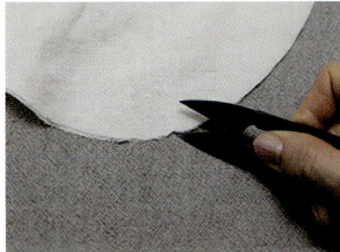

❸ 두 줄 표시가 있는 앞쪽 소매 진동선 겉과 앞판 앞쪽 진동 겉끼리 맞대고 박음질을 시작합니다.
소매 부분은 자연스럽게 펼쳐 놓고 앞 진동선을 2.5㎝ 잡고 3㎝ 정도 되게 자연스럽게 늘려준 다음 박음질을 합니다.
그렇게 서너 번 천천히 박음질하면 앞판 어깨선 이음선과 소매 중심선 표시가 만납니다(아래 사진 참조).

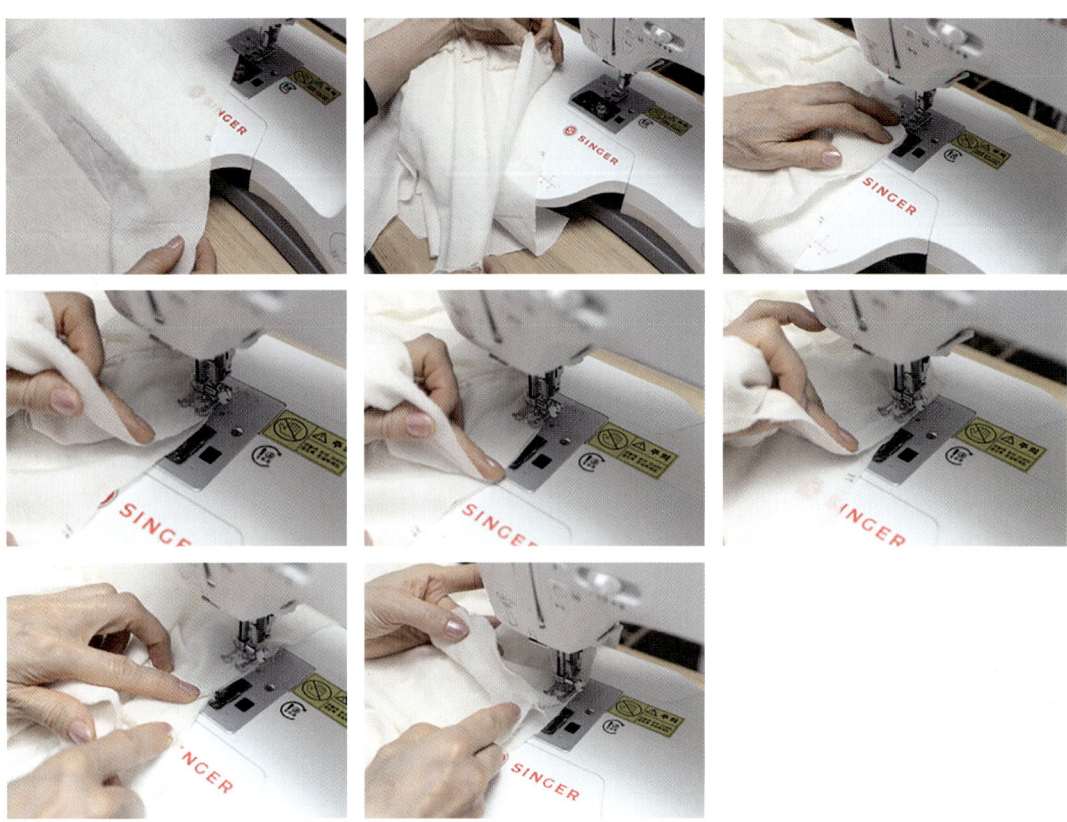

❹ 중심선을 지나 뒤쪽 진동선과 소매 뒤쪽 부분도 앞 진동선 연결 박음질과 똑같습니다.
여기까지 마무리하면 오른쪽 소매가 연결됩니다. 왼쪽 소매 진동선과 앞쪽 진동선과의 박음질도
오른쪽과 똑같은 방법으로 합폭한 후 오버록 처리까지 완성합니다.

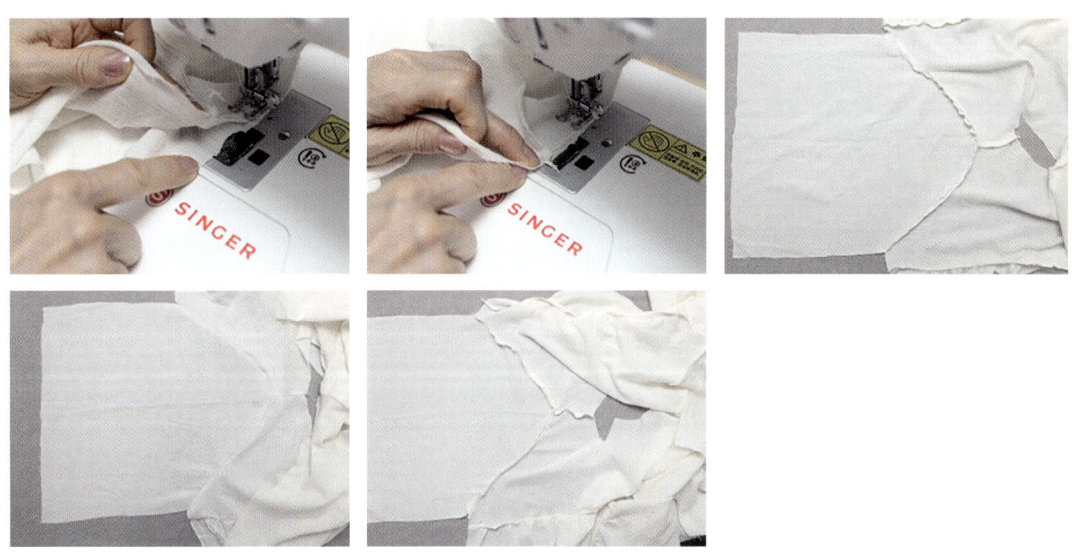

7. 소매 통 연결과 몸통 옆선 연결을 한 공정으로 박음질하기(홈패션 버전): 박음질된 소매를 반으로 접습니다. 어깨선부터 소매 끝부분까지 자연스럽게 맞추어 접어서 박음질을 시작합니다(사진의 순서를 보면 이해하기 쉽습니다).

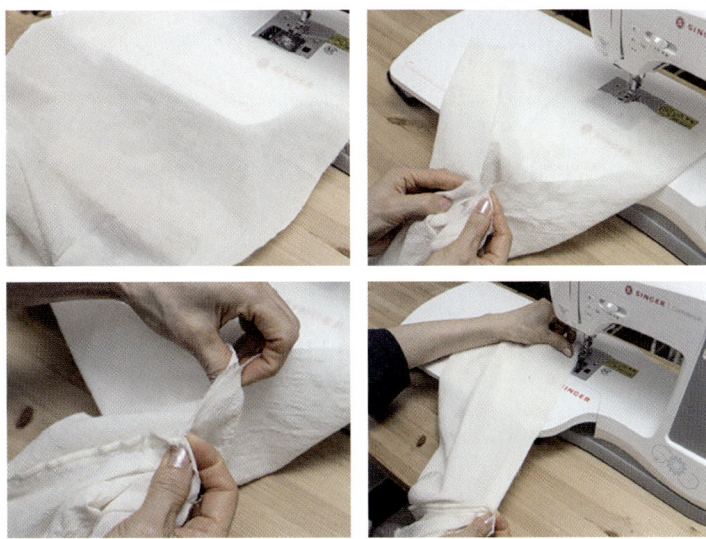

❶ 소매 끝부분부터 박음질을 시작합니다. 진동 연결선과 몸판 옆선 부분을 잘 맞추고 박음질을 계속합니다.

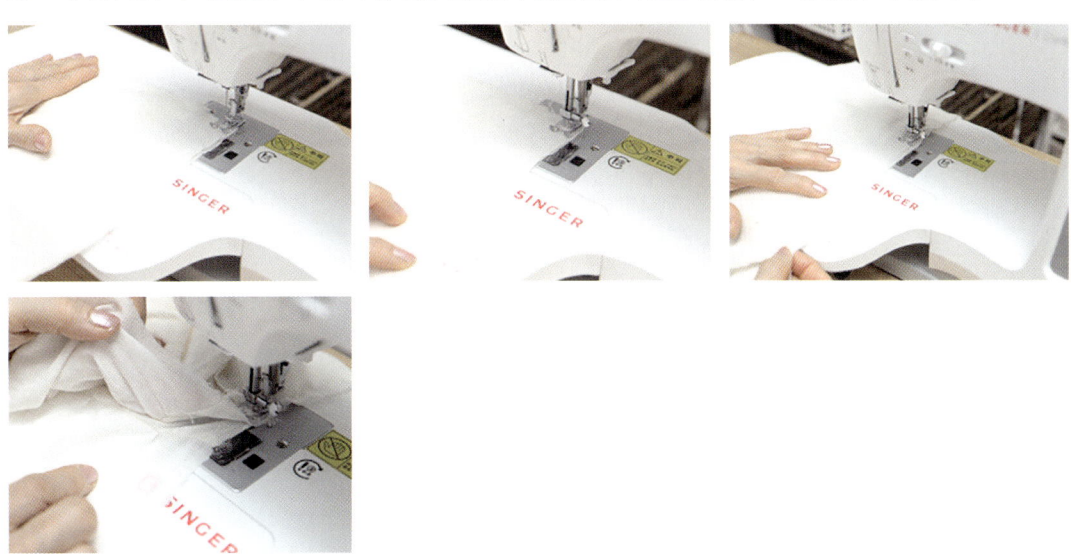

❷ 옆선을 박음질할 때는 앞뒤 판 첫 번째 1단 프릴 박음질 선과 2단 박음질 선끼리 잘 맞는지 확인하면서 옆단 끝까지 양쪽 똑같이 박음질한 후 오버록으로 처리합니다.

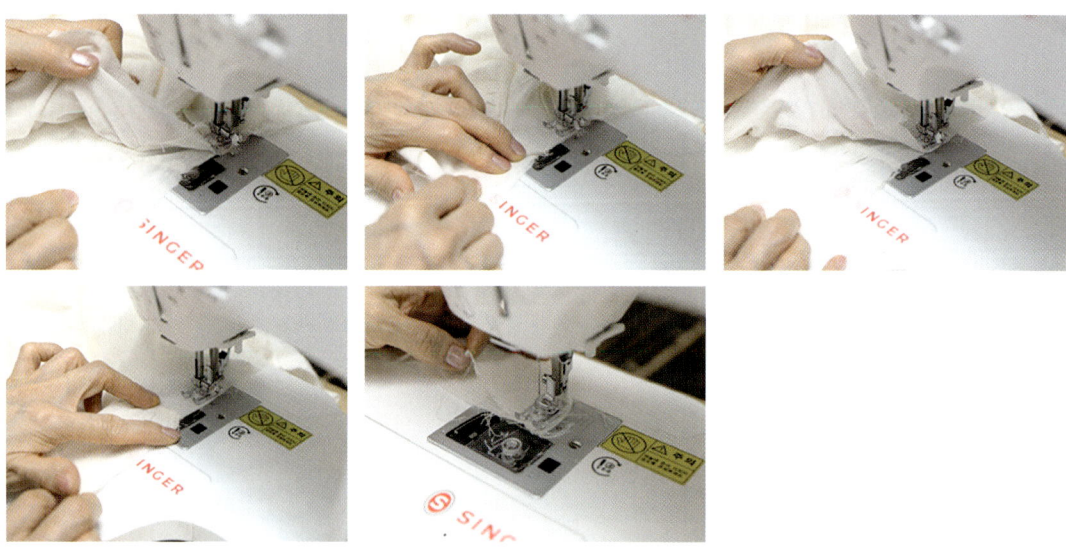

❸ 소매 부분을 완성해가면서 옆선까지 한 번에 박음질하는 방식입니다.

8. 박음질이 완성된 모양은 안쪽이기 때문에 뒤집어 탈탈 털어 놓습니다.

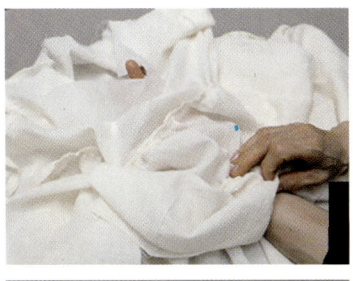

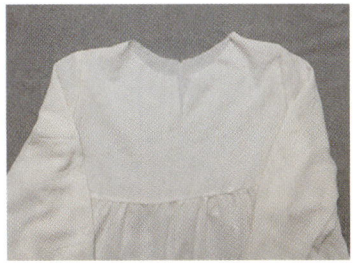

9. 앞트임 바이어스를 박음질합니다. 바이어스 초벌 박음질하기와 트임 부분 바이어스 마무리 박음질로 나누어 설명하겠습니다.

가. 바이어스 초벌 박음질하기

❶ 트임이 있는 쪽의 안쪽을 재봉틀에 펴 놓고 바이어스를 댄 다음 1㎝ 정도 공간을 띄어 놓고 트인 쪽까지 박음질합니다.

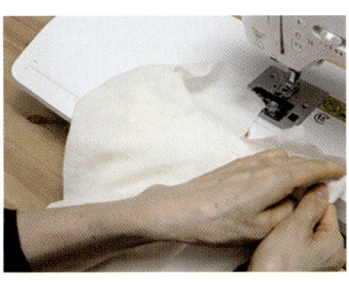
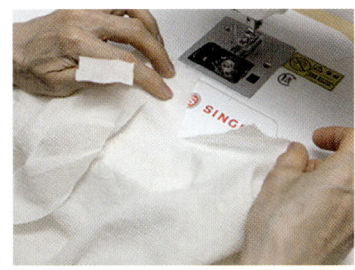
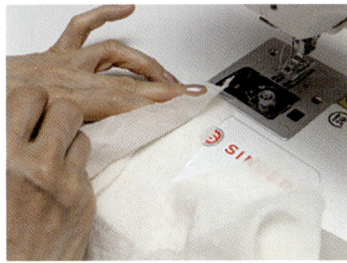

❷ 박음질을 시작해서 트임 끝부분까지 오면 바이어스에 열펜으로 표시해둔 다음 바늘을 그 표시점에 꽂아 놓습니다.

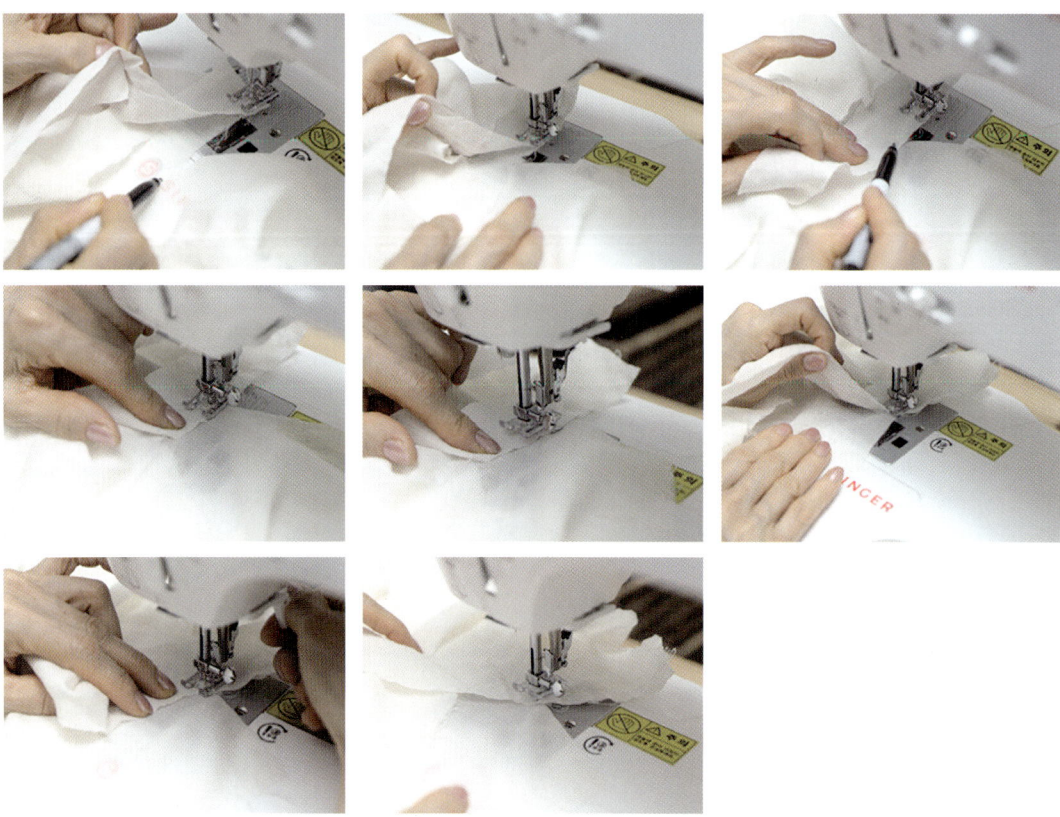

❸ 노루발을 들고 반대쪽 트임 V자를 반듯하게 펴서 바이어스를 다시 처음 시작할 때와 같이 박음질합니다.
끝부분에 와서도 처음 시작했을 때와 같이 1㎝ 정도를 남깁니다.

❹ 1㎝ 정도를 남겨두고 쪽가위로 자릅니다. 초벌 박음질된 모양입니다.

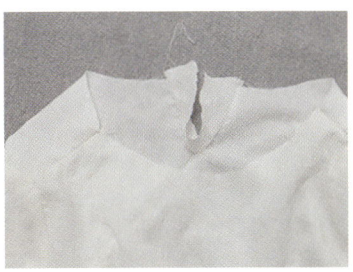

나. 트임 바이어스 마무리 박음질
❶ 겉이 보이게 하고, 바이어스와 같이 박음질된 시접을 눌러 만져줍니다.

❷ 바이어스를 1㎝ 꺾어 접고, 또 한 번 꺾어 바이어스가 예쁘게 자리 잡게 합니다.

 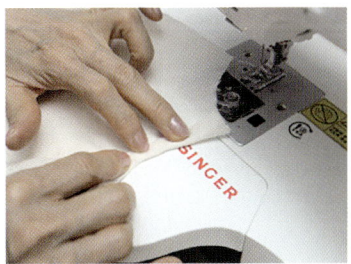

❸ 바이어스 끝박음질을 합니다. V자에서 아래쪽 뾰족한 부분에서는 한 땀 한 땀 바이어스를 박음질합니다.

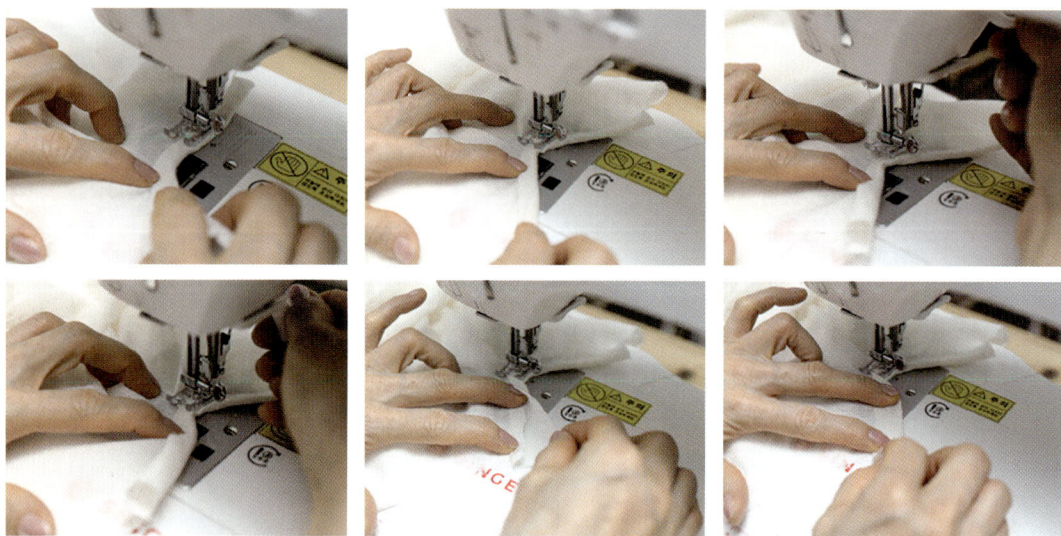

❹ 앞트임 바이어스를 마무리한 모양입니다.

10. 목둘레 앵두 단면 레이스 박음질하기

❶ 앞트임 바이어스 처리가 완성된 곳을 양쪽으로 잡고 길이를 똑같게 하여 깔끔하게 정리합니다. 튀어나온 시접 부분을 잘라냅니다.

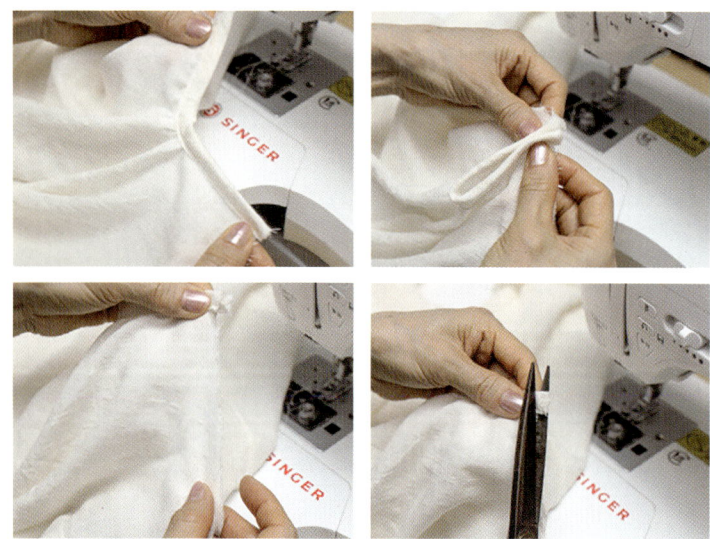

❷ 겉쪽 앞 목선 부분을 재봉틀 노루발 밑에 펼쳐 놓고 주름 잡아 놓은 앵두 단면 레이스 끝부분을 사진처럼 주름을 잡아가면서 목선 부분에 붙여줍니다. 꽃 모양처럼 보이게 쪽가위나 날카롭지 않은 도구를 사용해서 노루발 밑에 주름을 밀어넣어 주름을 만들어가면서 한 땀 한 땀 박음질합니다.

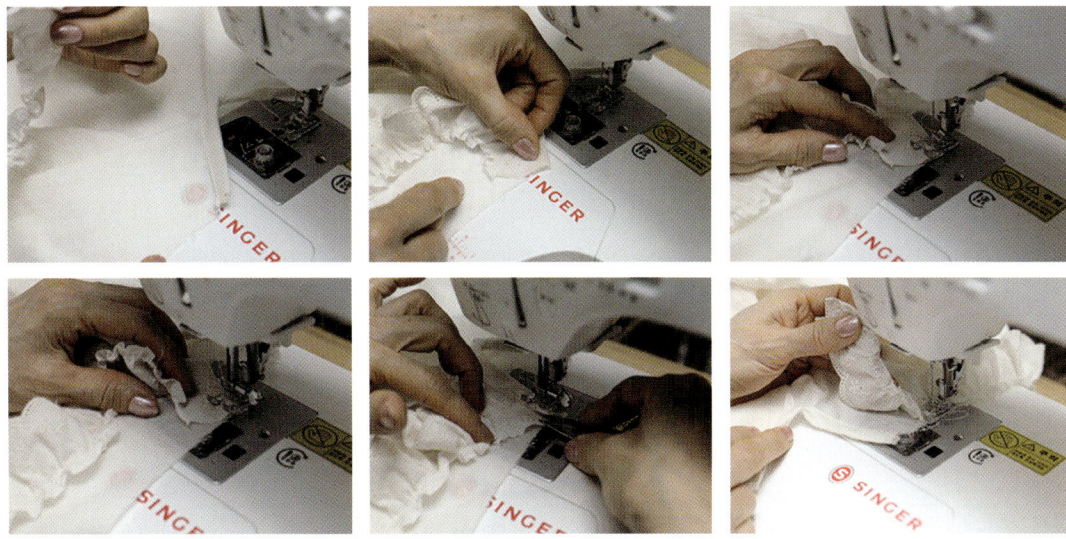

❸ 꽃잎 부분이 사진처럼 완성되었으면 마무리하기 전에 끝에서 5㎝ 정도를 남겨 놓고 처음 시작할 때처럼 레이스 주름 방향만 반대로 하여 노루발 밑으로 넣어주면서 목둘레 레이스 박음질을 마무리합니다. 레이스를 마무리하는 공정입니다.

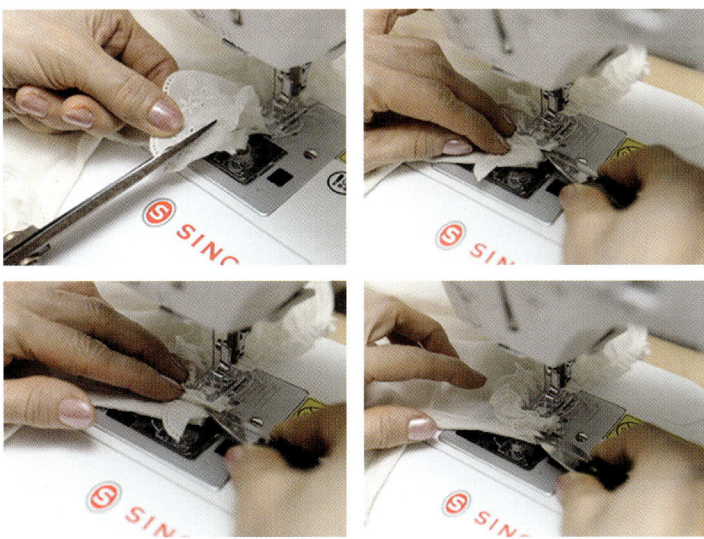

❹ 목둘레 레이스의 박음질을 완성했으면 지저분한 부분을 다듬습니다. 목둘레선을 따라 레이스를 다듬고 양쪽을 맞추어봅니다.

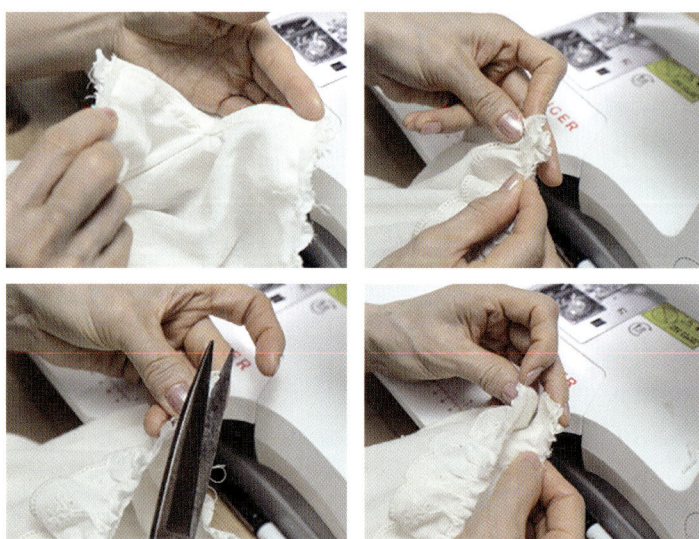

❺ 목둘레 레이스의 박음질이 완성된 모양입니다.

11 레이스를 박음질한 곳에 바이어스로 박음질하기

❶ 바이어스를 목둘레보다 양쪽으로 30㎝씩 길게 합니다. 30㎝는 나중에 끈이 됩니다.
사진처럼 바이어스에 30㎝ 표시를 해 놓고 그 선부터 바이어스 초벌 박음질을 시작합니다.

❷ 레이스 겉이 재봉틀 바닥으로 놓이게 하고, 30㎝ 표시된 바이어스를 레이스 박음질 선에 놓고 끝까지 바이어스 초벌 박음질합니다.

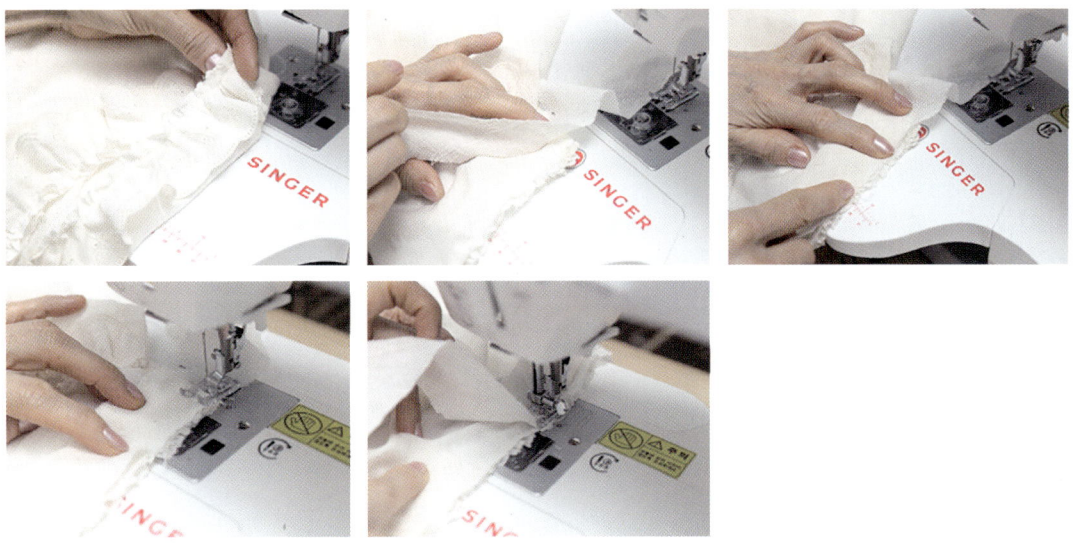

❸ 끝까지 와서 남겨 놓은 양쪽 바이어스의 길이가 똑같게 잘라내고(30㎝), 레이스를 마무리합니다.

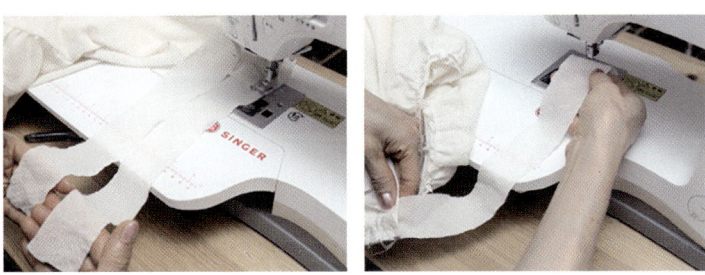

❹ 방향을 바꾸어서 레이스가 보이게 해 놓고 바이어스 끝부분을 1㎝ 안쪽으로 접습니다.
다시 양쪽으로도 1㎝씩 접어 넣어 끈 모양이 되게 합니다.

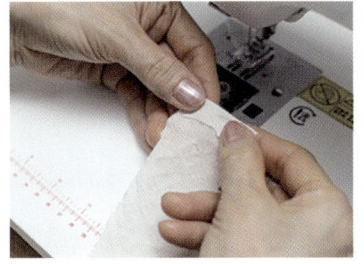  

❺ 이런 모양이 나옵니다.

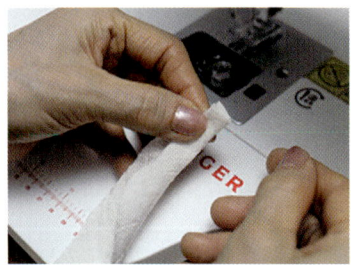

❻ 접어 놓은 바이어스 첫 부분을 되박음질한 다음 박음질합니다. 길게 남겨 놓은 바이어스를 박음질하면 묶는 끈이 만들어집니다. 이렇게 바이어스를 마무리하고 반대쪽 끝부분도 처음 시작할 때와 똑같은 방법으로 박음질합니다.

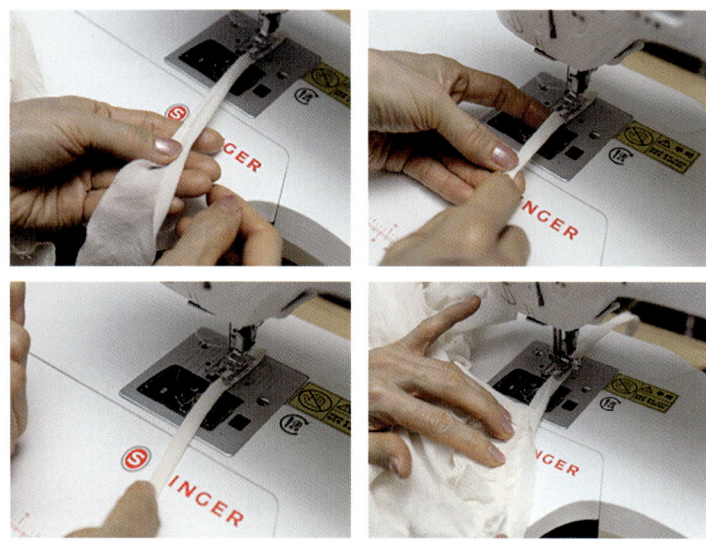

❼ 바이어스 끝부분 처리 모양입니다. 목둘레 레이스를 박음질한 후 바이어스 박음질까지 완성한 모습입니다.

12. 상의의 밑단은 내 맘대로 멋을 부려 오려낸 다음 인터록으로 처리합니다.

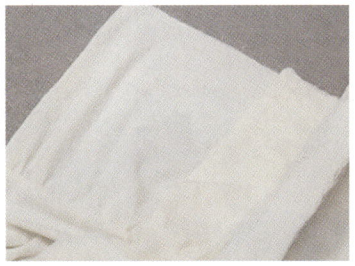

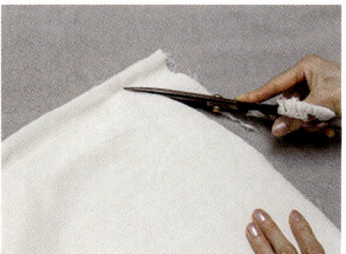
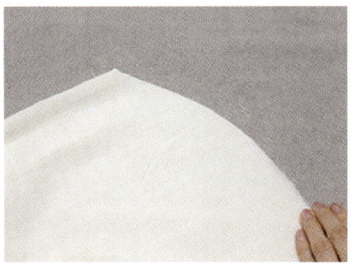

❶ 밑단을 그려서 오려낸 모양을 보면 양쪽이 올라가고 중앙 부분이 내려온 둥근 형태입니다. 밑단 처리는 인터록으로 처리하여 완성합니다. 소매 끝부분도 인터록으로 처리합니다(인터록이 없으면 말아박음질합니다).

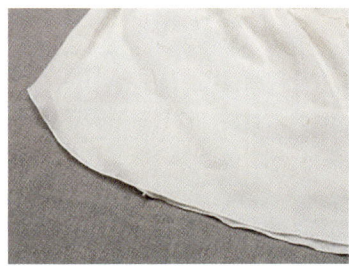

❷ 완성한 모습입니다.

꽃잎 끈 원피스

내가 만든 홈웨어를 입고 한가로움도 사랑스럽게!
꽃잎 끈 원피스로 휴식도 품격 있게!

완성 치수: 길이 90㎝

재료 및 재단

(몸판) 60수 아사 70×70cm 2장
(어깨 끈) 60수 아사 40×10cm 2장
밑단 프릴 바이어스 225×20cm
꽃잎 10×25cm 2장
진동 바이어스 4×120cm
목선 바이어스 10×30cm 2장

70cm

10cm
25cm
꽃잎 X 2

70cm

60수 아사 X 2

40cm
10cm
어깨 끈 X 2

225cm
20cm
밑단 프릴

🔴 만드는 과정

1. 몸판 70×70㎝ 두 장을 겉과 겉끼리 마주 대고 반으로 접습니다. 사진처럼 위쪽에 진동선을 그려서 만듭니다.

2. 치맛단 바이어스 프릴을 준비합니다(p.16 기본 박음질 참조).

3. 꽃잎 두 장을 만들어 놓습니다. 10×25㎝ 바이어스 한쪽 면은 인터록이나 말아박음질로 하고 한쪽은 주름박음질 하면 꽃잎 모양이 만들어집니다.

4. 어깨 끈 두 장은 양옆과 한쪽 끝부분을 박음질하여 뒤집어서 다려 놓습니다.

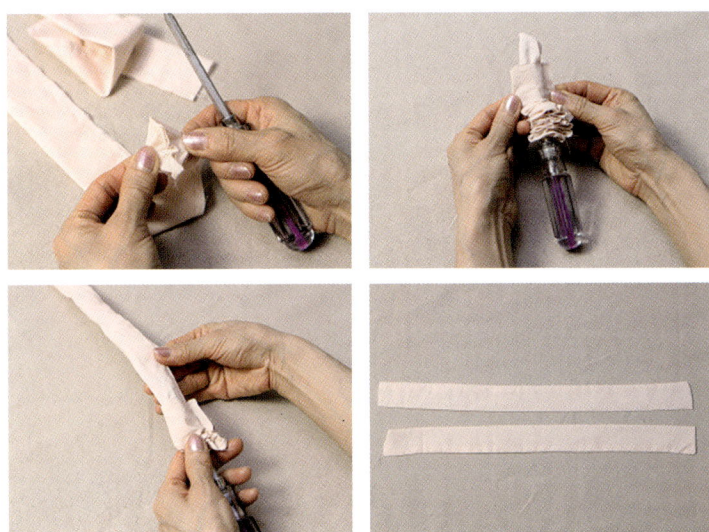

5. 몸판 양옆을 박음질하고 오버록으로 처리합니다. 몸판을 뒤집어 겉이 보이게 하고 앞뒤 목선은 주름박음질합니다. 앞뒤 목선 주름은 29㎝ 정도 되게 합니다.

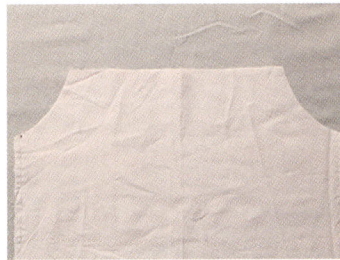

6. 앞뒤 목선은 10×30㎝의 직선 바이어스로 싸줍니다. 앞판과 뒤판 안쪽에서 초벌 바이어스 박음질합니다.

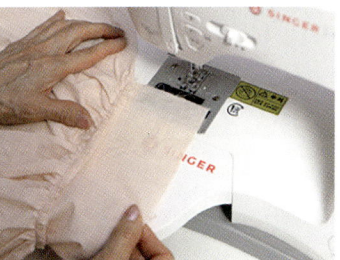

7. 바이어스 마무리 박음질입니다. 뒤판은 그대로 시접 1㎝를 꺾어 초벌 박음질 선에 잘 맞추어 박음질하고, 앞판은 한쪽에 꽃잎 한 장 들어갈 곳을 10㎝ 정도 남겨 놓고 마무리 박음질을 합니다.

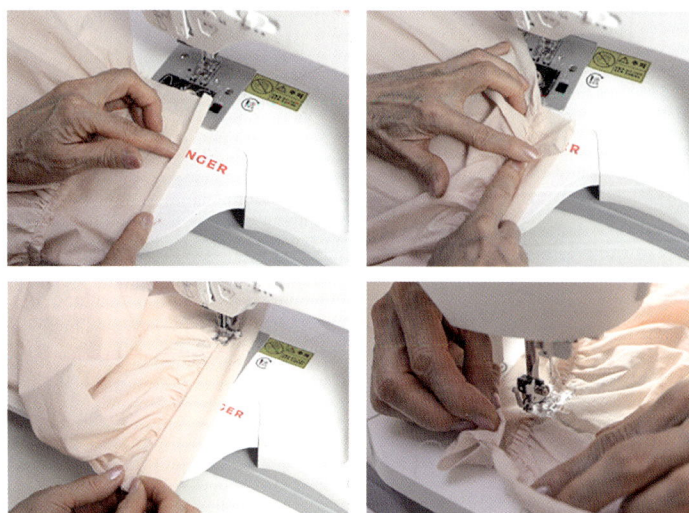

8. 진동은 사선 바이어스로 초벌 박음질합니다.

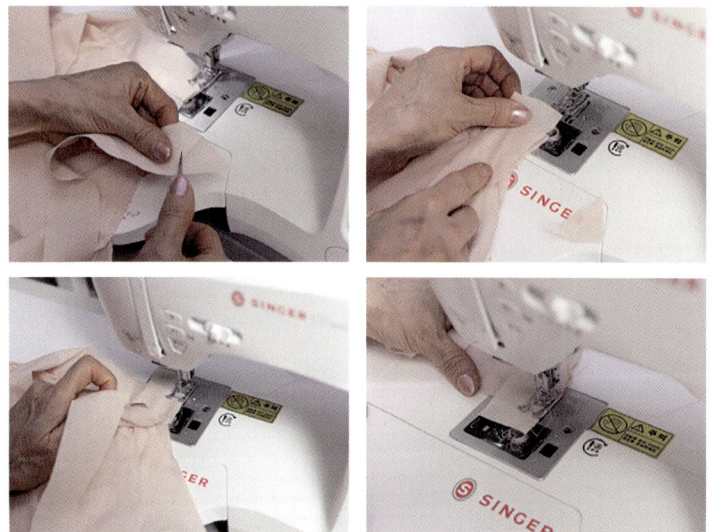

9. 사진처럼 처음 시작과 끝부분은 여며 잘 손질하고 끝까지 박음질하여 진동 바이어스 박음질을 마무리합니다.

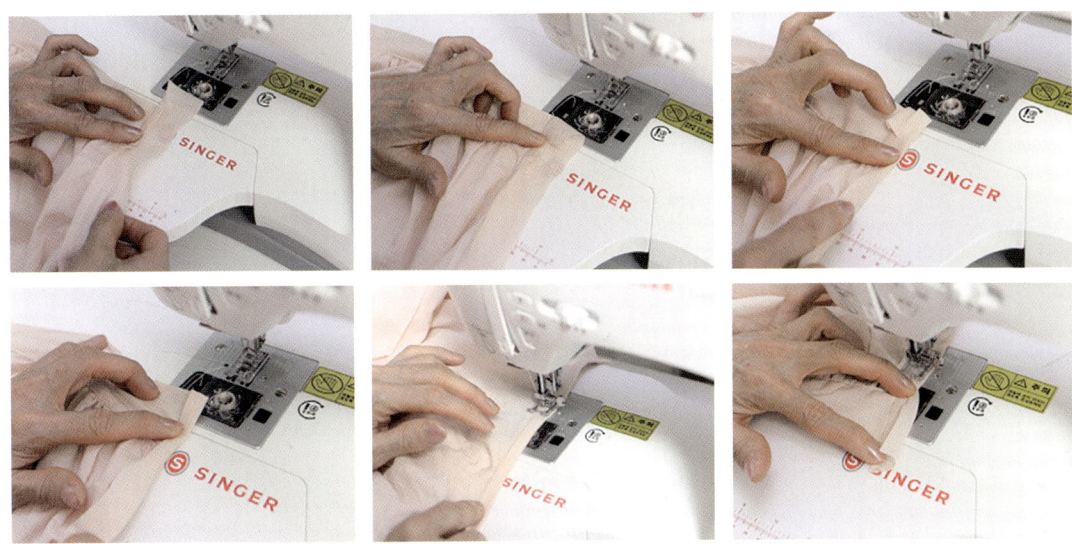

10. 꽃잎 한 장은 목선 박음질 때 남겨 놓은 공간에 넣어서 박음질하고 한 장은 그 위 목선 바이어스에 고정시키듯 박음질합니다.

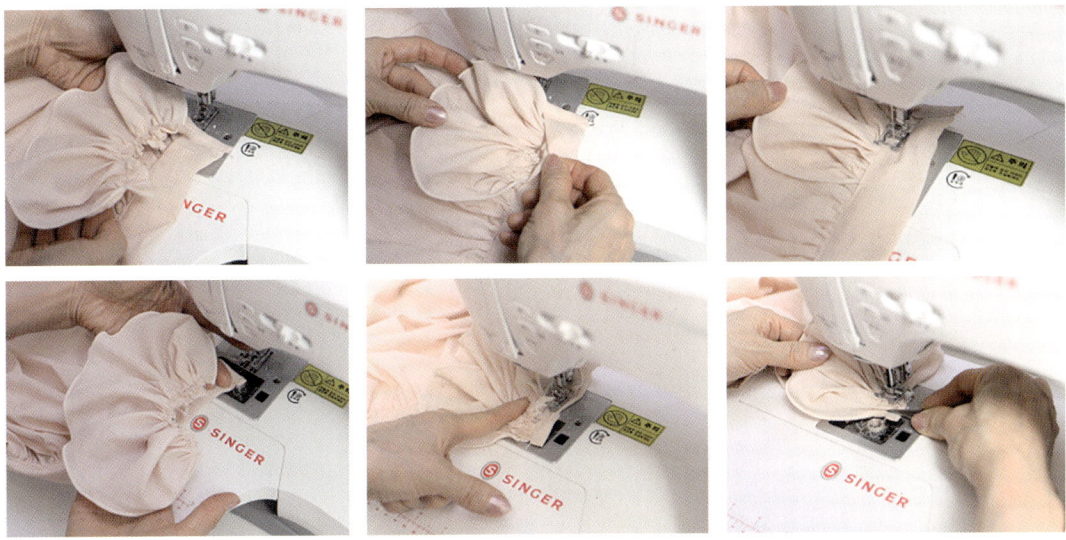

11. 어깨 끈은 뒤판 겉쪽에서 끈이 아래로 향하게 박은 다음 시접이 보이지 않게 끈을 위로 올려서 사진처럼 양쪽이 들뜨지 않게 박음질합니다.

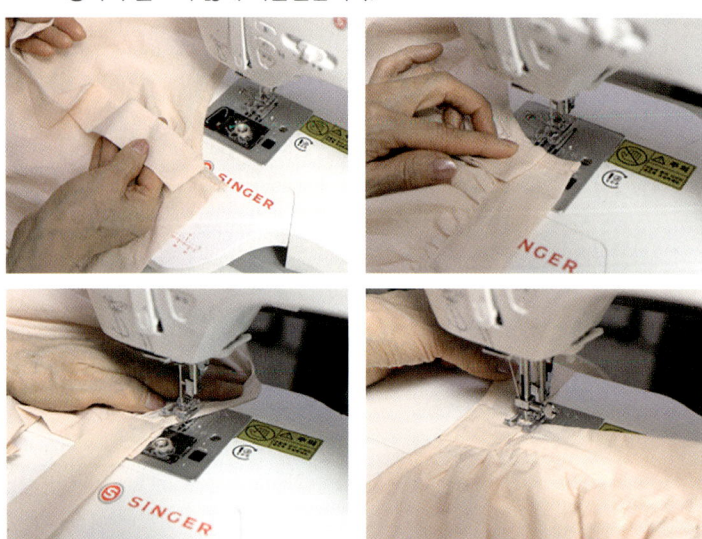

12. 어깨 끈이 박음질된 목선부터 30㎝를 표시하고 표시한 지점을 앞 목선 박음질 선에 맞추어 박음질합니다(사진 참조).

13. 꽃잎을 예쁘게 펴서 꽃잎이 오그라들지 않도록 몇 군데(어깨선, 목선, 진동선) 되박음질로 고정합니다.

❶ 먼저 꽃잎을 어깨선에 되박음질로 고정합니다.

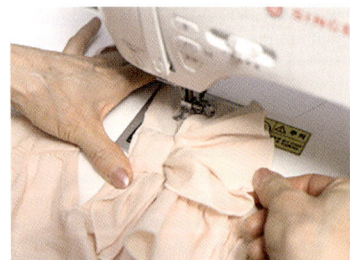 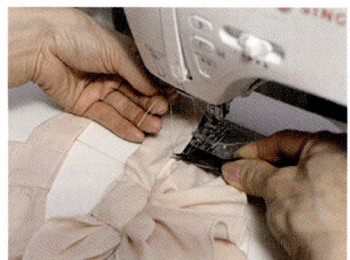

❷ 다음은 꽃잎을 목선에 박음질합니다.

 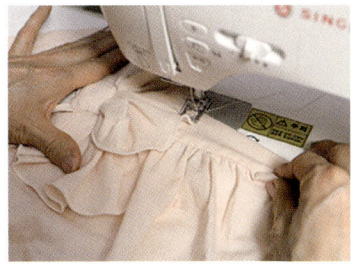 

❸ 마지막으로 진동선 있는 곳에 박음질합니다.

14. 준비해 놓은 바이어스 프릴의 겉과 치맛단 겉이 마주 보게 하여 사진처럼 박음질하고 오버록으로 처리합니다. 겉쪽에서 바이어스를 박음질한 선을 깔끔하게 상침박음질하여 완성합니다.

  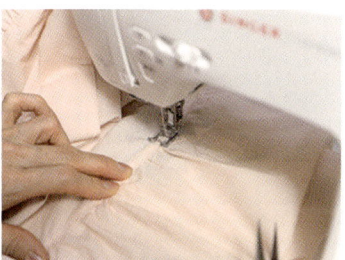

3단 캉캉 실내복

거실에서의 생활이 행복한 시간
3단 캉캉 실내복으로 또 다른 아름다움이 시작됩니다.
패턴 없이 프리 사이즈로 만든 실내복
주부의 삶을 더욱 아름답고 사랑스럽게 합니다.

완성 치수: 길이 90㎝

재료 및 재단

(겉지 몸판) 잔꽃무늬 60수 원단 70×29cm 2장

(속지 몸판) 60수 아사 백아이 140×52cm 1장

잔꽃무늬 60수 아사 바이어스단 프릴 230×24cm, 2단 프릴 24×230cm, 3단 프릴 29×230cm

(어깨 끈) 잔꽃무늬 60수 아사 4×40cm 2장

직선 바이어스 4×30cm 2장(잔꽃무늬 60수 아사)

사선 바이어스 4×90cm 정도(잔꽃무늬 60수 아사)

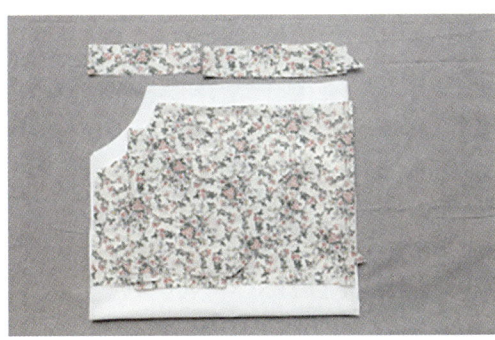

70cm

29cm

52cm

아사 백아이 X 2

40cm
잔꽃무늬 60수 X 2   4.5cm

🔘 밑작업

1. 1단, 3단 바이어스 프릴을 각각 연결해 오버록으로 처리하고 한쪽 면은 인터록이나 말아박음질을 합니다.

2. 2단 바이어스는 연결한 후 오버록으로 처리하고 윗면 아랫면 두 군데 모두 인터록이나 말아박음질합니다.

3. 1단, 2단, 3단 프릴의 한쪽 면을 주름박음질합니다.

4. 몸판은 29×70㎝ 원단 두 장을 각각 반으로 접어 35×29㎝가 되게 하고, 양쪽 진동선을 재단합니다(p.238꽃잎 끈 원피스 진동선 재단 참조).

5. 속지 몸판(52×140㎝)도 1. 겉지 몸판과 같은 방식으로 재단합니다. 반으로 접어 52×70㎝가 되게 하고 진동선을 굴려서 재단합니다.

6. 어깨 끈 40×5㎝ 두 장은 양옆과 한쪽 끝을 박음질하고 뒤집어서 다리미로 다립니다.

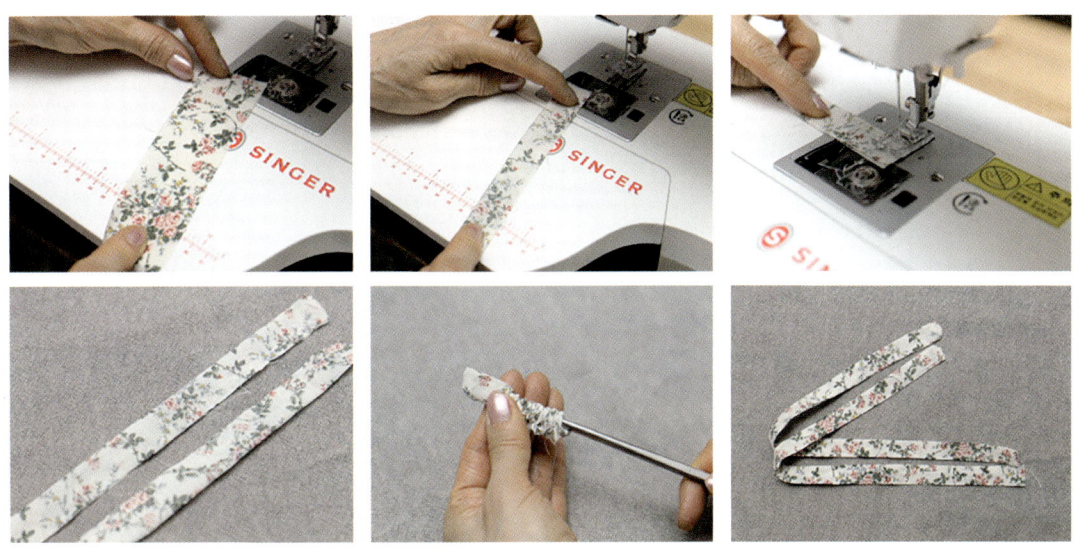

🔘 만드는 과정

1. 몸판과 속지 양 옆면을 박음질하고 오버록으로 처리합니다.

2. 겉지 꽃무늬 원단에는 24㎝ 프릴을 박음질합니다.

3. 속지에는 29㎝ 프릴을 박음질합니다.

4. 겉지와 속지에 프릴을 박음질한 곳은 오버록으로 처리합니다.

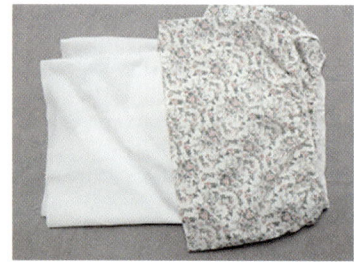 

5. 겉지와 속지를 펼치고 겉지 속에 속지를 넣습니다.

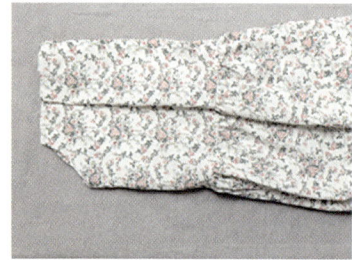 

6. 위 가슴선과 진동선을 합폭합니다.

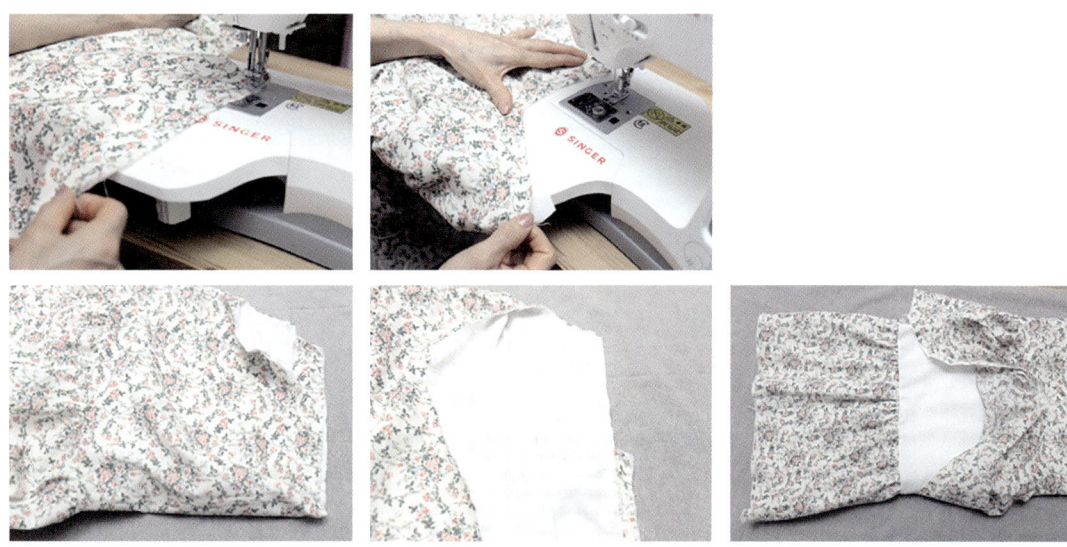

7. 앞가슴과 뒤를 주름박음질합니다.

8. 목선을 바이어스로 박음질합니다. 앞뒤 안쪽에서 초벌 박음질합니다.

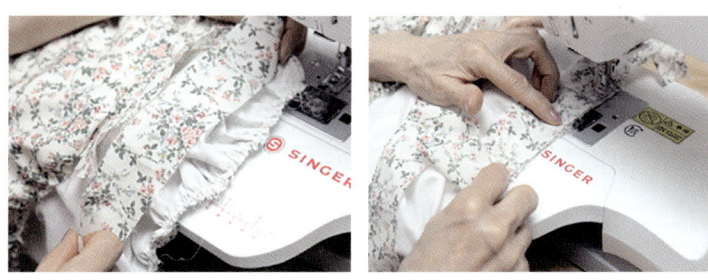

9. 겉이 보이게 하고 바이어스로 마무리 박음질합니다. 겉이 보이게 하고 바이어스로 마무리 박음질합니다.

10. 진동선을 바이어스로 박음질합니다(p.238 꽃잎 끈 원피스 진동선 박음질 참조).

11. 어깨 끈을 달아줍니다(p.240 꽃잎 끈 원피스 참조).

12. 옷을 바닥에 펴 프릴과 프릴 사이의 간격이 균일하도록 잘 맞춰 놓고 그 선을 열펜으로 표시합니다.

  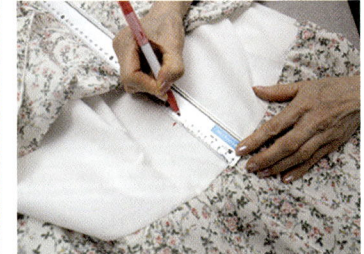

13. 표시한 선에 맞추어 중간(2단) 프릴을 박음질합니다.

14. 프릴과 프릴을 연결한 곳의 실밥을 잘 정리하고 다림질해 완성합니다.

Part 7

디자인을 더하다

언뜻 지나가는 드라마에서 톱 탤런트가 입고 있던 앞치마를 보고,
동료 언니가 쓰고 다니던 모자가 무척 예뻐서,
유튜브에서 보았던 코르사주를 보고
혼자 디자인을 구상하고 다른 제품에 응용했습니다.
남대문 시장의 한 사장님께서 주문해서 나만의 방법으로 끙끙대며 만들어냈던 샤워 가운과
아주 조금 디자인을 바꾸어 만들었던 소파 모양 티슈 커버까지
나만의 작품들을 담았습니다.

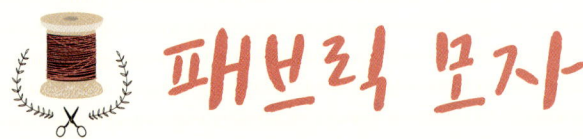
패브릭 모자

패턴 없이도 쉽고 예쁘게 만들 수 있습니다.
샤워하기 전 머리카락 정리도 분위기 있게
패브릭 모자로 샤워 전후도 힐링~~!

재료 및 재단

잔꽃무늬 면 30수 원단 62×58㎝ 1장

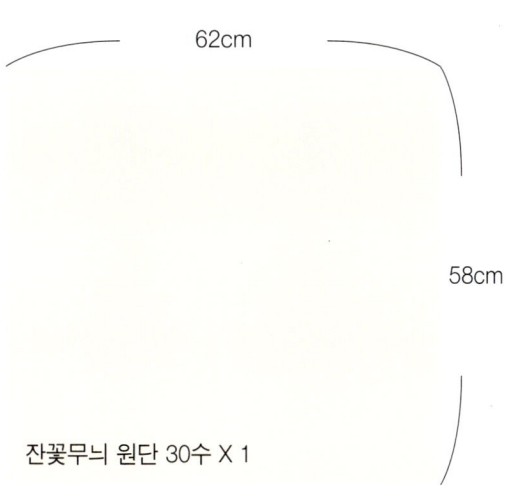

잔꽃무늬 원단 30수 X 1

🔘 만드는 과정

1. 재단된 원단(62×58㎝)을 반으로 접어 31×58㎝로 만든 다음 옆선(58㎝ 면)을 따라 10㎝를 박음질하여 내려옵니다. 10㎝ 정도 창구멍을 남겨 놓고 다시 남은 38㎝를 박음질합니다.

2. 윗부분에 사진처럼 1㎝ 시접선을 그립니다.

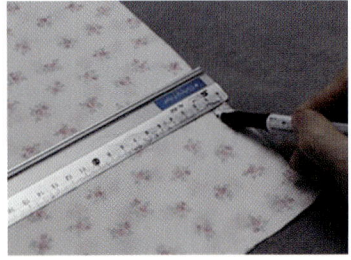
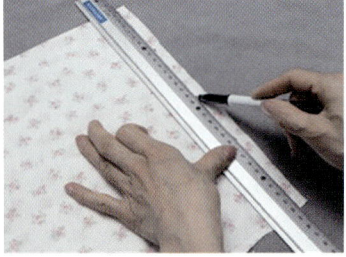

3. 2.의 시접선과 평행하게 10㎝ 간격을 두고 두 번째 선을 그립니다.

4. 2.와 3.에서 그린 두 선을 10㎝ 간격으로 3등분하고 3등분한 지점끼리 이어줍니다. 그리고 2.와 3.에서 그린 선을 5㎝ 간격으로 지점을 표시합니다.

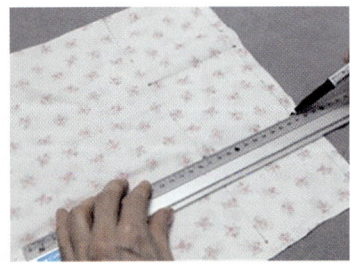

5. 2.와 3.에서 그린 선을 5cm 간격으로 표시한 지점을 사선으로 이어서 아래 사진과 같이 삼각형이 나타나도록 표시합니다. 앞뒤 모두 똑같이 표시합니다.

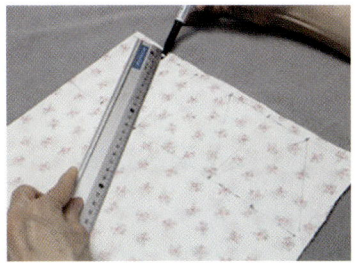 

6. 2.의 5cm 표시점과 3.의 시작점을 이은 사선 모양대로 박음질합니다.

7. 6.에서 박음질이 끝나면 원단 사이를 벌려 2.에서 그린 5cm 지점과 15cm 지점을 맞잡고 사선 모양대로 박음질합니다. 그렇게 한 바퀴 돌아가며 10cm 간격으로 맞잡고 주름을 잡아가며 박습니다.

8. 이런 방식으로 돌아가면서 그려 놓은 사선을 여섯 번 박음질하여 아래 사진처럼 만듭니다.

9. 박음질된 여섯 개의 삼각형은 시접 1㎝를 남기고 잘라줍니다.

10. 창구멍으로 뒤집습니다.

  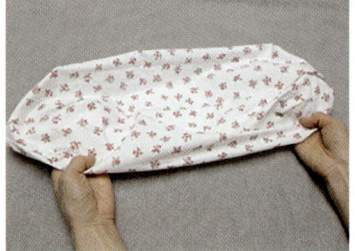

11. 창구멍을 박음질합니다.

12. 창구멍이 있었던 쪽을 속으로 밀어넣고 반으로 접어 모자 모양을 만듭니다.

13. 옆의 박음질 선이 중앙에 오도록 두 손으로 잡고 모자의 꼭짓점이 처지도록 세 번 정도 주름을 잡아 박음질하여 고정하면 완성입니다.

샤워 가운 (라운딩 가운)

품격 있는 여인의 모습
향기로운 여인은 어디서든 아름답습니다.

완성 치수: 150×90cm

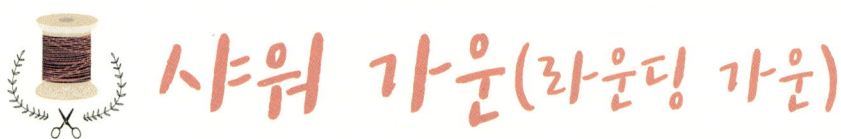

재료 및 재단

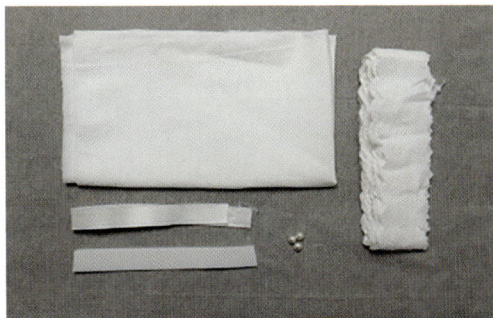

몸판
C/R 백아이 150×90cm(1폭)
고무 밴드 74cm
해바라기 레이스 450cm

코르사주
반원 꽃잎 7장 분량(14장)
진주알 크림색(지름 1cm) 3개
벨크로 테이프 15cm
실과 바늘

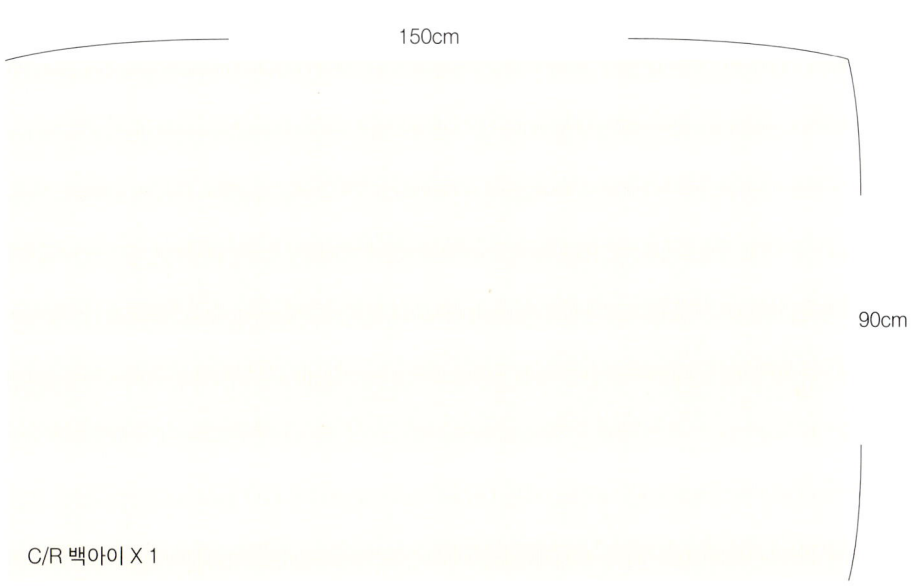

150cm
90cm

C/R 백아이 X 1

Part 7 디자인을 더하다   259

😊 만드는 과정

1. CR 백아이 원단 1폭 150×90㎝ 몸판을 재단해서 옆면(90㎝ 부분)을 사진처럼 굴려서 재단합니다.
다른 한쪽은 2㎝를 접고 또 한 번 2㎝를 접어 끝박음질로 옆단 박음질합니다.
양쪽 어느 쪽이든 한쪽 면은 옆단 박음질하고 한쪽 면은 굴리는 것이므로 오른쪽이 앞으로 오길 원하면 굴리는 쪽을 오른쪽으로 하고, 왼쪽이 앞으로 오길 원하면 굴리는 쪽을 왼쪽으로 합니다. 반대쪽은 옆면 박음질합니다.
한쪽을 살짝 반원으로 굴려서 재단하는 것은 개인 취향이니 정해진 치수는 없습니다. 취향에 맞게 자연스럽게 살짝 오려냅니다. 세 번째 사진에서 굴려서 재단한 쪽이 밑단 쪽이고 선으로 그어서 표시한 곳이 위쪽 고무 밴드를 박음질하여 주름을 만들어주는 앞가슴 부분입니다.

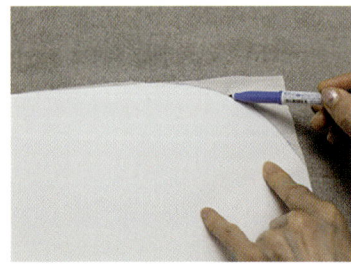  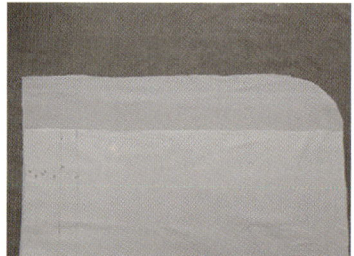

2. 열펜으로 위쪽 앞가슴 여미는 쪽에서 7㎝ 되는 지점에 선을 그리고, 거기서 다시 3㎝ 되는 지점에 선을 하나 더 그립니다. 윗면(150㎝ 부분)에 2㎝ 시접을 접어 박음질합니다.

3. 끝을 굴려주지 않은 쪽에 주름박음질해 놓은 해바라기 레이스를 겉과 겉을 맞대고 박음질해 옆선까지 박음질합니다(레이스 시작점과 끝부분을 예쁘게 손질한 다음 박음질합니다).

4. 레이스를 박음질한 부분은 오버록으로 처리합니다.

5. 4.에서 오버록 처리한 부분의 시접을 뒤로 젖히고 겉쪽에서 상침박음질합니다.

6. 2.에서 열펜으로 그려 놓았던(사진 참조) 3cm 선의 안쪽을 꺾어 3cm 선을 박음질합니다.

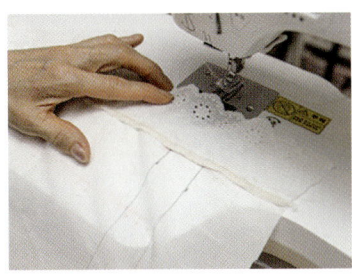 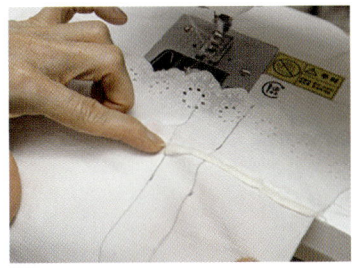 

 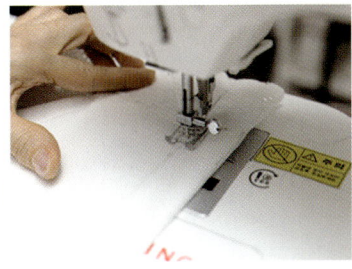

7. 박음질하고 남은 7㎝ 부분에서, 레이스 끝에서 16㎝ 지점과 옆단 박음질 선에서 16㎝ 되는 지점을 표시합니다.

 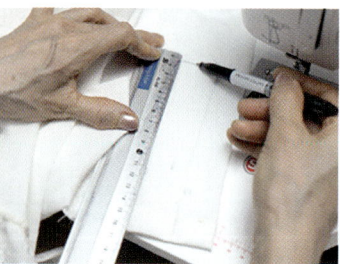

8. 원단의 7㎝ 선을 따라 고무 밴드를 놓되, 16㎝ 지점부터 고무줄이 들어가도록 합니다. 즉 레이스 끝에서 16㎝ 지점까지는 고무줄 없이 박음질하다가 16㎝ 지점부터 사진처럼 고무줄을 넣는데, 표시한 선에 재단된 고무 밴드(74㎝)를 시접 1㎝ 정도를 주어 세로로 튼튼하게 박음질합니다. 양쪽 끝에 모두 고무줄 없이 16㎝를 박음질합니다.

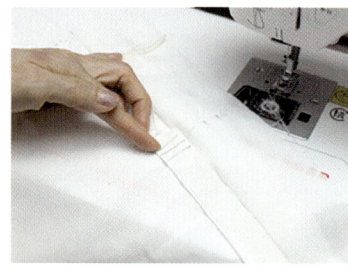 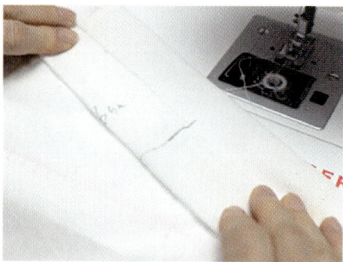 

9. 16㎝ 부분의 시접을 안으로 넣어주고 끝박음질하면서 고무 밴드를 고정시켜 놓은 곳을 박음질합니다. 고무줄은 늘려가면서 박음질하기를 반복합니다.

10. 고무 밴드를 잡아당겨 가며 박음질하면 셔링(주름)이 만들어지는데, 이때 셔링이 꼬이지 않게 주름과 주름 사이를 사진처럼 중간중간 되박음질합니다.

 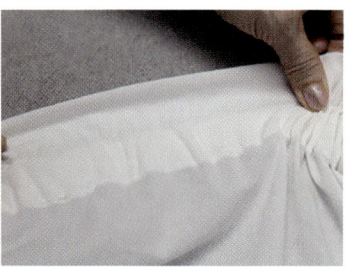 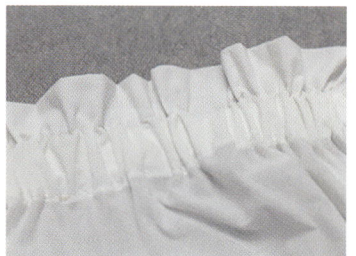

11. 레이스 부분(레이스 끝부분에서 16㎝ 들어간 지점 포함)에는 벨크로의 거친 부분을 안쪽에서 박음질하여 주고 다른 한쪽 끝에는 벨크로의 부드러운 부분을 겉쪽에서 박음질합니다.

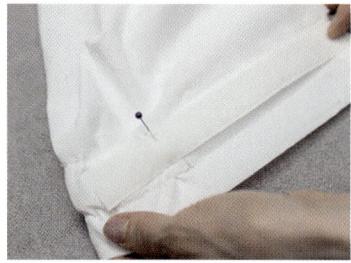 

12. 입었을 때 이런 모양이 됩니다.

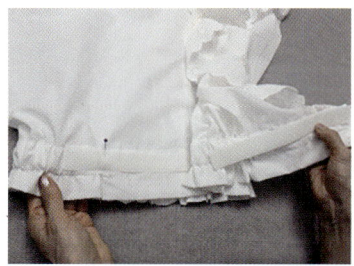

13. 입었을 때 바깥으로 나오는 부분(벨크로를 박음질한 곳)에 코르사주로 코디해주며 완성합니다. 예쁜 리본도 취향에 따라 달면 분위기가 달라질 수 있습니다(p.23 진주 목련꽃 코르사주 기본 박음질 참조).

해바라기 호박 쿠션

살포시 껴안고 싶은 해바라기 호박 쿠션
소파 위에 해바라기 호박 쿠션을 두어 거실을 꾸며 봅니다.

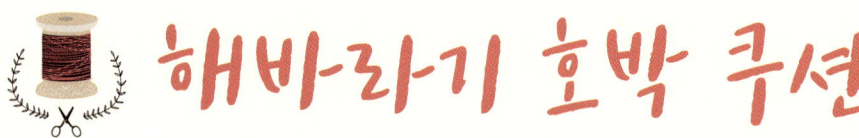

재료 및 재단

광목 30수 지름 18cm 원 3장
잔꽃무늬 원단 지름 18cm 원 1장
접착 속솜지 지름 18cm 원 2장
광목 30수 1폭×30cm 1장
지퍼 32cm 1개
지퍼알 1개
해바라기 씨앗에 들어갈 솜 약간
해바라기 씨앗 주위를 감싸줄 면 하트 케미컬 80cm
삼각형 잔꽃무늬 밑면 9.5cm, 양면 6.5cm 56장,
광목 30수 밑면 9.5cm, 양면 6.5cm 56장

※ 위아래 똑같이 하려면 합 112장이어야 합니다. 이 책에서는 아랫면은 잔꽃무늬에 레이스만 박음질해주었습니다.

중앙 씨앗 처리할 부분 광목 30수 지름 18cm 원 1장
해바라기 폭 4.5cm 레이스 80cm, 1.5cm 폭 짧은 레이스 120cm

1폭 : 150cm

30cm

광목 30수 X 1

18cm

6.5cm
9.5cm

광목 30수 X 3
잔꽃무늬 원단 X 1
접착 속솜지 X 2
광목 원단 X 1

광목 30수 X 56
잔꽃무늬 X 56

🔴 만드는 과정

1. 지름 18㎝ 원 모양 광목 30수 원단(앞)과 잔꽃무늬 원단(뒷면)에 원 모양의 접착 속솜지를 포개어 다림질합니다.

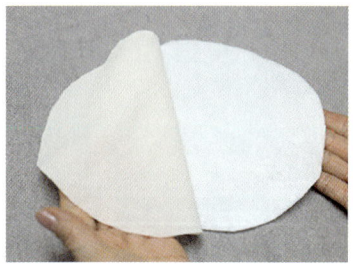

2. 밑면 9.5㎝, 양면 6.5㎝ 삼각형 모양의 잔꽃무늬 겉 한 장과 광목 한 장을 맞대어 밑면만 제외하고 박음질합니다 (광목 56장, 잔꽃무늬 56장).

3. 2.에서 박음질한 것을 뒤집습니다.

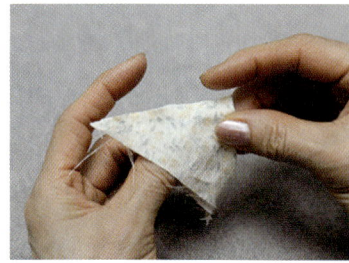

4. 삼각형의 밑면을 재봉틀 노루발 밑에 놓고 쪽가위나 날카롭지 않은 도구를 사용해 사진처럼 주름을 잡아가며 박음질합니다.

5. 주름 잡아 놓은 꽃잎들 밑면을 오버록으로 처리합니다.

6. 1.에서 다림질해 놓은 18㎝ 원의 둘레에 2㎝ 시접선을 그립니다. 아래 면도 그려줍니다.

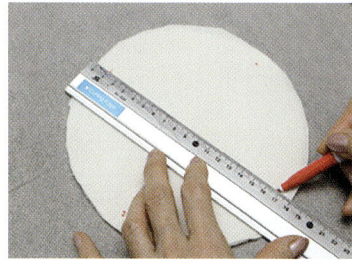

7. 광목 30수에 그려 놓은 시접선에 꽃 모양이 걸쳐지도록 사진처럼 꽃잎을 붙여가며 박음질합니다.

8. 해바라기 꽃잎은 취향대로 하면 됩니다.

9. 광목 원단으로 씨앗을 만들어봅니다. 지름 18㎝ 광목 원단 둘레에 홈질을 하여 잡아당기면 오므라들 수 있도록 해 놓습니다. 속에 솜을 적당량 넣습니다.

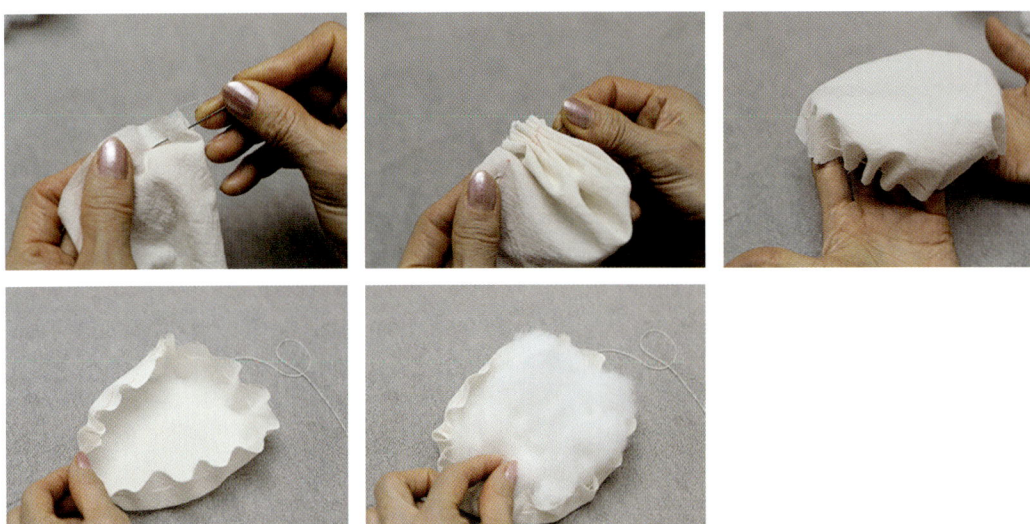

10. 9.에서 실을 잡아당기면서 8.의 꽃잎 속 원 크기에 맞추어 살짝 시침질합니다. 시침질한 부분을 천천히 사진처럼 박음질합니다.

11. 박음질 선 위에 준비해둔 면 케미컬 레이스로 박음질합니다.

12. 씨앗까지 박음질하였으면 안쪽의 박음질 표시가 보이지 않도록 광목 한 장을 밑에 놓고 둘레를 박음질하여 해바라기 모양을 완성합니다.

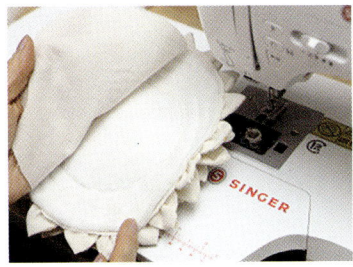  

13. 밑면에 달아줄 해바라기 레이스의 한쪽 면을 주름박음질해 주름을 잡습니다.

14. 잔꽃무늬 원단 18㎝ 원에 *13.*에서 만든 해바라기 레이스를 답니다. 주름 잡은 해바라기 레이스를 2㎝ 시접선을 따라 박음질합니다.

15. 12.에서와 같이 광목을 덧대어 둘레를 박아 아래 면을 완성합니다.

16. 몸통 위아래를 오버록으로 처리해주고 몸판(1폭×30㎝) 한 장의 처음과 끝을 지퍼로 연결합니다.
먼저 지퍼가 달릴 부분에 2㎝ 시접을 접어 지퍼 한쪽을 사진처럼 박음질합니다.
이때 지퍼 노루발로 지퍼 톱니 가깝게 박음질합니다. 한쪽 지퍼가 달리면 지퍼알을 끼웁니다.

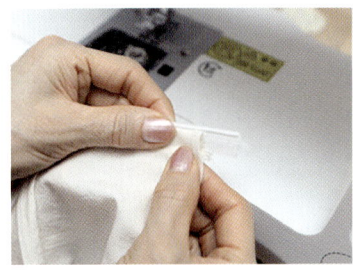

17. 다른 한쪽은 3㎝ 시접을 접어 지퍼 박음질 선이 보이지 않게 사진처럼 박음질합니다.

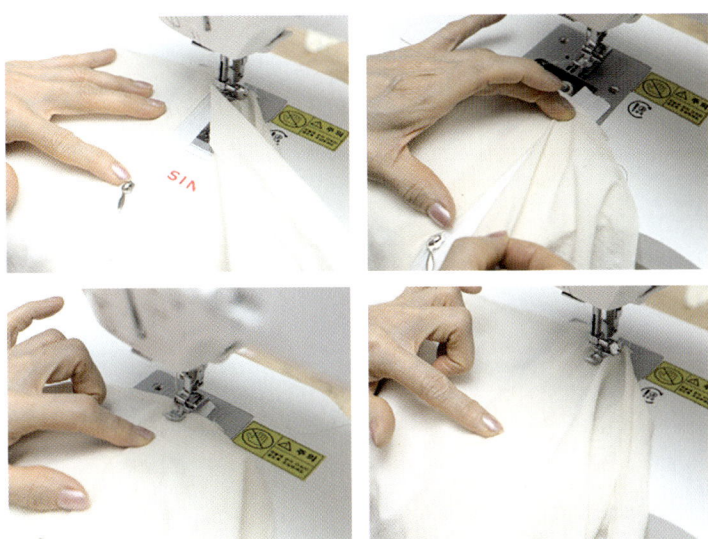

18. 지퍼 끝부분은 2㎝를 박음질하다가 바늘을 침판에 꽂아 놓고 지퍼를 가로질러 반대 방향으로 되박음질을 두 번 정도 합니다.

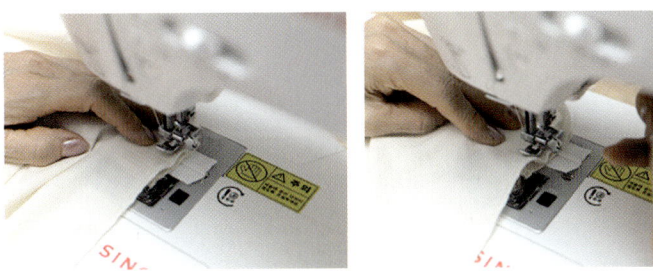

19. 사진처럼 시접 3㎝를 접은 선과 지퍼 시접을 같이 박음질하여 지퍼 박음질을 마무리합니다.

  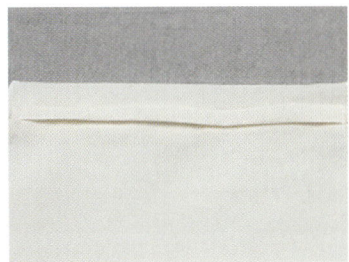

20. 지퍼를 박음질한 해바라기 호박 쿠션 몸통의 위와 아래를 주름박음질하여 아래 사진처럼 만듭니다.

21. **20.**에서 주름 잡아 놓은 윗면, 아랫면을 4등분하고 4등분한 점을 다시 2등분하여 모두 8등분한 점을 열펜으로 표시합니다. **8.**과 **15.**에서 만들어 놓은 18㎝ 해바라기 꽃에도 8등분한 점을 표시합니다(이때 지퍼를 박음질해 놓은 부분을 기준으로 잡고 4등분하면 박음질하기 쉽습니다).

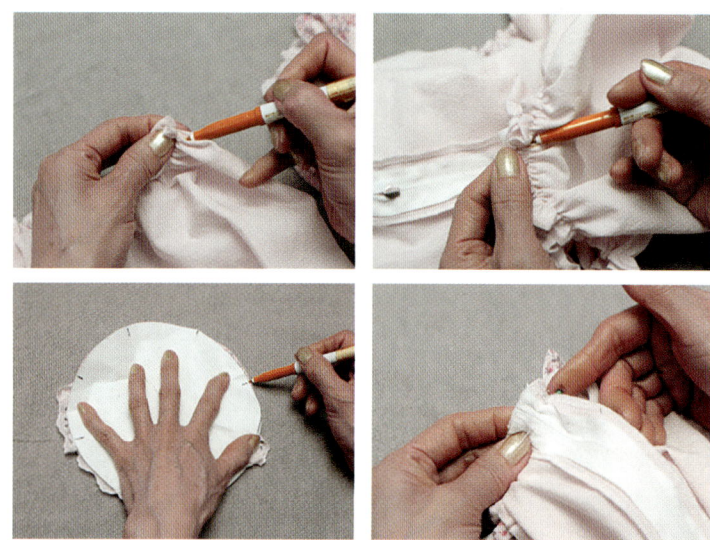

22. 해바라기꽃 8등분 표시선과 몸통 8등분선을 각각 겉과 겉끼리 맞잡고 재봉틀로 되박음질하여 고정시킵니다.

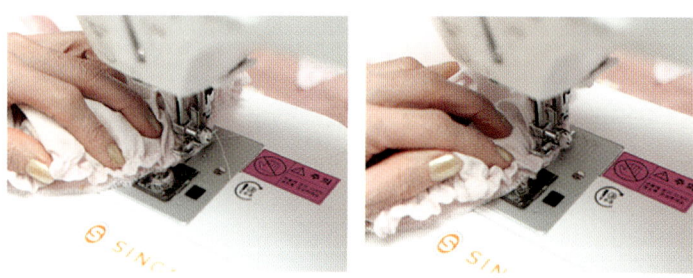

23. 고정시켜 놓은 8등분 사이에 주름을 잘 밀어넣으면서 꼬이지 않도록 맞추어 합폭합니다. 위아래 똑같은 방법으로 합폭합니다.

24. 지퍼를 열고 뒤집어서 준비해 놓은 솜을 넣으면 완성입니다. 솜은 지름 40㎝ 솜을 구입하거나 동대문 시장에서 맞춤 주문하면 됩니다.

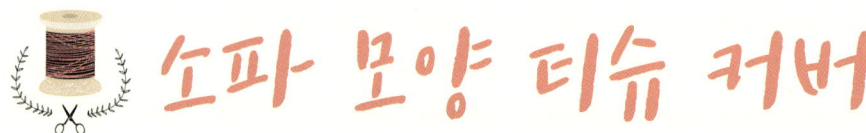

소파 모양 티슈 커버

소파 모양 티슈 커버가 있어야 할 곳은 무척 많습니다.
화장대 위에 사뿐히 사랑스럽게!
쉽게 만들어 거실에도 놓지요.
소품 매장에 납품도 하고, 선물로나 돌잔치 답례품으로 쓰윽!

재료 및 재단

광목 30수 25.5×14cm(사각 티슈 사이즈에 사방 네 면 시접 0.7cm를 더한 것임) 1장과 잔꽃무늬 1장

소파 등받이 모양

48×14cm 잔꽃무늬 원단 겉지와 광목 30수 뒷지 1장씩(48cm는 티슈 커버 뒤와 양 옆면 사이즈, 즉 앞면 사이즈를 제외한 전체 둘레를 합한 치수이고, 14cm는 소파 등받이 모양의 높이)

몸판

잔꽃무늬 겉지 73×14cm 1장, 광목 30수 속지 1장
주름박음질한 레이스

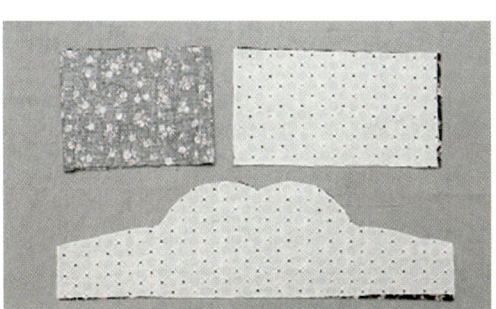

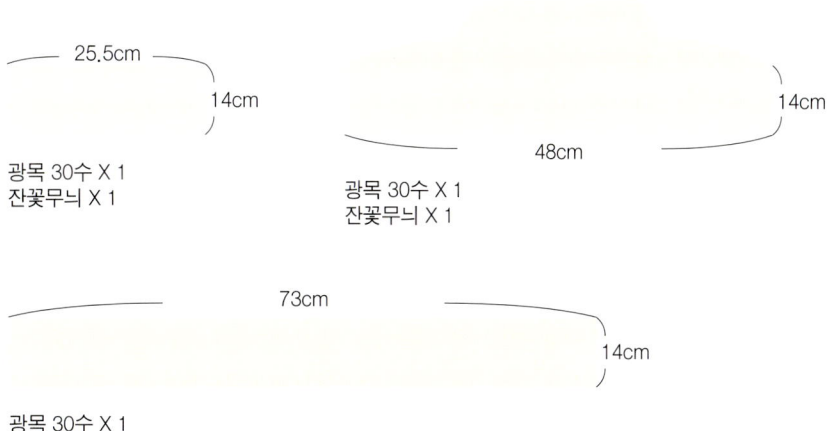

🙂 만드는 과정

1. 윗면의 티슈가 나오는 입구를 만들기 위해 윗면 두 장의 원단을 반으로 접어 중앙선을 열펜으로 그리고, 양 끝쪽에서 7㎝ 되는 지점을 두 군데 표시합니다.

2. 두 장의 원단은 윗면 중심선을 잘 맞추어 겉과 겉끼리 마주 대고 양쪽에서 7㎝ 선까지 박음질합니다. 가운데는 휴지가 나오는 구멍이니 박음질하지 않습니다. 같은 원단끼리 접어 가운데 구멍이 나타나게 합니다.

3. 네 면을 시접 1㎝를 남기고 박음질합니다. 중앙 이음선 부분, 곧 티슈가 나오는 구멍 양쪽에 상침박음질하고 다리미로 다립니다.

4. 몸판 겉지와 속지 겉을 맞대고 먼저 시침핀으로 고정시킵니다. 밑 부분에 1cm 시접을 남기고 두 장을 합폭합니다.

5. 4.의 박음질 선을 겉과 겉끼리 맞대고 양쪽을 박음질해서 몸통을 만듭니다. 그리고 박음질 선을 뒤집습니다.

6. 뒤집은 티슈 커버 몸판을 속지가 안으로 가게 손으로 잘 만져주고 박음질 선을 다립니다.

7. 다림질한 곳을 상침질합니다.

8. 재단된 소파 등받이 모양 윗부분에 주름 잡아 놓은 레이스를 박음질합니다. 레이스를 처음 시작할 때 꽃잎처럼 만들어주고 끝부분도 똑같이 박음질합니다. 곡선 있는 부분은 가위집을 줍니다.

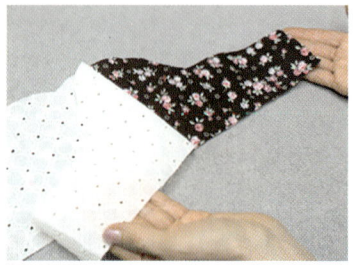

9. 잔꽃무늬 원단과 레이스를 박음질한 면의 겉과 겉을 맞대어 양 옆면과 윗부분에 시접 1cm를 남기고 박음질합니다.

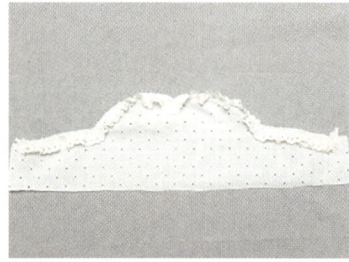

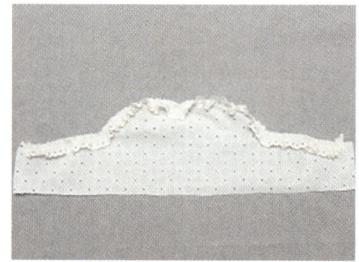

10. 곡선 부분에는 가위집을 주고 뒤집습니다.

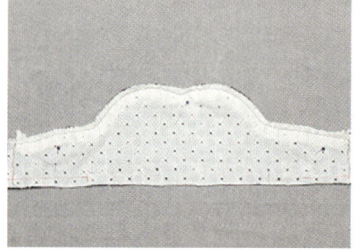

11. 밑부분 양쪽으로 10cm 정도를 시접 1cm를 두고 박음질합니다. 가운데는 박음질하지 않습니다.

12. 박음질하지 않은 곳으로 솜을 통통하게 넣고 시접 1cm를 두고 박음질합니다.

13. 소파 등받이 부분과 몸통 윗부분의 시접을 오버록으로 처리합니다.

14. 몸통의 옆선, 즉 박음질로 연결된 곳을 옆으로 놓고 이 옆선 있는 면이 소파의 팔걸이 부분이 될 수 있도록 몸통의 겉과 소파 등받이 모양의 겉을 맞대어 둘러가며 합폭합니다. 솜을 넣었기 때문에 천천히 솜을 안쪽으로 밀어주면서 박음질합니다.

15. 소파 등받이를 박음질하였으면 휴지 나오는 입구 네 면을 각 코너에 맞게 겉과 겉끼리 맞대고 합폭합니다. 그리고 뒤집습니다.

16. 뒤집은 다음 곳곳을 손질합니다.

17. 진주 두 개를 소파 등받이 부분에 달아 볼륨감을 줍니다.

18. 윗면에는 포 패치 별 쿠션(p.184)을 장식용으로 코디해주면서 완성합니다.

패브릭 로즈 장지갑

패브릭과 재봉틀로 만든 세상에 단 하나뿐인 패브릭 장지갑
면 30수의 감촉이 사랑스럽기만 합니다.
백화점에서 당당히 패브릭 장미 장지갑에서 카드를 빼냈더니 점원이 하는 말
"장지갑 예쁘네요!"

완성 치수: 30×20㎝

재료 및 재단

면 30수 장미 원단 31×11cm 1장
선염 원단 가로 31×11cm 1장
속솜지 31×21cm 1장
장미 원단 30×21cm 1장(장지갑 몸판)
장미 원단 20×11cm 3장(카드 수납 3단)
장미 원단 18×21cm 1장(동전 넣는 곳. 지퍼)
광목 원단으로 바이어스 100×4cm
지퍼알 2개
자석 단추(손바느질할 수 있는 것으로)
지퍼 22cm(지퍼알 끼울 수 있는 여유분 포함)

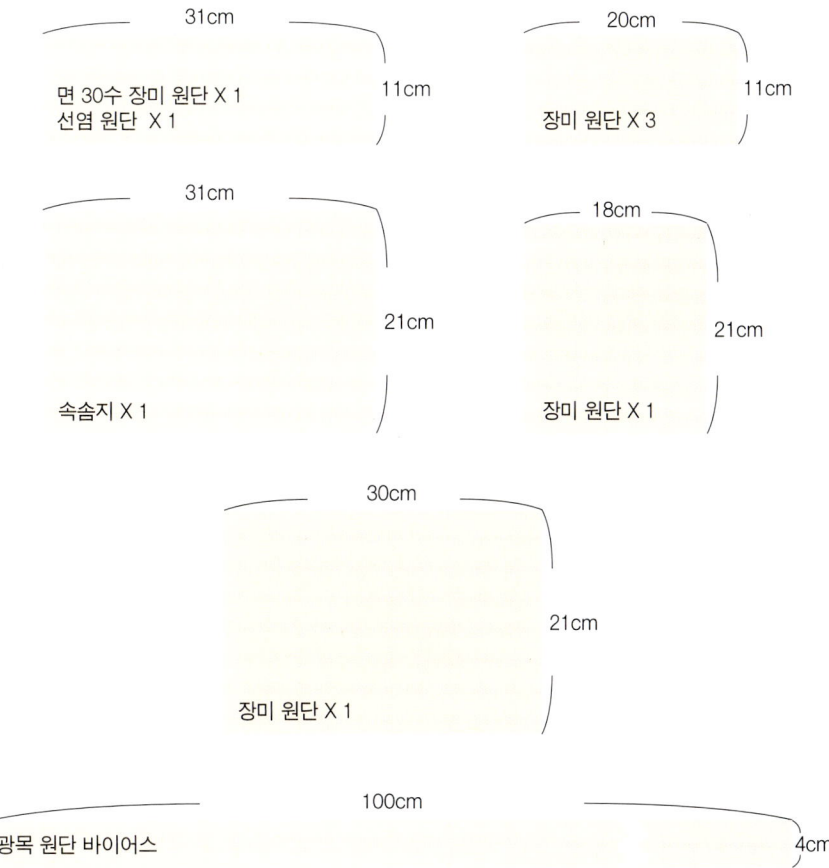

만드는 과정

1. 면 30수 장미 원단 31×11㎝ 한 장과 선염 원단 가로 31×11㎝ 한 장의 겉과 겉끼리 맞대고 합폭하여 31×21㎝가 되게 합니다.

2. 이음선과 이음선에 재봉틀 기능을 응용해 심플한 자수를 놓아주면 겉지는 완성됩니다.

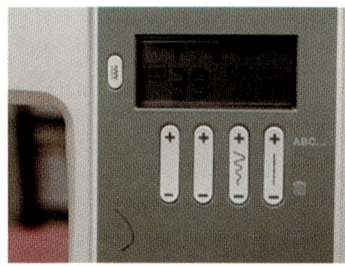

싱거 7640

3. 겉지와 재단된 접착용 퀼트 속솜지를 다림질하여 붙이고 사면을 박음질합니다.

4. 카드 넣는 곳(카드 수납 3단)을 접어 다려두고 두 개는 밑부분에 오버록으로 처리합니다.

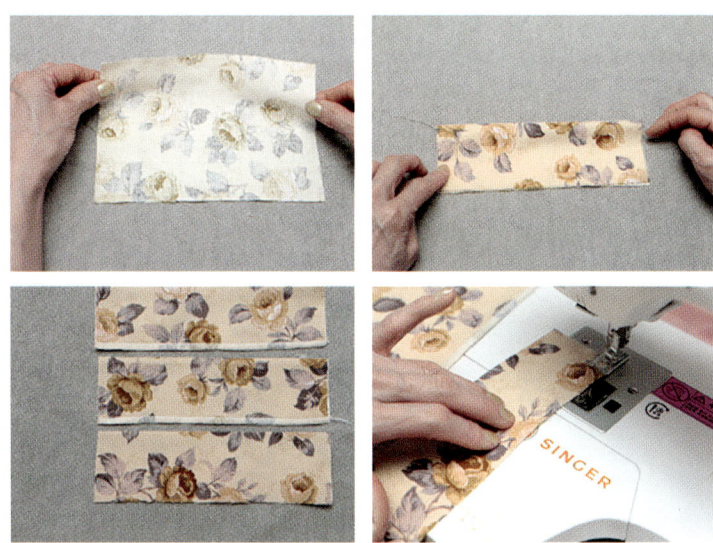

5. 장미 원단 18×20㎝ 동전 넣는 곳에 지퍼 박음질을 합니다. 20㎝ 윗면과 아래쪽은 오버록으로 처리합니다(p.16 기본 박음질 참조).

6. 몸판 장미 원단을 3등분하여 열펜으로 중간에 지퍼 박음질할 곳과 카드 넣는 곳을 표시합니다. 만들기 좋게 패턴에 중앙선을 그리고 세 칸 카드 넣는 곳을 그려 그대로 원단 위에 그려줍니다.

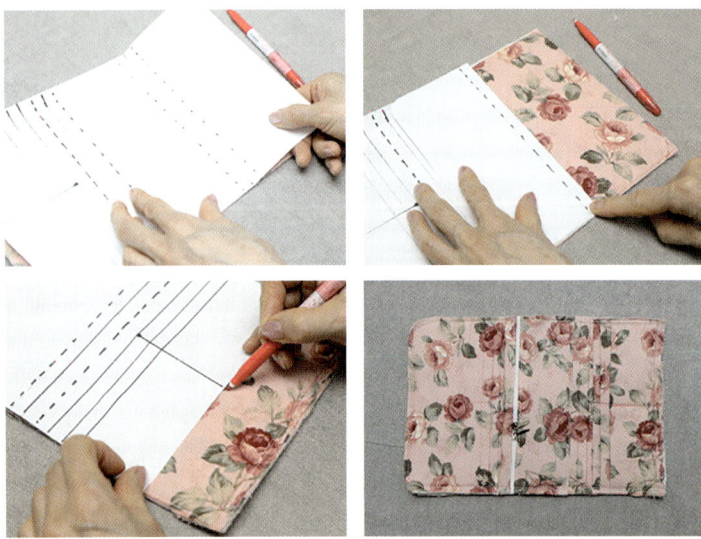

7. 카드 넣는 곳을 표시한 선에 4.에서 접어서 다려 놓은 것을 잘 맞춘 다음 양쪽, 중앙을 박음질하여 카드 넣는 곳을 완성합니다. 카드를 직접 넣어보고 윗부분이 살짝 보이도록 위치를 조정합니다.

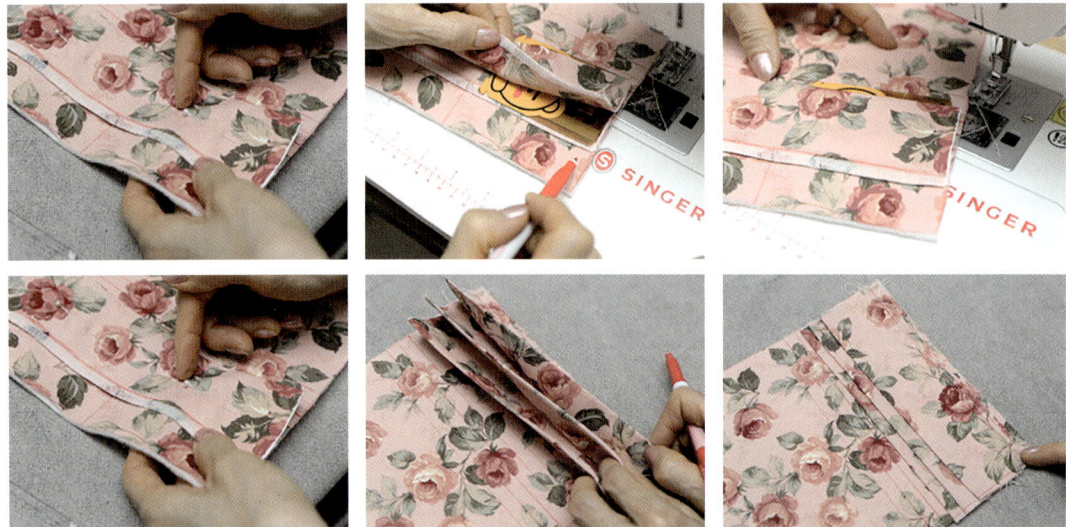

8. 가운데 칸에는 **5.** 에서 박음질해 놓은 동전 넣는 곳을 박음질합니다.

9. **2.** 에서 만든 겉지와 **8.** 에서 만든 속지를 합폭합니다. 가위로 네 면이 30×20㎝의 사이즈가 되도록 다듬어줍니다. 왼손으로 중앙 부분을 잘 펴가면서 합폭하여 한 장으로 만듭니다.

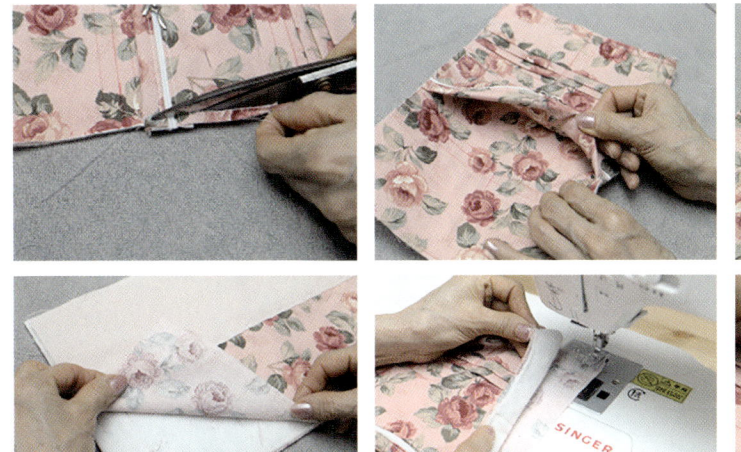

10. 지갑 밑쪽을 양쪽으로 살짝 굴려주었습니다(개인 취향에 따라).

11. 전체 둘레를 바이어스 안쪽에서 초벌 박음질합니다. 바이어스는 7cm 정도를 남겨 놓고 시작합니다.
코너 부분 바이어스는 사선으로 박음질합니다(p.17 기본 박음질 바이어스 박음질 참조).

12. 기본 바이어스 사선 (직각)박음질(p.17)을 참조하여 바이어스를 마무리합니다.

13. 자석 단추의 위치를 표시한 후 자석 단추를 달아 완성합니다.

Part 8

가치를 더하다

고급스러운 린넨 체크와 무지 원단의 콜라보
동대문 시장에서 인기! 백화점에서도 주문 콜!
홈패션 소잉 디자이너로서의 보람을 이곳에 담았습니다.
소잉 작품에 패브릭의 포근함과 자연과 함께 어우러지는
상품의 가치를 더합니다.

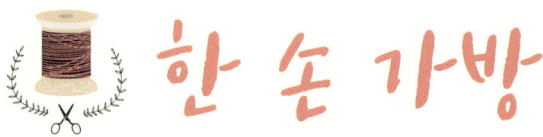
한 손 가방

홈패션에 패션을 더합니다.
홈패션 소잉 작가가 디자인하고 제작한 작품
나들이에 필수품인 품격 있는 한 손 가방
고급스럽다! 멋지다!

🔘 재료 및 재단

(몸통 겉지) 면 체크 원단(겉지)
(몸통 속지) 잔꽃무늬 면 20수 26×60㎝ 각각 1장씩
가방끈 체크 30×4㎝ 1장, 나염 잔꽃무늬 30×8㎝ 1장
방울 2개
스트링 63㎝ 2개

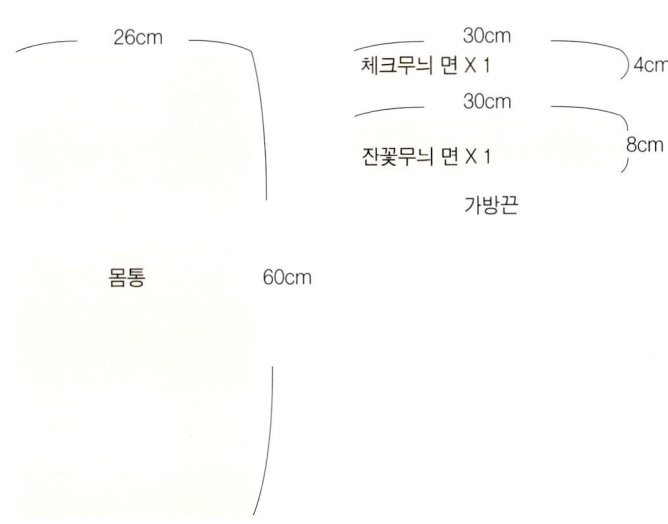

만드는 과정

1. 가방 겉지(면 체크 원단 26×60cm)를 반으로 접어 26×30cm로 만들고 30cm 면 양 옆단에 스트링이 지나갈 공간을 열펜으로 표시합니다. 위에서 4cm 되는 지점과 4cm에서 1cm를 더 내려간 지점을 선으로 표시합니다. 위에서 4cm가량 박음질하다가 1cm를 건너뛴 다음 끝까지 박음질합니다. 1cm 부분은 나중에 스트링이 지나갈 자리입니다.

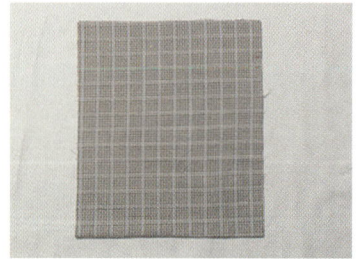

2. 속지도 양쪽 옆단을 박음질합니다.

3. 가방 바닥각을 박음질하기 위해 바닥 부분의 겉지와 속지에 가로세로 2cm인 정사각형을 앞뒤 두 군데 열펜으로 그립니다(p.16 박음질 기본 참조).

4. 바닥각을 박음질합니다(겉지, 속지 모두).

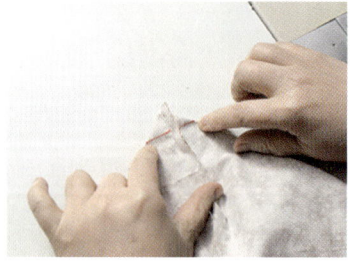

5. 가방끈은 사진처럼 잔꽃무늬 원단 위에 체크 가방끈 원단을 놓고 1cm 시접을 접어 체크 원단에 맞춰 또 한 번 접어 끝박음질합니다.

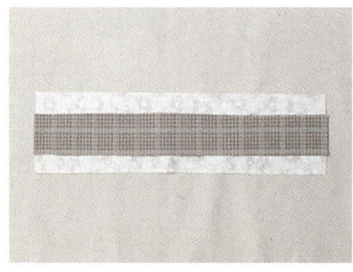  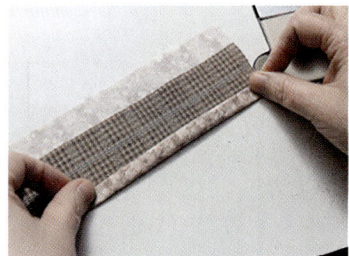

6. 가방 몸판을 뒤집습니다.

7. 가방 입구의 중심을 잡고 중심 표시를 양쪽으로 해줍니다(중심 부분에 가위로 살짝 가위집으로 표시합니다).

8. 가방끈은 표시해둔 가방 중심선 안쪽에서 아래로 향하게 하고, 가방 몸판을 감싸 안아 겉과 겉끼리 맞대고 노루발 간격으로 박음질합니다.

9. 속지도 겉지와 똑같이 중심 표시를 합니다.

10. 중심을 표시한 속지 겉을 가방 겉지와 맞대고 가방 윗부분을 합폭합니다. 이때 양 옆선 박음질 선과 중심선을 잘 맞춥니다. 합폭할 때는 창구멍 8㎝ 정도를 남겨둡니다.

11. 10.의 윗부분에서 남겨둔 창구멍으로 뒤집습니다.

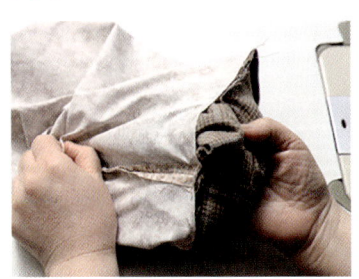 

12. 뒤집은 다음 가방 윗부분은 깔끔하게 상침박음질합니다. 상침박음질하면서 창구멍도 같이 박음질합니다.

13. 가방을 잘 흔들어 판판하게 편 다음 속지와 잘 맞게 해 놓고 위에서 4㎝ 되는 지점에 표시해 놓은 선을 박음질합니다.

14. 사진처럼 스트링을 좌우 엇갈리게 끼워 장식용 나무 구슬을 잘 묶어줍니다.

 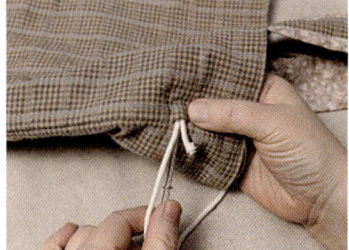 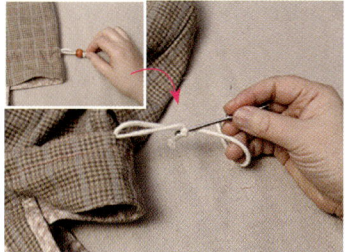

15. 양쪽으로 잡아당기면 됩니다.

체크무늬 셔츠 쿠션

거실을 포근하게 안아주는 쿠션
패브릭과 재봉틀로 만들어 내는 멋진 일상
재택근무로 지친 당신에게 소잉 작품은 힐링이고 즐거움입니다.

완성 치수: 40×40㎝

재료 및 재단

(겉지) 린넨 큰 체크 원단 42×42cm 1장, 솜안지 50×50cm(여유 있게)
(뒷지) 린넨 큰 체크 원단 42×42cm 1장
린넨 작은 체크 원단(소매 부분) 16×16cm 2장
린넨 작은 체크 원단(칼라) 32×11cm 1장
단추 2개
지퍼알 끼워진 지퍼 43cm 1개
나무 단추

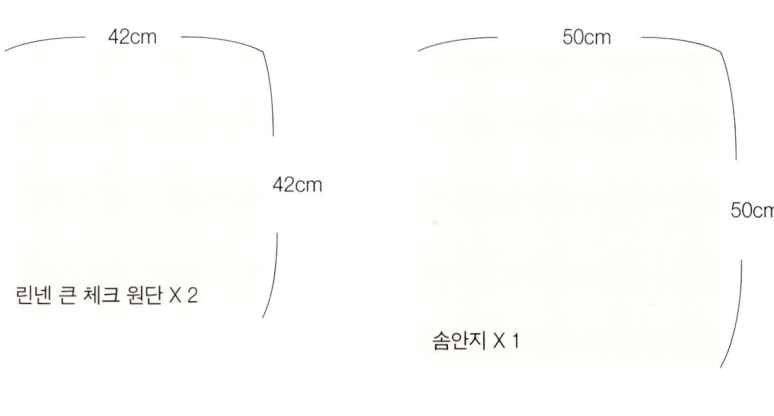

42cm × 42cm — 린넨 큰 체크 원단 X 2
50cm × 50cm — 솜안지 X 1

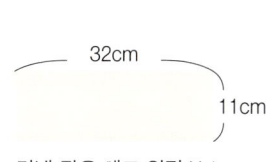

16cm × 16cm — 린넨 작은 체크 원단 X 2

32cm × 11cm — 린넨 작은 체크 원단 X 1

만드는 과정

1. 겉지 체크 원단과 뒷지 체크 원단은 각각 솜안지 안쪽 위에 놓고 중간중간 시침핀으로 고정시켜 놓습니다.

2. 체크 원단과 솜안지 시접은 1㎝로 하고 네 면을 합폭합니다. 합폭 후 체크 원단 사이즈에 맞게 솜안지를 다듬습니다.

 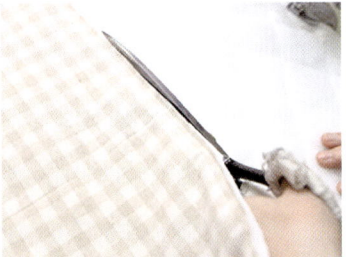

3. 소매 부분: 재단된 작은 체크 원단(16×16㎝) 정사각형을 세모로 접고 또다시 세모로 접습니다.

4. 겉지에 소매 박음질할 곳에 열펜으로 표시합니다. 위에서 2.5㎝ 내려온 지점에 표시하고 시침핀으로 고정시켜 세모 밑면 부분을 박음질합니다. 양쪽 똑같은 방법입니다.

5. 재단된 목선 칼라 부분을 길게 반으로 접고, 32㎝의 반 18㎝ 부분에 중심 표시를 합니다.

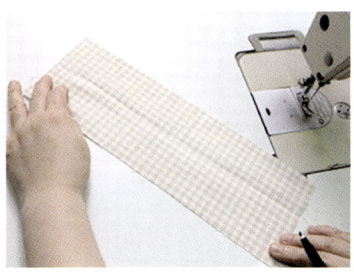
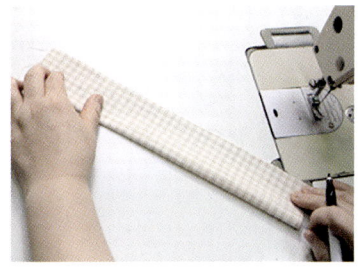
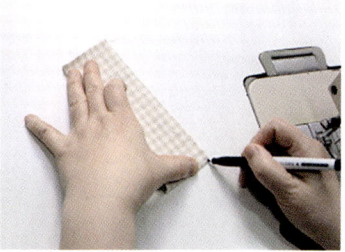

6. 18㎝ 지점에 표시해둔 중심 표시에서 좌우로 5㎝ 되는 지점에 가위집을 0.5㎝ 정도 내줍니다.
중심에서 좌우로 5㎝씩 표시한 부분을 제외하고 박음질합니다. 이때 양끝도 같이 박음질합니다.

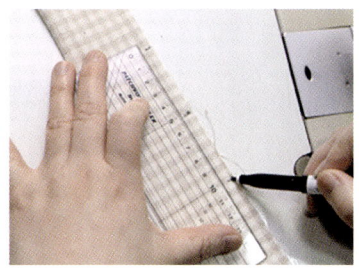

7. 코너 부분의 시접을 잘라내고 뒤집어서 솜안지를 넣습니다.

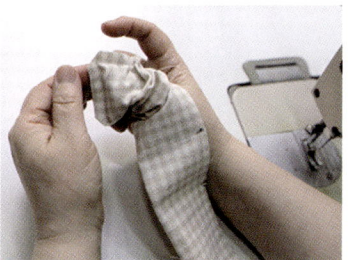

8. 소매를 박음질해 놓은 몸판에서 칼라를 붙일 공간을 잡기 위해 몸통을 반으로 접어 윗부분에 중심을 표시합니다.
중심을 표시한 부분에 칼라의 중심점을 맞추어 놓습니다.

9. 몸판과 칼라 중앙 부분에 좌우로 10㎝ 지점을 표시해서 가위집을 내주었던 곳을 합폭합니다.
   이때 칼라 창구멍은 합폭하면서 막습니다.

10. 겉지 몸판, 정사각형 네 면은 오버록으로 처리하고, 뒷지는 지퍼를 달 곳 한 면만 오버록으로 처리합니다.

11. 뒷지에서 오버록으로 처리한 면을 2㎝ 접고 양쪽으로 5㎝ 지점을 표시한 후 2㎝ 접었던 시접을 쪽가위로 자릅니다.

12. 지퍼 노루발로 교체하고 5㎝ 표시한 지점에서 사진처럼 2㎝ 접은 곳에 지퍼 톱니만 보이도록 박음질합니다.
    (p.22 지퍼알 끼우는 법은 기본 박음질 참조)

13. 지퍼알을 끼우고 노루발을 들어 지퍼알을 뒤로 밀어넣으면서 처음 시작과 같이 박음질합니다.

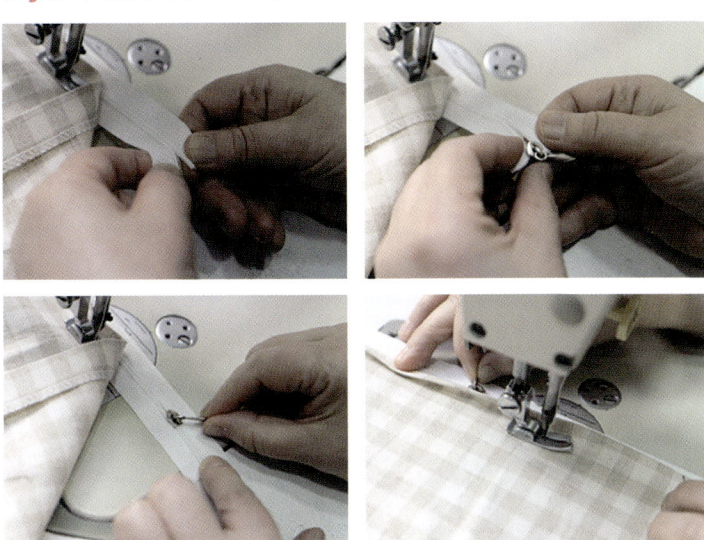

14. 지퍼를 박음질한 시작 부분과 끝부분의 2㎝ 시접만 쪽가위로 자릅니다.

15. 겉지 위에 뒷지를 사진처럼 놓고 시침핀으로 고정해주고, 5㎝ 전부터 박음질하여 코너를 돌아올 때 지퍼 박음질할 때 잘라 놓은 3㎝ 시접을 펴주면서 사진처럼 박음질합니다.

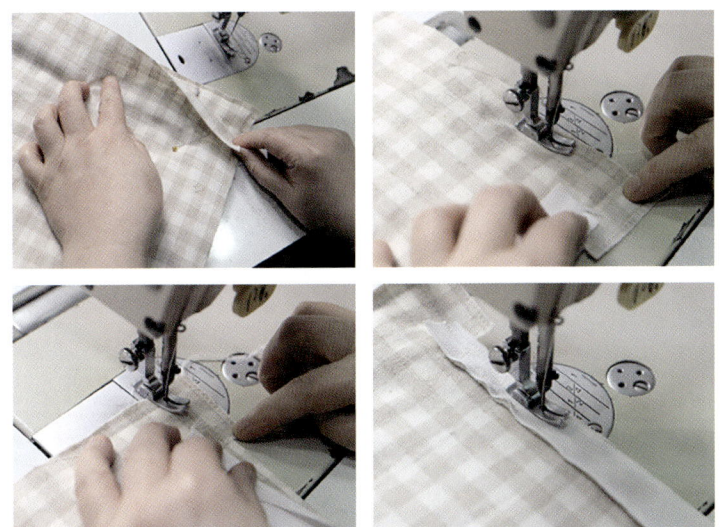

16. 네 면을 합폭하고 전체 둘레를 오버록으로 처리한 후 지퍼를 열고 뒤집습니다. 코너 각을 잘 처리합니다.

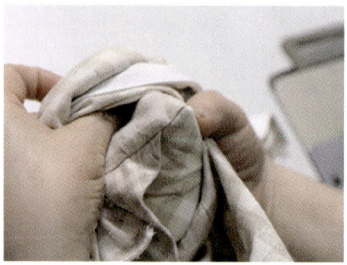

17. 칼라 양쪽 모서리 부분이 잘 맞게 손바느질하고, 단추도 손바느질로 달아주면 완성입니다.

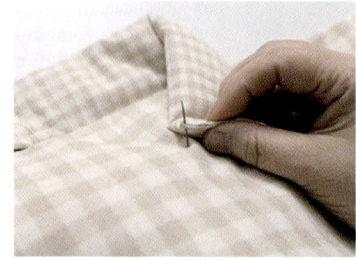

커버와 쿠션 솜을 넣은 후의 모양입니다.

린넨 해바라기 밸런스

행운이 올 것 같은 해바라기 린넨 밸런스
황금빛 내추럴 색상으로
거실을 가볍게 뽐낼 아이디어로
창문을 수놓습니다.

완성 치수: 150×40㎝

재료 및 재단

무지 린넨 원단 160×23cm 1장, 160×15cm 1장
해바라기 린넨 원단 160×15cm 1장, 160×7cm 1장
토션 레이스 330cm 1장
해바라기 모티브 2장

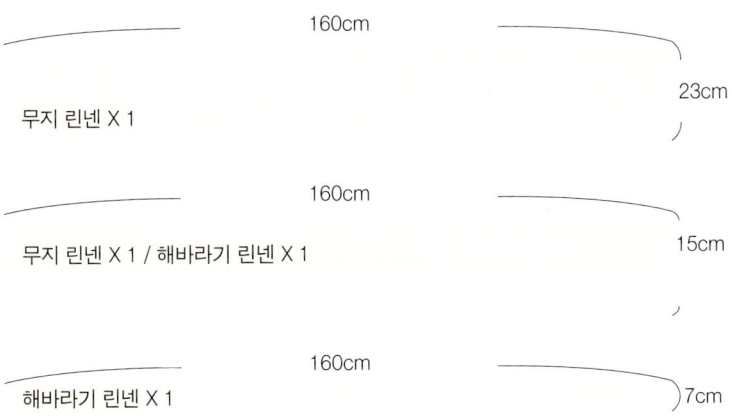

무지 린넨 X 1 — 160cm × 23cm
무지 린넨 X 1 / 해바라기 린넨 X 1 — 160cm × 15cm
해바라기 린넨 X 1 — 160cm × 7cm

Part 8 가치를 더하다

만드는 과정

1. 무지 린넨 겉지 겉(160×23㎝)과 해바라기 원단(160×15㎝) 겉을 맞대고 합폭합니다.

2. 반대쪽에도 해바라기 원단에 무지 린넨 겉지 겉(160×15㎝)을 합폭하고 오버록으로 처리합니다.

3. 합폭했던 곳에 토션 레이스를 박음질합니다.

4. 시접 처리는 사진처럼 중앙으로 모이게 처리합니다.

5. 밸런스 몸판 뒤쪽과 해바라기 원단(160×7㎝) 겉을 대고 합폭합니다.

6. 박음질한 곳을(사진 참조) 펴고 상침박음질합니다.

7. 겉이 보이게 편 다음 해바라기 원단 시접을 3㎝로 접고 또 접어 끝박음질합니다.

8. 옆선 시접을 2㎝ 접고 또 접어 끝박음질하여 양 옆선을 완성합니다.

9. 윗부분에 시접 1cm를 접고 또다시 7cm를 접은 다음 봉집선을 박음질하기 쉽게 시침핀으로 곳곳에 꽂습니다.

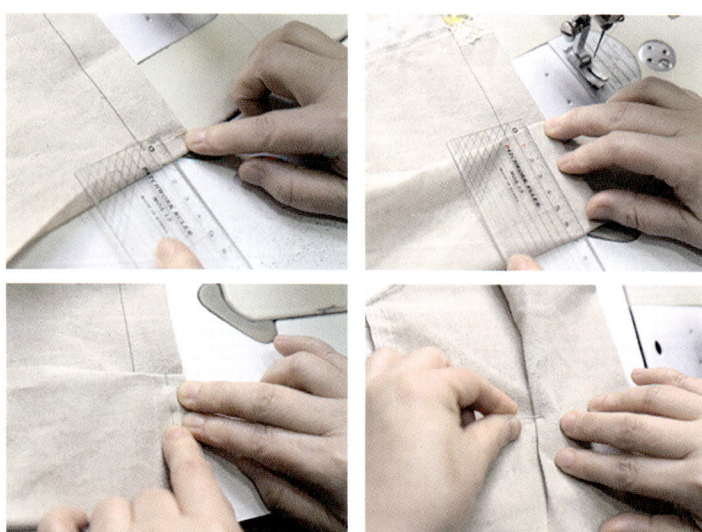

10. 시침핀을 뽑아가면서 끝박음질합니다.

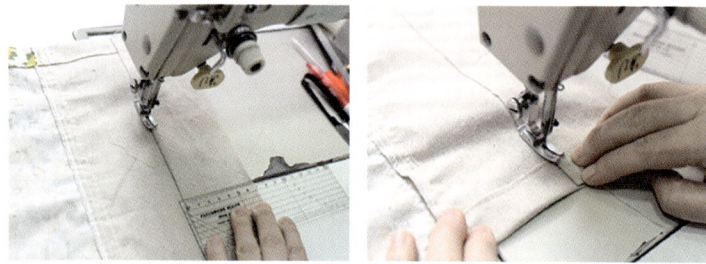

11. 위에서 2cm 되는 부분에 애교 프릴선을 그리고 박음질합니다. 그러면 봉집 터널은 5cm가 됩니다.

12. 해바라기 와펜을 박음질하기 위해 가장자리에서 25㎝ 되는 곳에 시침핀으로 와펜을 고정합니다.

13. 해바라기 모티브를 박음질하면 완성입니다.

김치냉장고 덮개

줄 누빔 광목으로 심플하고 자연스럽게 만든 김치냉장고 덮개
내추럴한 줄무늬 광목 누빔에 소소한 행복까지 더한
작가의 마음이 보입니다.

완성 치수: 106×60㎝

재료 및 재단

광목 줄누빔 원단 106×60㎝ 1장
(뒷지) 20수 잔꽃무늬 원단 106×60㎝ 1장
화분 패턴 모양 20수 체크 원단 2장
수선화 코르사주 흰꽃 2장, 잎사귀 4장, 줄기 바이어스 2장
광목 30수 겹바이어스 6×900㎝
띠 레이스

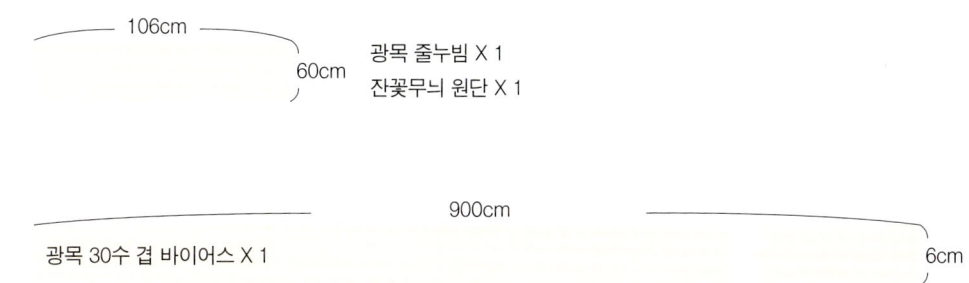

광목 줄누빔 X 1
잔꽃무늬 원단 X 1

광목 30수 겹 바이어스 X 1

만드는 과정

1. 줄누빔 몸판에 화분을 넣을 자리를 잡기 위해 한쪽 모서리에서 15㎝ 되는 지점을 표시합니다. 화분을 덧대어 화분에서 뻗어 나오는 줄기도 그려줍니다.

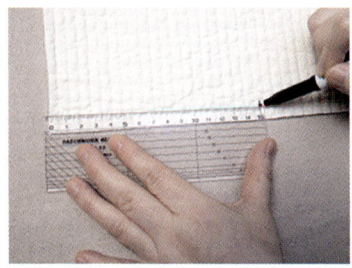  

2. 줄기를 박음질할 때 화분에서 자연스럽게 줄기가 뻗어 나가는 것처럼 보이기 위해 줄기를 화분 속으로 2㎝ 넣어서 박음질합니다. 반대쪽 화분도 똑같이 박음질합니다.

3. 화분 모양 체크 원단을 움직이지 않게 시침핀으로 고정해 놓고 띠 레이스를 3면 박음질합니다. 코너 부분에서는 사선을 예쁘게 처리합니다.

4. 줄기 위에 잎사귀와 수선화 뜨개꽃을 박음질합니다(p.50 수선화 앞치마 참조).

5. 화분에 띠 레이스로 리본을 묶어 박음질로 코디해줍니다.

6. 6㎝ 폭 사선 바이어스를 반으로 접어 겹프릴을 박음질합니다.

7. 광목 줄누빔 몸판 전체 둘레에 겹프릴을 상침박음질합니다.
역시 처음 시작과 끝부분을 예쁘게 손으로 잡아줍니다.

8. 몸판 겉과 뒷지 겉을 잘 맞추어 놓고 겹프릴이 찝히지 않도록 프릴을 잘 펴가면서 창구멍 15㎝ 정도를 남겨 놓고 합폭합니다.

9. 사각 코너 시접을 박음질 선에서 0.7㎝ 남겨 놓고 삼각형으로 잘라내고 창구멍으로 뒤집습니다.

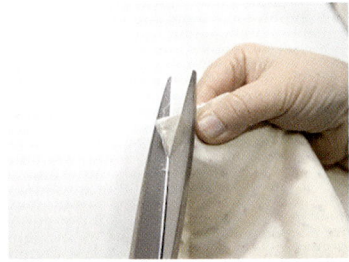 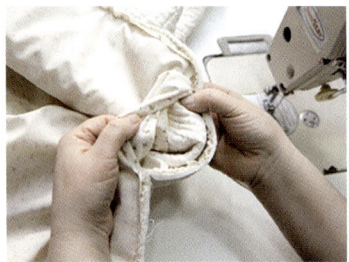

10. 사각 코너를 손으로 잘 만져주고 평평하게 편 다음 겉이 보이게 하고, 겹프릴과 줄 누빔 원단을 잘 펴서 상침박음질합니다. 창구멍까지 박음질하면 완성입니다.

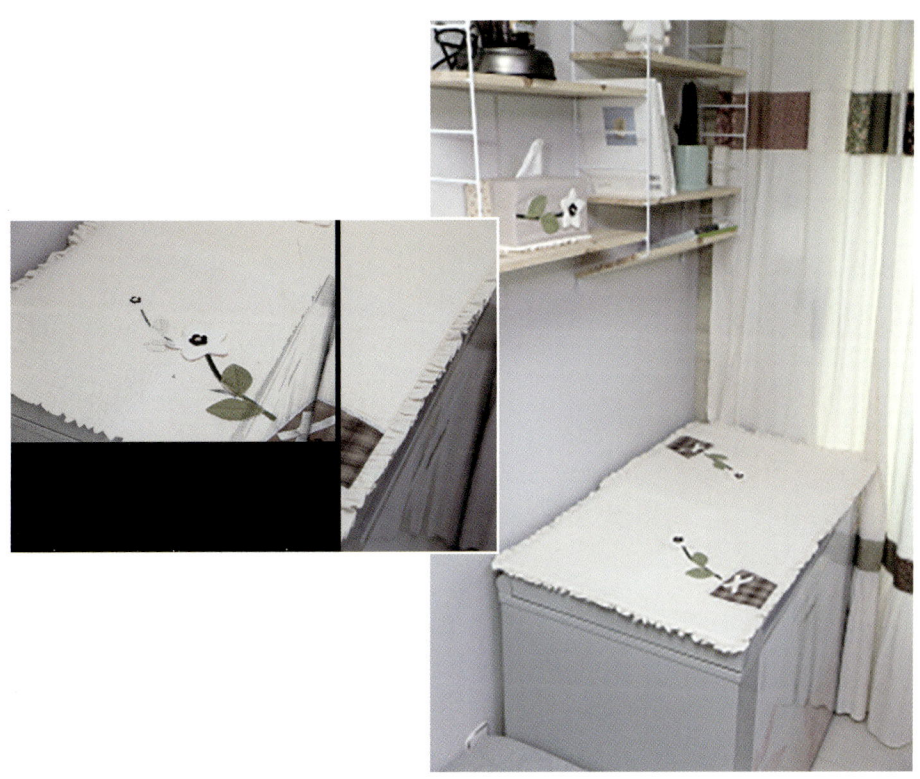

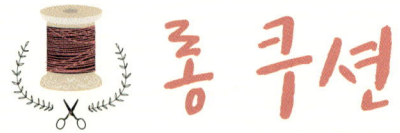
롱 쿠션

롱 쿠션이 있어 침대 생활이 편하다.
독서할 때나 집에서 오래 머무는 시간에 롱 쿠션이 있어 행복하다.

완성 치수: 90×22cm

재료 및 재단

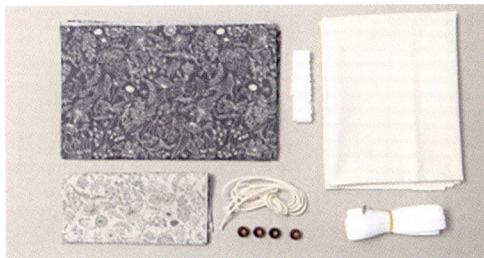

나염 큰 무늬 원단 58×72cm 1장(가운데 포인트)
나염 작은 무늬 원단 19×72cm 2장(양쪽 포인트)
광목 30수 92×72cm 1장
나염 작은 무늬 원단 23×71cm 4장(양쪽 프릴)
지퍼 80cm 1개, 지퍼알 2개
스트링 75cm 2개
방울 단추 4개
별 레이스 200cm

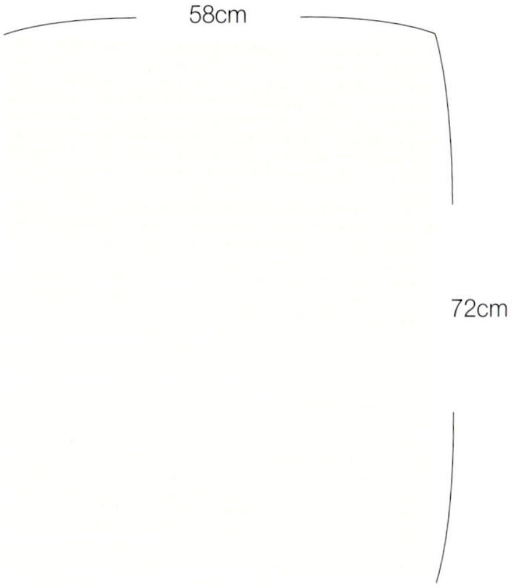

58cm / 72cm
나염 큰 무늬 원단 X 1

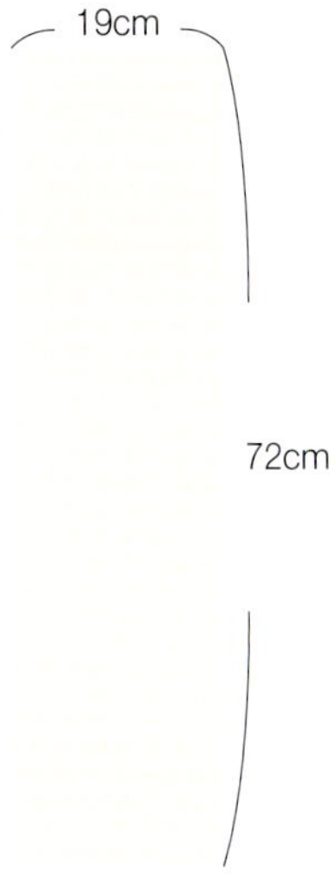

19cm / 72cm
나염 작은 무늬 X 2

23cm / 71cm
나염 작은 무늬 X 4

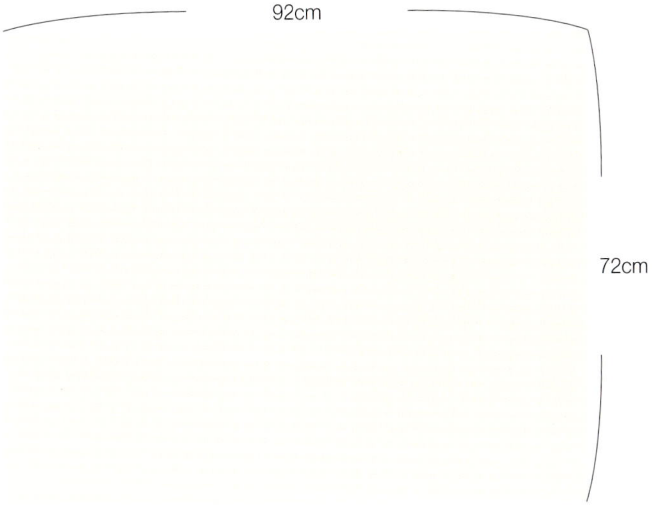

92cm / 72cm
광목 30수 X 1

만드는 과정

1. 몸판에서 포인트로 사용될 나염 큰 무늬 원단 양옆에 별 레이스를 박음질합니다.

2. 별 레이스 위에 작은 나염 원단 겉을 대어 합폭합니다. 작은 나염 원단을 다시 펴서 박음질한 시접 부분을 잘 정리하고 레이스가 잘 펴지도록 상침박음질합니다. 양쪽 모두 똑같은 방법으로 작은 나염 원단을 연결합니다.

3. 완성된 겉지의 박음질 선이 보이지 않도록 속지 광목 30수를 잘 펴서 겉지와 크기를 맞추어 네 면을 합폭하고 오버록으로 처리합니다.

4. 90㎝ 면의 양쪽 8㎝ 지점에 지퍼 박음질 시작점과 끝점을 표시하고 지퍼를 박음질합니다.

5. 시작점과 끝점에 시접을 접었던 부분에 가위집을 넣습니다.

6. 가위집을 넣은 양 끝부분을 맞대고 박음질합니다(p.22 지퍼알 끼우기 기본 박음질 참조).

7. 재단된 프릴 원단 겉과 겉을 맞대고 합폭할 때 스트링을 넣을 수 있도록 중심에 2㎝ 정도를 띄워(원통으로 묶을 수 있게) 합폭합니다.

8. 한 장은 한쪽 끝에 별 레이스를 박음질하고, 다른 한 장은 원통으로 합폭만 합니다.

9. **8.**에서 만들어 놓은 두 프릴을 합폭할 차례입니다. 별 레이스 박음질 선에 또 한 장의 겉을 박음질 선에 잘 맞추어 합폭하여 레이스가 박음질 선 중앙에 오도록 합니다.

10. 합폭한 프릴을 반으로 접어 겉이 보이도록 하고 레이스가 드러나면 깔끔하게 보이도록 레이스 부분에 상침박음질합니다.

11. 프릴 끝에서 10㎝ 선을 원통을 둘러가며 그려줍니다. 10㎝ 선에서 다시 2㎝ 선을 그려주고 속지가 밀리지 않도록 잘 펴주면서 선을 따라 박음질합니다.

12. 6.에서 완성된 몸판 겉과 11.에서 만든 원통 프릴의 겉을 박음질 선을 잘 맞추어 합폭하고 오버록으로 처리합니다.

13. 스트링을 넣고 묶었을 때 적당한 길이가 되도록 스트링을 자르고 방울을 달아 완성합니다.

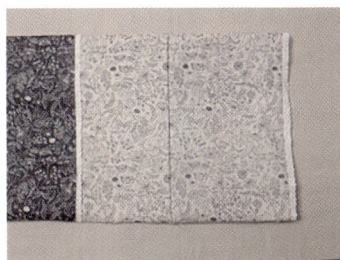
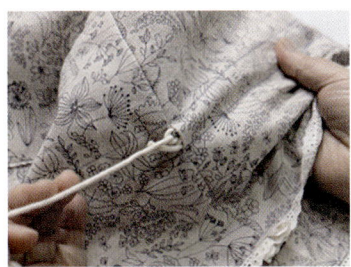

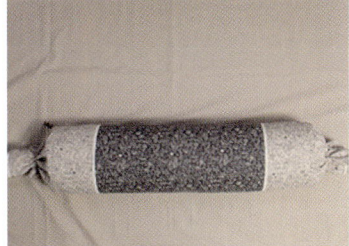

Part 9

경제를 더하다

패브릭과 재봉틀로 소품과 중품, 대품을 많이도 만들었습니다.
그중에서 창문 밸런스는 퀼트에서 배운 손바느질을
홈패션 버전으로 응용하여 많은 양을 제작했습니다.
무지 망사와 망사 자수, 케미컬 레이스의 어울림이 돋보이는 작품으로
독자들에게 꼭 소개하고 싶은 아이템입니다.

복고풍 구름 밸런스

반짝거리는 화려한 공단보다는 내추럴한 분위기에 편안한 느낌이 들도록
워싱된 광목 30수를 메인으로 사용하고,
봉집은 옐로에 잔꽃무늬 원단을 곁들였습니다.
구름 밸런스 전체 둘레를 면 레이스로 둘러 고급스러움을 더했습니다.

완성 치수: 가로 160cm

재료 및 재단

광목 30수 90×62cm 4장
봉 터널 만들 잔꽃무늬 면 원단 166×24cm 1장
앵두 단면 레이스 500cm

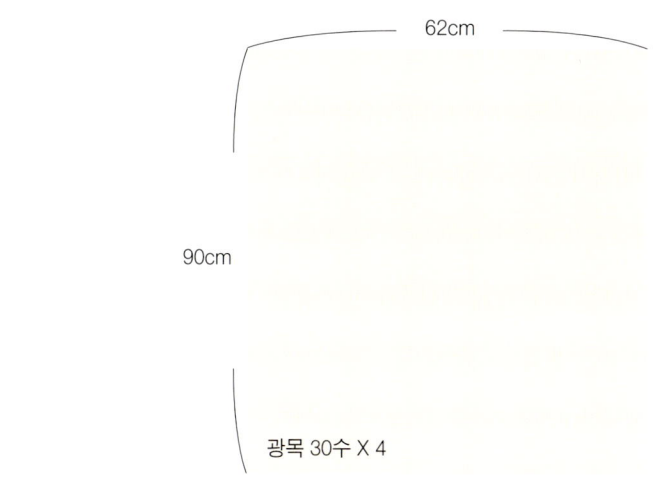

광목 30수 X 4
(62cm × 90cm)

잔꽃무늬 면 X 1
(166cm × 24cm)

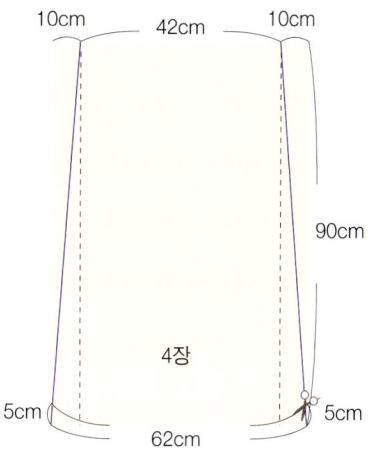

4장
10cm / 42cm / 10cm
90cm
5cm / 62cm / 5cm

Part 9 경제를 더하다 327

밑작업

1. 몸판 광목 30수 62×90㎝ 네 장을 겉과 겉 두 장씩 겹쳐 놓고 사다리꼴로 재단합니다(네 장).

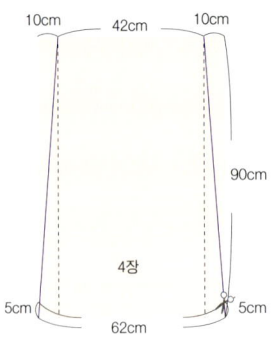

2. 앵두 단면 레이스의 한쪽을 인터록으로 처리하고 주름을 잡아 놓습니다.

3. 봉집이 될 노란 잔꽃무늬 원단을 밑작업해 놓습니다. 봉집 부분 노랑 잔꽃무늬 원단은 옆단 1㎝를 접고 2㎝를 꺾어 양쪽으로 박음질한 다음 길게(24㎝ 쪽) 반으로 접어 다림질합니다.

4. 반으로 접은 곳으로부터 2cm 되는 지점과 5cm 되는 지점에 선을 긋고 그 선을 따라 박음질합니다. 그러면 봉집과 애교 주름선이 만들어집니다.

5. 봉집 부분을 완성한 후 밑부분의 시접은 오버록으로 처리합니다. 몸판 네 장도 각각 윗면을 제외한 양 옆면과 아랫면까지 오버록으로 처리해 놓습니다.

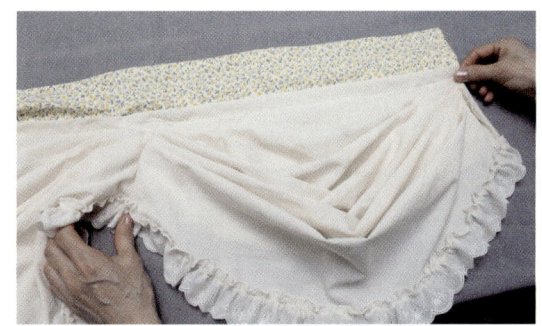

만드는 과정

1. 몸판을 연결하여 박음질하기

❶ 몸판은 두 장씩 겉과 겉을 합폭하여 네 장을 모두 연결합니다.

❷ 두 장을 박음질해 펼친 모양입니다. 나머지 세 장도 같은 방법으로 연결하여 박음질하고 연결된 시접은 양쪽으로 갈라 놓습니다.

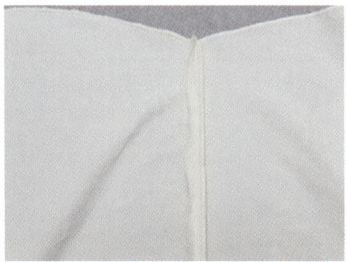

2. 연결된 몸판의 윗부분을 1.5㎝ 뒤쪽으로 꺾어 몸판에 박음질합니다. 이때 박음질하면서 시접과 시접을 갈라 놓습니다.

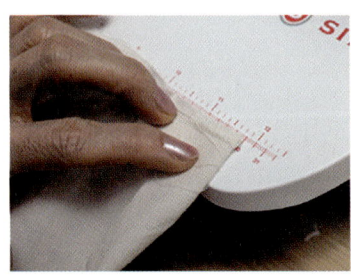 

3. 연결된 몸판의 밑부분에 주름 잡아 놓은 앵두 단면 레이스를 박음질합니다(몸판 레이스는 처음 시작할 때 사진 참조).

4. 레이스까지 박음질된 몸판 윗부분의 1.5㎝ 박음질된 곳을 밑작업해 둔 노란 잔꽃무늬 봉집 부분 시접선 위에 합폭하여 덧붙입니다. 몸판의 1.5㎝ 박음질 선과 봉집선 터널 박음질 선을 맞추어 합폭합니다.

5. 몸판을 구름 모양이 되도록 주름을 잡아 올릴 차례입니다. 이때 오른쪽 면부터 시작합니다.
위쪽 박음질 선에서 16㎝ 지점을 열펜으로 표시하고 그 선을 사진과 같이 잡아 올립니다.

  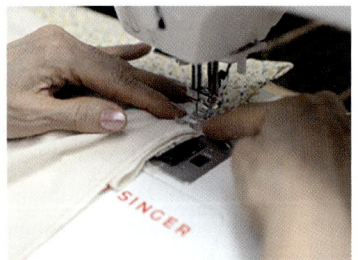

6. 봉집선과 몸판이 연결된 선에 바늘을 꽂아 놓고 되박음질한 다음 노루발을 들고 양손으로 원단을 찝어서
노루발 밑으로 쑥 넣은 다음 서너 번의 되박음질로 고정합니다.

7. 또다시 16㎝ 내려온 지점에 열펜으로 표시하고 똑같은 방법으로 천을 찝어 올려 첫 번째 박음질한 그곳에서
0.5㎝ 내려와 첫 번째와 같은 방법으로 되박음질하여 고정하기를 반복합니다. 이러한 과정을 네 번 반복합니다.

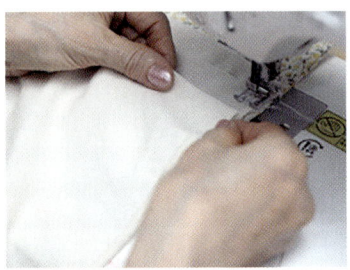  

8. 박음질하는 손에 따라 다르지만 마지막으로 대략 7~8㎝ 정도 남는 부분은 옆면에 맞추어 끝까지 박음질합니다.

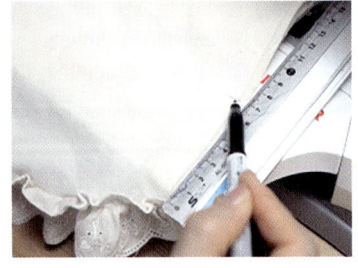  

9. 몸판의 연결된 부분 나머지 세 군데도 똑같은 방법으로 주름을 잡아 올려주면서 박음질합니다.

10. 밸런스의 옆선은 구름 밸런스의 아랫단과 동일하게 레이스를 박음질하면서 완성합니다.

> **tip** 사다리꼴의 옆면을 연결하고 시접과 시접은 갈라서 다림질해 놓으면 구름을 만들 때, 즉 핍어 박음질할 때 박음질된 부분 사이를 박음질하면 훨씬 수월합니다.

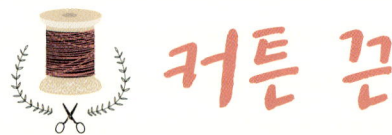# 커튼 끈

커튼을 맞출 때 커튼과 같은 느낌으로!
커튼의 본 원단으로 만들 줄 알아야 합니다.
커튼 끈도 작품이 됩니다.

재료 및 재단

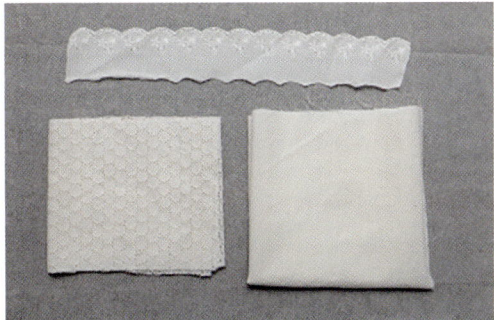

(몸판) 광목 자수 70×14㎝ 2장
광목 30수 직선 바이어스 20×4㎝ 2장
앵두 단면 레이스 주름 잡아 놓은 것(p.16 기본 박음질 참조)

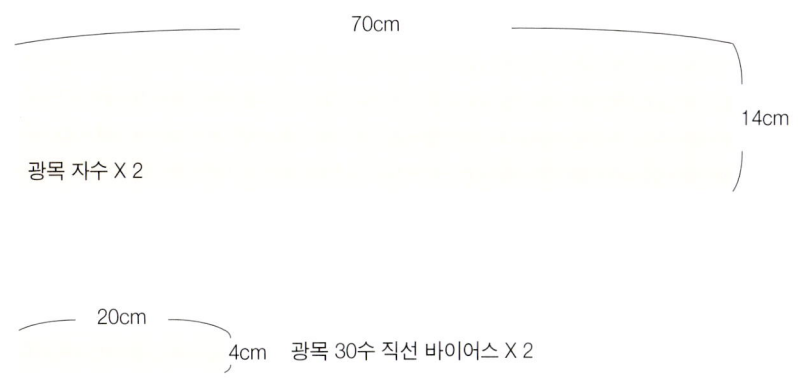

70cm
14cm
광목 자수 X 2

20cm
4cm 광목 30수 직선 바이어스 X 2

만드는 과정

1. 몸판을 가로로 한 번, 세로로 한 번 접습니다.

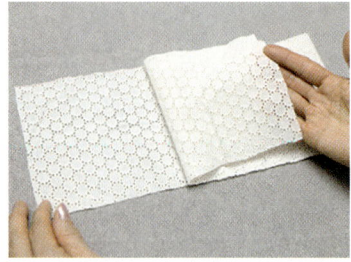 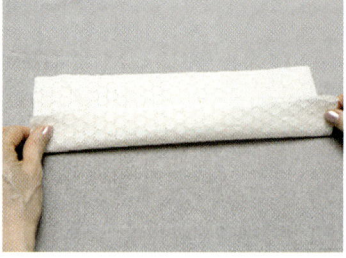 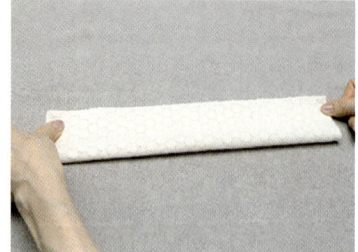

2. 접힌 끝부분의 벌어지는 쪽을 사진처럼 살짝 굴려서 잘라냅니다.

3. 반으로 접은 선, 7㎝ 선을 쪽가위로 양쪽 다 표시합니다.

4. 표시한 곳 겉쪽에서 레이스를 박음질합니다. 시작할 때 레이스가 예쁜 모양이 나오게 하고 마무리할 때에도 예쁘게 손질합니다.

  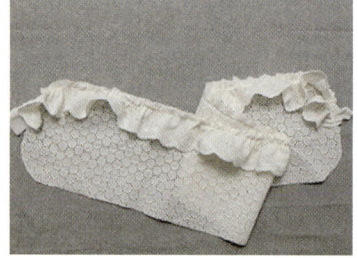

5. 바이어스 끈을 박음질합니다

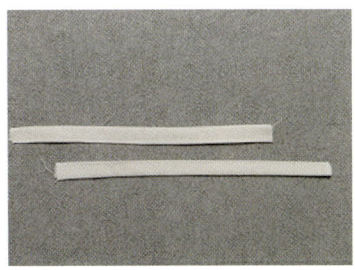

6. 레이스를 박음질했던 처음과 끝부분에 바이어스 끈을 반으로 접어 안쪽으로 향하게 하고 되박음질로 고정합니다.

7. 레이스를 달지 않은 반대편 원단으로 레이스를 단 부분이 덮이게 접은 다음 박음질 선에 맞춰 박음질합니다.

8. 밑부분 중간쯤에 창구멍 7㎝ 정도를 남깁니다.

9. 창구멍으로 뒤집습니다.

10. 꺼낸 커튼 끈을 잘 손질하고 박음질한 부분을 끝박음질로 깔끔하게 만들어줍니다. 끝박음질할 때 창구멍 시접과 시접을 잘 맞추어 완성합니다.

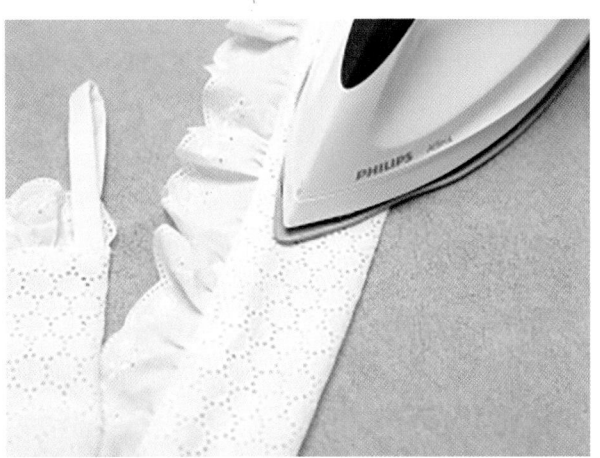

패치 파우치 (홈패션 버전)

10개 패치로 만든 홈패션 버전 파우치, 쉽고 예쁘고 실용적입니다.
어려운 바이어스 없이 10개 패치로 파우치 완성!
자잘한 소지품은 파우치 속에 쏘옥~
자투리 원단은 홈패션의 재산입니다.

재료 및 재단

진한 잔꽃무늬 면 30수 원단 가로세로 10×10㎝ 5장
무지 선염지 원단 가로세로 10×10㎝ 5장
(속솜지) 10개 패치를 연결해 놓은 모양과 같게 재단함
(속지(무지 선염지)) 10개 패치를 연결해 놓은 모양과 같게 재단함
지퍼 33㎝
지퍼알 2개

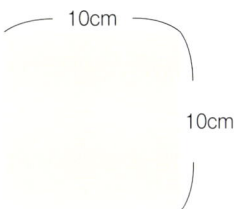

잔꽃무늬 면 X 5
무지 선염지 X 5

🔘 만드는 과정

1. 가로세로 10×10㎝ 잔꽃무늬 한 장 겉과 나염 무지 한 장 겉을 마주 보게 하고 한쪽 옆선을 합폭합니다. 두 장씩 두 개, 세 장씩 두 개 이런 식으로 아래 사진처럼 가상으로 붙여서 배열합니다.

2. 두 장 박음질해 놓은 겉면과 세 장 연결해 놓은 겉면을 맞대고 한쪽 면을 이음선에 잘 맞추어서 합폭하고, 접착 퀼트 속솜지 위에 놓고 다림질합니다.

3. 양쪽 끝부분(사진 참조)의 튀어나온 부분은 직선으로 잘라내고 이음선대로 퀼트 속솜지를 자릅니다.

4. 합폭한 패치의 박음질 선을 따라 가로세로 사이사이를 박음질하여 접착 퀼트 속솜지가 들뜨지 않도록 박음질합니다. 전체 둘레도 노루발 간격으로 박음질합니다. 뒷면의 모양은 아래 사진과 같습니다.

5. 속지 재단은 겉지 모양 그대로 재단합니다.

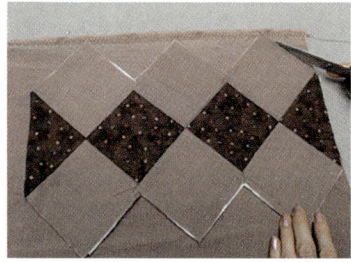

6. 바닥각이 되는 삼각형 꼭지 두 부분을 맞잡고 박음질합니다. 속지는 겉지 바닥각 박음질과 똑같이 하되 한쪽 면은 뒤집을 수 있는 창구멍을 남겨 놓고 박음질합니다.

7. 또 다른 바닥각을 맞잡고 박음질합니다.

8. 펼쳐진 10개 패치 몸판은 가방 모양이 될 수 있도록 접었을 때 마주치는 면끼리 하나하나 연결합니다. 연결하면 사진처럼 겉지가 만들어집니다. 속지도 같은 방식으로 박음질하여 가방 모양으로 만들어 놓습니다.

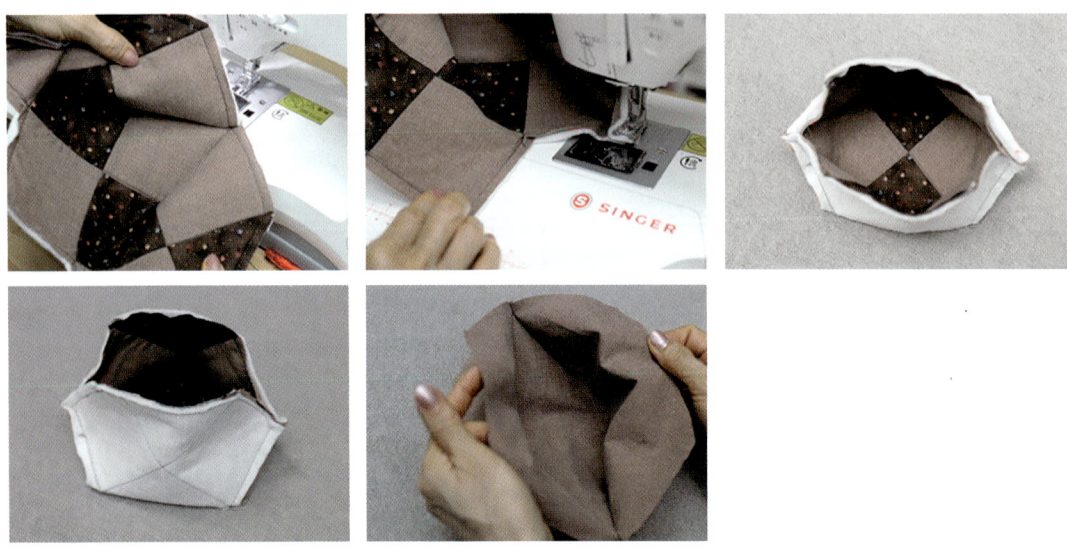

9. 파우치 입구에 지퍼 박음질을 합니다. 지퍼 겉을 파우치 겉면에 맞대고 지퍼 노루발을 이용해 천천히 박음질합니다(반대쪽 지퍼 박음질도 똑같이 합니다). 두 코너 부분은 가위집을 주어가면서 박음질합니다.

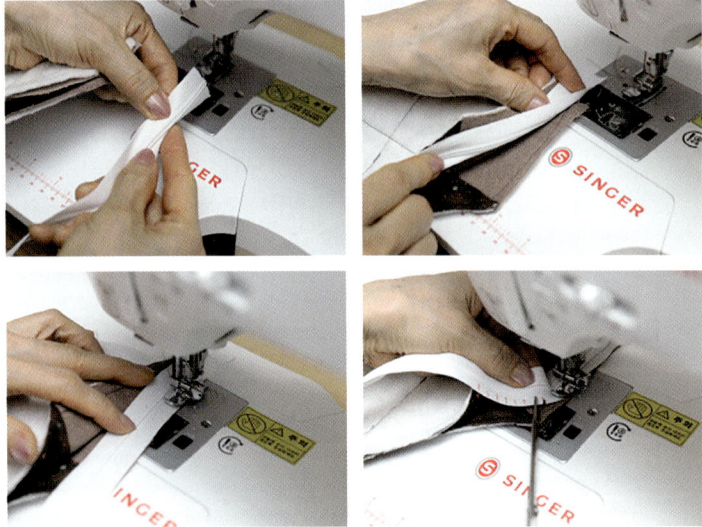

10. 지퍼를 열고 속지 겉과 지퍼 겉을 마주 대고, 지퍼 노루발로 지퍼 박음질했던 선에 맞춰 똑같이 박음질합니다.

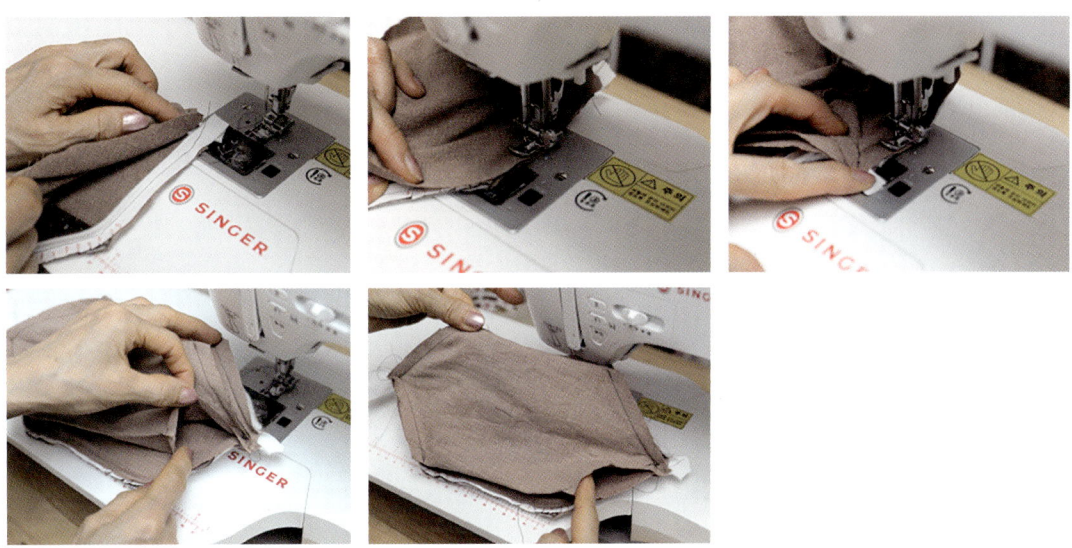

11. 지퍼알을 양쪽에서 끼웁니다(p.22 지퍼알 끼우기는 기본 박음질 참조). 끼워진 지퍼알을 손끝으로 몸통 안으로 살짝 밀어넣습니다.

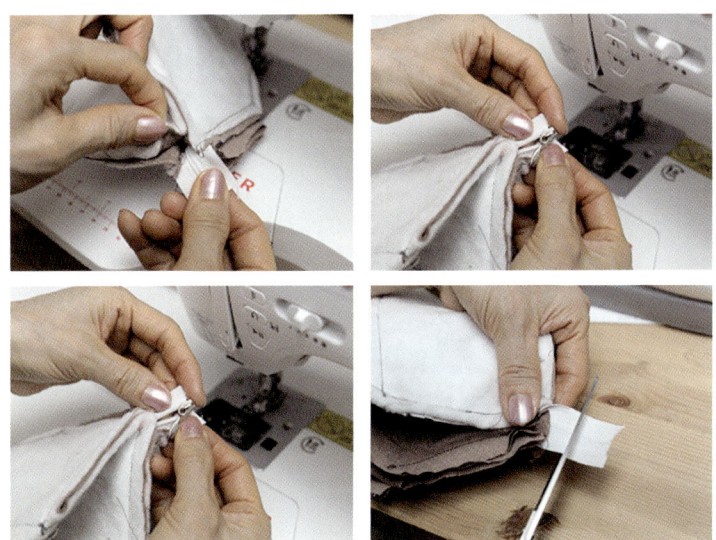

12. 창구멍으로 속에 있는 겉지와 속지를 차례대로 꺼내고 창구멍은 손바느질로 공그르기를 해서 막아줍니다.

  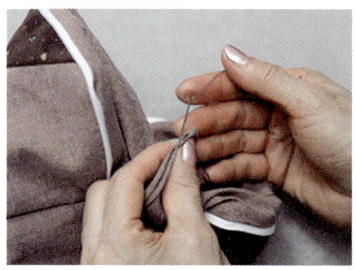

13. 꺼내 놓은 10패치 파우치를 잘 손질하여 지퍼 시접과 겉지와 속지의 시접을 한 번에 들뜨지 않게 지퍼 둘레를 지퍼 노루발로 노루발 간격으로 박음질하여 완성합니다.

망사 이중 반창 커튼

봉집 하나로 이중 커튼의 효과를 냅니다.
하얀색 무지 망사를 배경으로 고급스러운 망사 자수를 사용하여
새로운 분위기를 만들고 싶을 때, 가끔 삶이 지루할 때
작고 귀여우면서 우아함과 청순함까지 갖춘 이 커튼 하나로 기분을 전환해 보세요.

완성 치수: 134×90㎝(작은 창문 기준)

재료 및 재단

망사 자수 1폭×45cm 1장
(겉지 밑 프릴) 무지 망사 150×38cm 2장
(속지) 무지 망사 134×90cm 1장
민들레 케미컬 140cm
반달 미니 케미컬 1필(150야드)

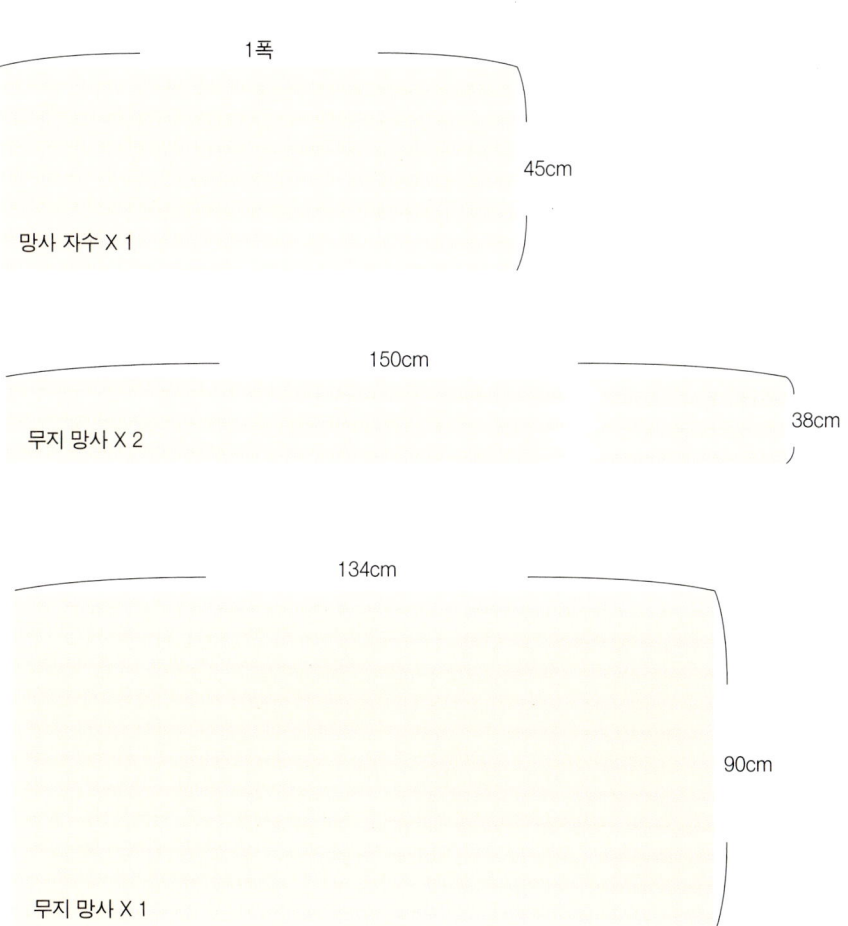

1폭
45cm
망사 자수 X 1

150cm
38cm
무지 망사 X 2

134cm
90cm
무지 망사 X 1

만드는 과정

1. 속지 양 옆선과 밑면 끝부분에 반달 케미컬 레이스를 박음질합니다.

2. 반창 뒷지 윗부분에서부터 1cm(시접선), 7cm(봉집선), 5cm(애교선) 선을 박음질하기 쉽게 선을 그어 놓습니다.

3. 5cm 구간의 중간 2.5cm 부분에 선을 하나 더 그려 그 선대로 접어 내려 2.에서 그린 선에 따라 박음질합니다. 그러면 가장 윗부분에 2.5cm의 통로가 생기고 그 아래에 7cm 공간이 생깁니다. 7cm 공간이 곧 봉집이 됩니다.

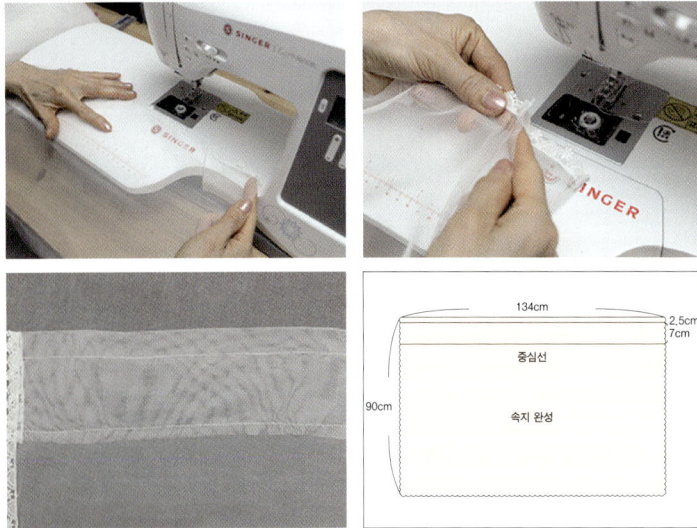

4. 겉지 밑 프릴 150×38㎝ 두 장 윗면을 주름박음질해 놓습니다.

5. 겉지 몸판 망사 자수 1폭 134㎝의 중심을 그려 놓고 가위로 반을 자르는데, 위쪽에 1㎝만 남겨 놓고 자릅니다.

6. 반으로 잘라 놓은 겉지 망사 자수 밑면에 민들레 케미컬을 박음질합니다. 겉지 망사 자수에 시접 1㎝ 정도를 주고 여기에 민들레 케미컬 윗부분을 합폭합니다. 나누어진 두 쪽 다 민들레 케미컬을 박음질합니다.

 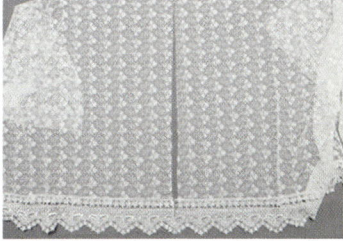

7. 6.에서 박음질된 몸판을 뒤집어 4.에서 주름 잡아 놓은 겉지 프릴을 사진과 같이 합폭합니다.
왼손이 잡고 있는 케미컬에 프릴을 맞대고 잘라진 커튼 몸판 두 쪽 다 박음질합니다.

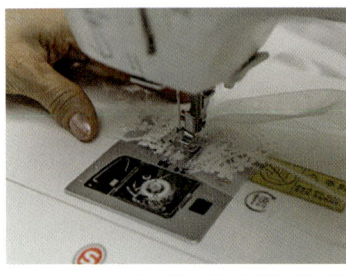

앞 모양　　　　　　뒤 모양

8. 7.에서 완성된 겉지의 양 옆면과 프릴 밑단에 반달 케미컬을 박음질합니다. 반달 케미컬은 한쪽 옆면부터 밑 프릴, 옆면에 노루발 간격으로 예쁘게 박음질하여 붙입니다. 사진처럼 옆면부터 시작해 중간 윗부분에 1㎝ 남겨 놓은 부분까지 박음질하고 갈라 놓은 반대쪽도 똑같이 삼면 박음질합니다.

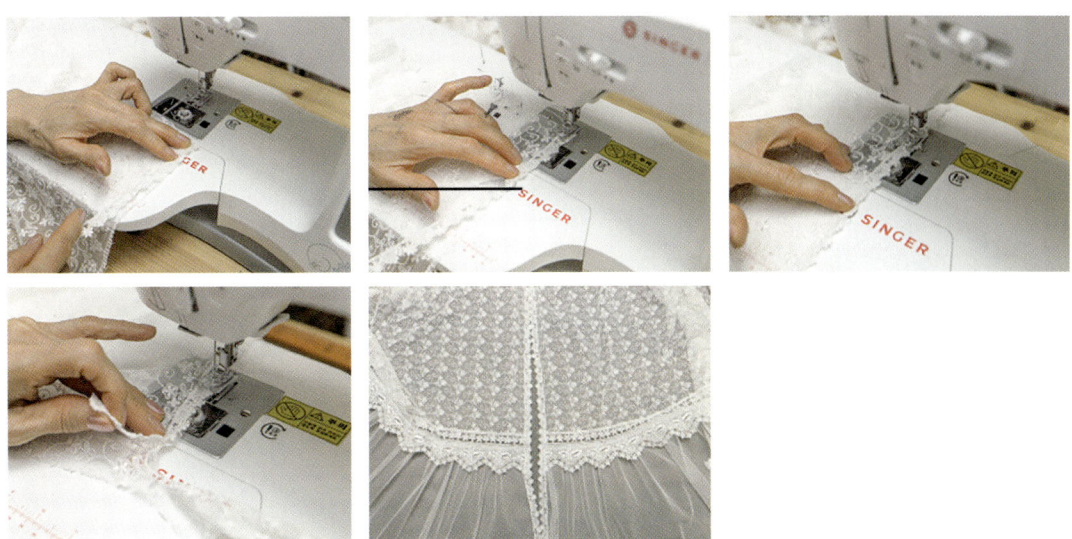

9. 3.의 네 번째 사진에서 중앙 표시를 했던 것처럼 완성해 놓은 뒷지에도 중앙을 표시해 놓습니다.

10. 8.에서 완성한 겉지를 봉집 밑에 붙이는데, 겉지 중앙선과 무지 망사 봉집 중앙선을 맞춰 되박음질로 고정시켜 놓습니다. 손으로 잡고 있는 것이 겉지 위쪽 부분입니다.

11. 뒷지 봉집선에 겉지 몸판 윗부분을 잘 맞춰 놓고 뒷지 위에 겉지를 합폭합니다. 중앙의 기준을 고정시켜 놓았기 때문에 처음 박음질할 때 어느 정도 잘 맞는지 확인하기가 쉽습니다.

12. 속지의 완성된 봉집선에 맞게 겉지 중앙 부분을 고정시키고 잘 맞춘 다음 박음질한 선이 보이지 않도록 반달 미니 케미컬을 박음질 선에 박음질하여 완성합니다.

> **tip** 망사 원단은 판판하게 재봉틀 위에 펴 놓고 반달 케미컬을 가볍게 노루발 밑에 넣어주고 천천히 박음질합니다.

Part 10

핸드메이드 커튼은 예술이고 작품이다

내추럴한 콘셉트에 패치를 더해 어느 곳에 설치해도 어울리는 커튼을 만들어
현재 출시 중에 있습니다.
잔꽃무늬 패치로 광목을 수놓은 패치 커튼입니다.
체크 호박 단추를 손바느질하여 달면 한국적 분위기가 연출됩니다.
헨드메이드 커튼 작품을 소개합니다.

패치 커튼

화목한 가정을 더욱 밝게!
홈패션에 패션을 더하다.
커튼과 자연이 만나다.

완성 치수: 300×230㎝

재료 및 재단

(커튼 몸판) 광목 30수 160×193cm 2장

(커튼 밑 프릴) 광목 30수 51×160cm 2장

(커튼 위쪽 패치) 러블리 18×16cm 12장, 체크 18×16cm 6장, 해바라기 자수 18×16cm 6장(커튼 한쪽당 12장, 좌우 세트 분량 24장)

커튼 아래쪽 패치 18×12cm, 종류는 위쪽과 동일 총 24장(커튼 한쪽당 12장, 좌우 세트 분량 24장)

커튼 끈 (p.000 커튼 끈 만들기 참조) 레이스만 넣지 않음

커튼 심지, 토션 레이스

🔘 만드는 과정

1. 패치끼리 겉과 겉을 맞대어 한쪽 면을 길게 순서대로 합폭합니다. 위쪽, 아래쪽 두 개를 만듭니다.

2. 몸판(광목 30수 160×193cm) 위쪽에 심지를 넣고 시접 2cm를 넣어서 곳곳에 심지와 몸판을 고정하기 위한 시침핀을 꽂아 놓습니다.

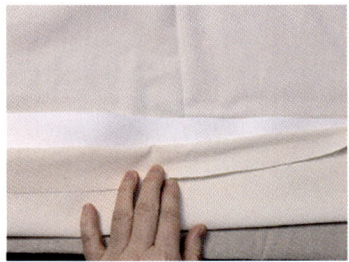 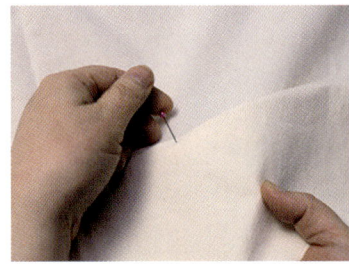 

3. 커튼 심지를 고정시켰던 시침핀을 빼가면서 노루발 간격으로 박음질하고 삐져나와 있는 커튼 심지를 원단 옆단에 맞추어 잘라냅니다.

4. 커튼 심지선에서 45㎝ 되는 지점을 열펜으로 그리고 그 선에 맞추어 위쪽 패치를 박음질합니다(좌우 똑같이). 그리고 패치를 박은 선 위에 토션 레이스를 박음질합니다.

5. 몸판 밑단에도 패치를 박음질하고 윗부분만 토션 레이스를 박음질합니다.

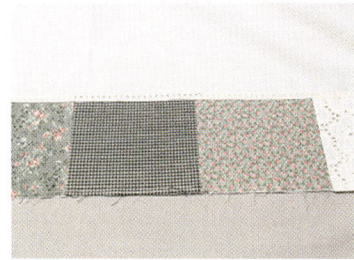

6. 프릴 두 장을 연결하여 오버록으로 처리하고 두 장이 연결된 밑단을 인터록으로 처리합니다(인터록 대신 말아박음질을 해도 됩니다).

7. 프릴은 처음 시작 부분과 마지막 부분, 옆단 시접 박음질할 곳을 표시해 놓고 주름박음질합니다.

8. 몸판 밑단 겉과 프릴 겉을 맞대고 노루발 간격으로 합폭하여 오버록으로 처리합니다.

9. 프릴을 박음질한 곳을 겉으로 펴서 프릴이 반듯이 펴질 수 있도록 시접을 잘 펴고 토션 레이스를 박음질합니다.

10. 옆단 시접을 2cm 접고 또 한 번 3cm를 접어서 시침핀으로 고정시켜 주고 끝박음질합니다(반대쪽 옆단도 똑같이 합니다).

11. 커튼 끈(커튼 만들기 참조)을 완성합니다.

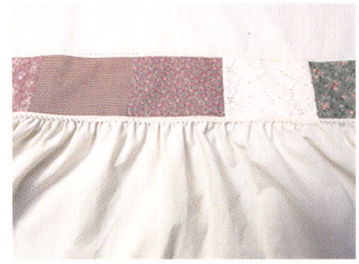
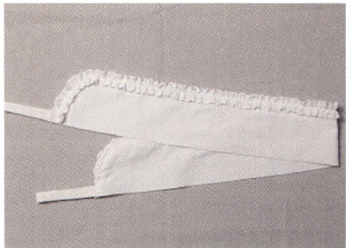

호박 단추 커튼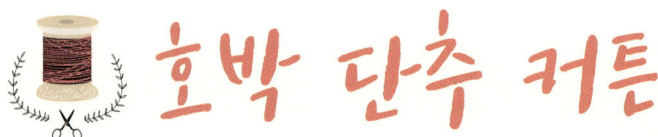

2021 하반기 신상품!
세상에 하나뿐인 호박 단추 커튼!
착한 재료(광목 자수와 종이 심지, 그리고 호박 단추)로
명품을 만들어내는 홈패션 소잉!

완성 사이즈: 가로 300×230cm

재료 및 재단

커튼 몸판

광목 자수 원단 312×230cm 2장(좌우)

심지 원단 312×26cm 2장

호박 단추(p.188 기본 박음질 호박 단추 참조)

※ 호박 단추 커튼(완성 사이즈 300×230㎝) 맞주름 계산하는 방법

- 커튼 몸판 300×230cm 2장
- 한쪽당 폭이 150㎝가 되어야 하므로 주름으로 잡혀 들어가는 치수는 300 − 150(완성 사이즈) = 150㎝가 됩니다.
- 커튼이 완성되었을 때 5칸으로 나뉘므로 완성 치수 150㎝를 5로 나누면 한 칸당 치수는 30㎝가 되어야 합니다.
- 주름으로 접혀 들어가는 부분은 4곳이므로 한 주름당 150㎝를 4로 나눈 37.5㎝가 됩니다. 이것이 맞주름 크기가 됩니다.
- 심지 부분은 따로 재단해서 박음질합니다.

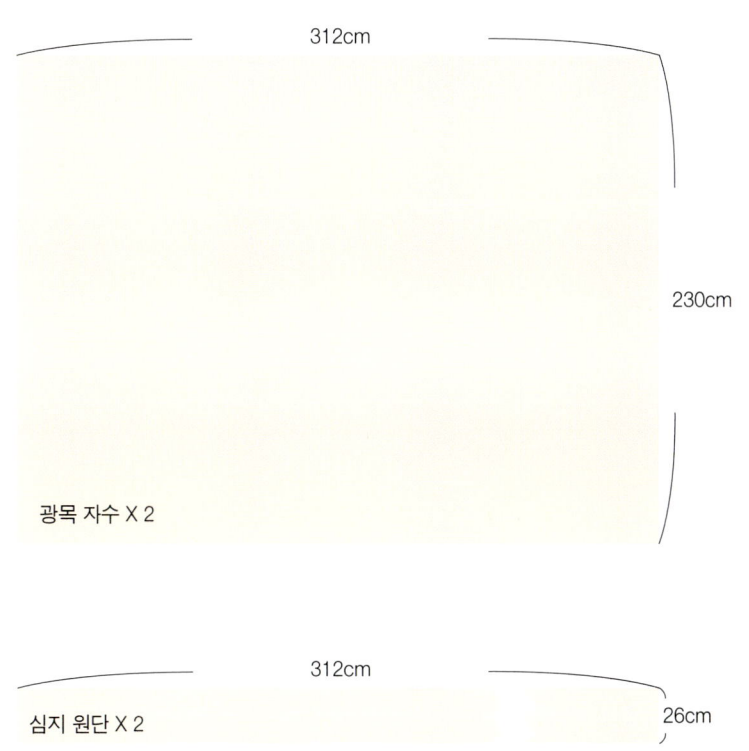

만드는 과정

1. 가로 312×230cm 두 장을 재단합니다.

2. 열펜으로 몸판 윗부분에 맞주름 부분을 표시합니다. 겉으로 드러나는 부분(30cm)과 주름으로 들어가는 부분(37.5cm)을 나란하게 표시합니다. 양쪽에는 시접을 포함한 수치입니다.
36cm − 37.5cm − 30cm − 37.5cm − 30cm − 37.5cm − 30cm − 37.5cm − 36cm
열펜으로 커튼의 가로 312cm 면에 위의 수치대로 지점을 표시하고 각 지점에서 아래로 34cm 선을 그어 놓습니다.

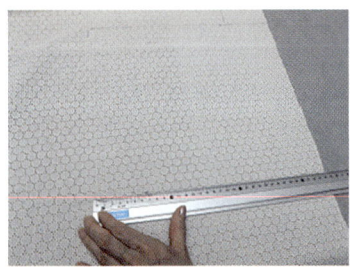 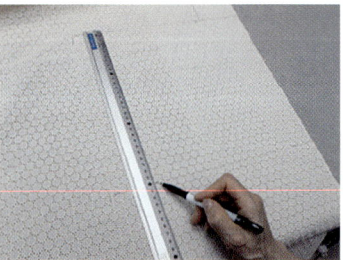 

3. 주름 만들기: 표시된 곳의 처음과 끝을 잡고(뒤쪽에서), 즉 선과 선을 맞잡고 가로세로로 그려 놓은 선까지 반듯한 가를 살펴 손으로 만져주고 박음질합니다.

 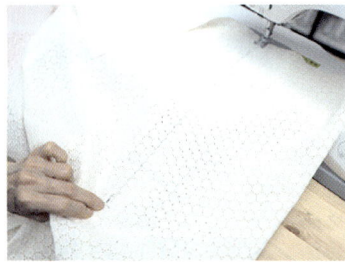 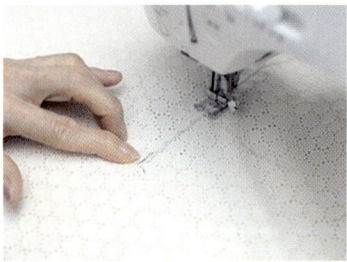

4. 37.5cm 맞주름 부분은 박음질하면 반으로 접힌 모양이 됩니다. 똑같은 방법으로 좌우 똑같이 맞주름과 옆선을 만들어줍니다.

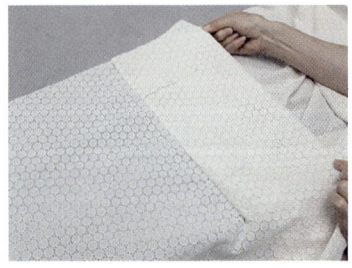

5. 주름으로 접혀 들어간 부분의 중간 지점이 이음 박음질 선에 와닿게 몸판에 붙이고 시접 1㎝를 두고 박음질합니다(좌우 똑같은 방법).

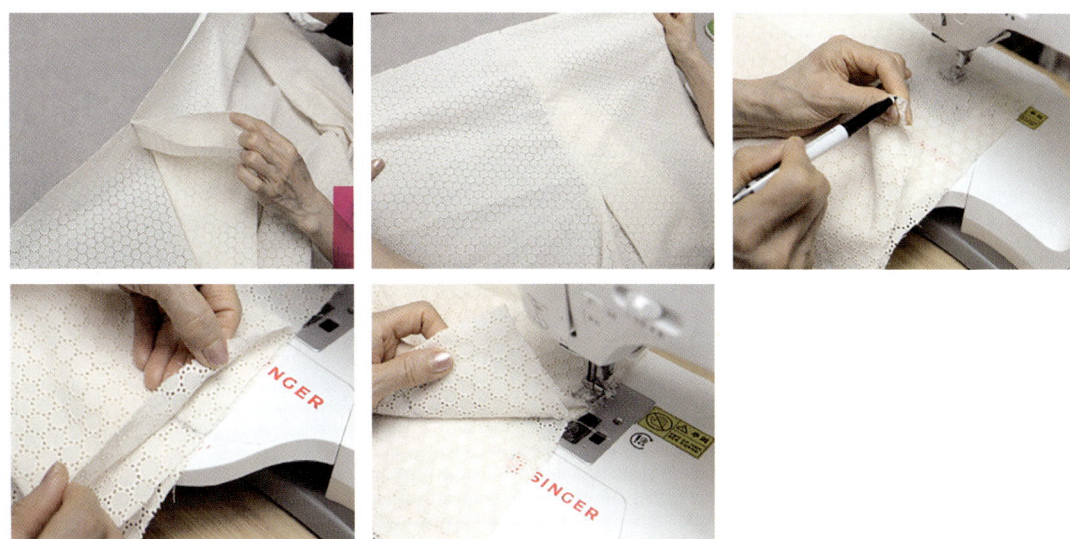

6. 윗부분을 맞주름으로 박음질하였으면 세로로 주름 높이 34㎝ 선을 다시 그려주고 맞주름 부분만 세로로 34㎝ 선까지 몸판에 박음질합니다. 이 부분이 호박 단추가 달려 밸런스 역할을 해주는 부분입니다.

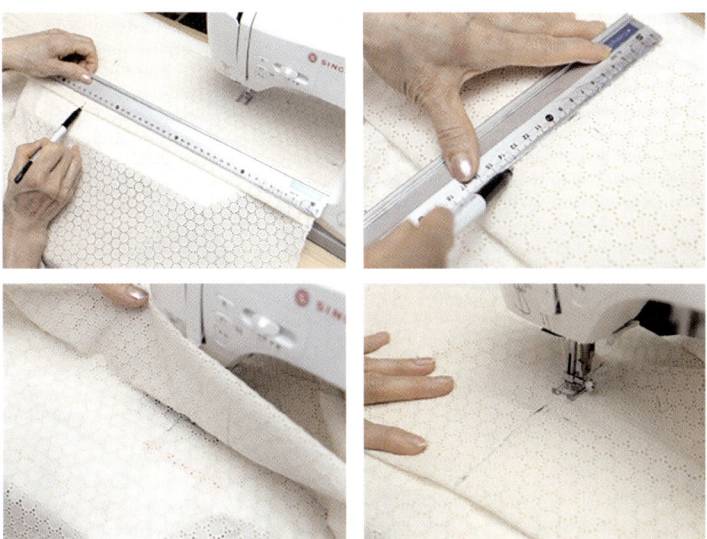

7. 겉쪽에서 보면 이런 모양이 됩니다.

8. 뒤쪽에서 보면 이런 모양이 됩니다.

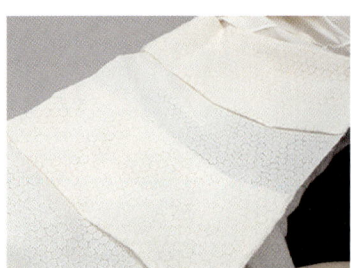

9. 재단해 놓은 312×26㎝ 심지 원단을 커튼 몸판 뒤쪽에 심지 원단 겉을 맞대고 합폭합니다.

10. 심지를 넣어 박음질할 원단을 끝까지 박음질하고 뒤로 넘겨 겉쪽이 보이게 합니다. 원단으로 심지를 감싸주면서 끝박음질합니다.

11. 심지가 꼬이지 않도록 하기 위해 윗부분도 노루발 간격으로 박음질합니다.

12. 옆단에 3㎝를 접고 또 한 번 접어 끝박음질합니다(좌우 옆면 네 곳).

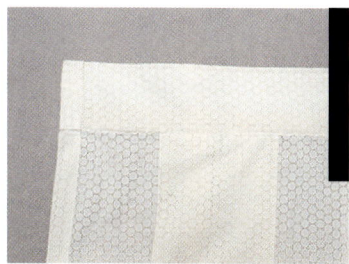

13. 커튼을 거실 바닥에 판판하게 펴 놓고 심지 위부터 230㎝ 되는 선을 열펜으로 쭉 그어 놓고 밑단을 옆단 박음질한 것처럼 시접을 접고 또 한 번 접어 박음질합니다.

14. 호박 단추를 손바느질로 달기 위해 맞주름 선 34㎝ 세로 부분에 3등분 지점을 표시합니다.

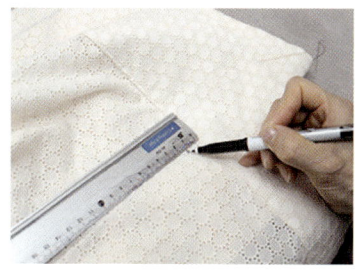
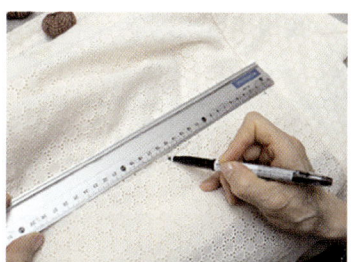
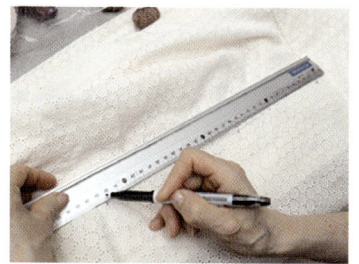

15. 호박 단추 만들기는 호박 단추 편을 참조해 주세요(p.188).

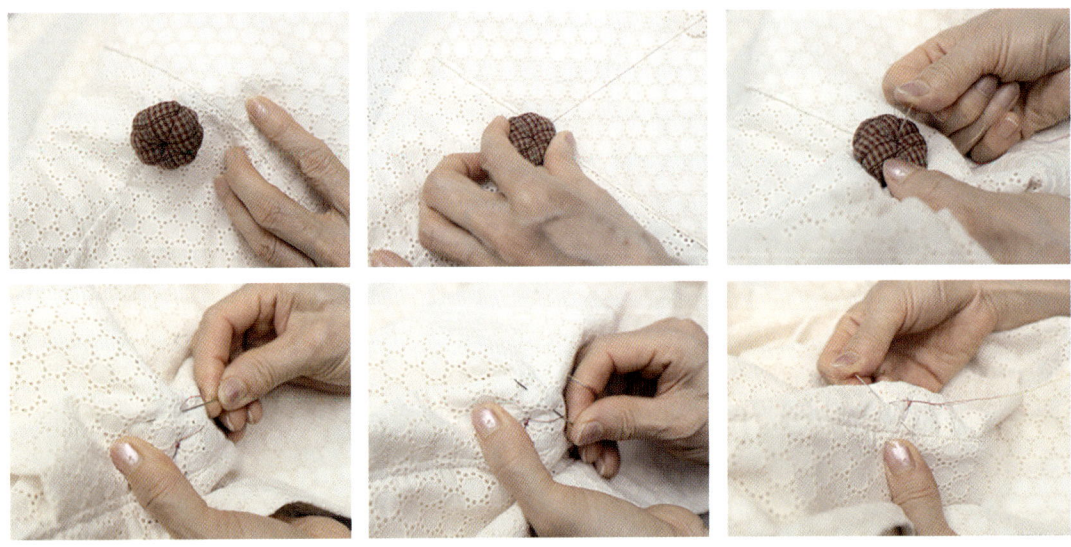

16. 완성된 모습입니다.

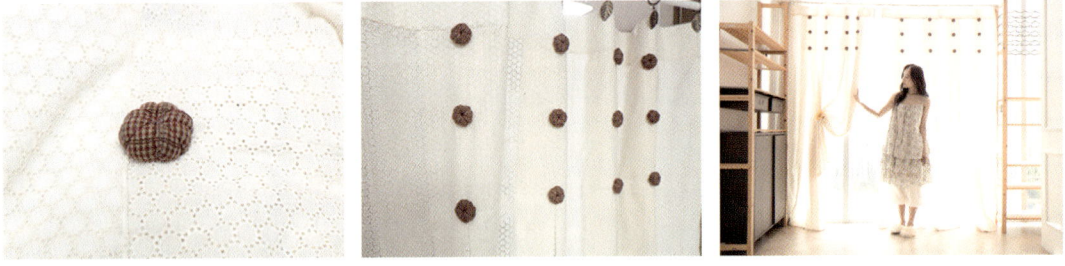

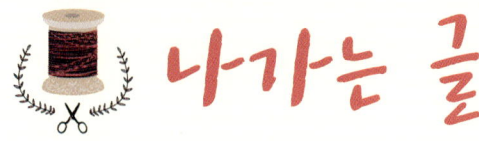# 나가는 글

    이 책을 끝까지 읽어주신 독자들께 진심으로 감사드립니다.

    잘해서라기보다는 홈패션을 좋아하여 창업했고, 경력이 쌓여서 강의도 하면서 우리나라에서 제일 큰 시장에서 무점포 1인 창업자로 자부심을 갖고 일하다 보니 많은 사람이 좋아해주신 것 같습니다.

    감사하게도 주문이 많았는데, 무엇보다 고객의 마음에 들었다는 사실이 저희를 행복하게 했습니다. 여러 독자님과 함께 돈도 벌면서 행복하자는 마음에서 인기 있었던 저희의 작품을 이 책에 실었습니다.

    한 분이라도 이 책을 보고 만족하셨다면 저희는 웃을 수 있습니다.

    유례없는 코로나19로 집에 있는 시간이 훨씬 더 많아진 재택근무자와 이번 기회에 기술 하나쯤 배워두겠다는 홈패션 마니아님들께 조금이나마 도움이 되기를 소망해 봅니다.

    이 책이 출간되어 나오기까지 감사해야 할 분들이 아주 많습니다.

    이 책을 위해 물심양면으로 이끌어주신 청강 회장님과 어려운 난국에도 불구하고 책을 끝까지 출간할 수 있도록 노력해주신 성안당 최옥현 상무님, 더운 날 먼 길 마다하지 않고 촬영하러 오신 사진작가 도영찬 님, 작품 사진을 위해 한걸음에 와주신 모델 신소현 님, 책이 나오기까지 수고해주신 편집진들, 책을 만들 수 있도록 물심양면으로 응원해주신 싱거코리아 김보경 대표님께 고개 숙여 진심으로 감사드립니다.

※ 이 책에 대한 문의 사항은 연락주시면 성심껏 답해드리겠습니다.

홈패션 관련 문의 메일 : tjdhrwn8935@naver.com